全彩图解 电动助力车

锂电池组装

〔韩〕黄仁宽 著 · 王梦实 译

科学出版社

北京

图字：01-2024-5190

内 容 简 介

我国是电动助力车制造大国，也是全球最大的单一市场。"全彩图解电动助力车"系列书涵盖电动自行车、电动滑板车、电动摩托车和电动轮椅等个人移动设备，知识链涉及维护、组装、定制，以及轮毂电机、控制器、锂电池、轮组等。本书的重点是锂电池组装，面向初学者，介绍电动自行车、电动滑板车、电动轮椅及电动汽车电池组的组装、维护、管理与修复。从零开始介绍制作电池组的组装步骤，详细阐述电池管理系统（BMS）的重要性及其应用，深入讲解电池组的维护与修复技巧，覆盖从实际应用到未来能源存储的全面内容。

本书适合车辆工程和新能源相关专业师生、电动车行业技术人员阅读，也适合DIY爱好者等大众读者参考。

图书在版编目（CIP）数据

全彩图解电动助力车. 锂电池组装 / （韩）黄仁宽著；王梦实译. -- 北京：科学出版社，2025. 1. -- ISBN 978-7-03-080059-6

Ⅰ. U484-64

中国国家版本馆CIP数据核字第2024YM7676号

责任编辑：孙力维　喻永光 / 责任制作：付永杰　魏　谨
责任印制：肖　兴 / 封面设计：武　帅

科学出版社 出版
北京东黄城根北街16号
邮政编码：100717
http://www.sciencep.com

北京中科印刷有限公司印刷
科学出版社发行　各地新华书店经销

*

2025年1月第 一 版　　开本：787×1092　1/16
2025年1月第一次印刷　　印张：10 1/2
字数：210 000

定价：68.00元
（如有印装质量问题，我社负责调换）

前　言

　　本书旨在为想要组装、管理和修理个人移动设备（如电动自行车、电动滑板车、电动摩托车、电动轮椅）电池组的读者提供参考。

　　本书将一步步指导读者从头开始组装自己的电池组，包括选择正确的电芯、选择适当的接线和组装件。主要内容涵盖电池组设计和组成的基本原理、各种类型的电芯、电芯的化学特性，以及将电芯组装成电池组的方法。此外，本书还将讨论影响电池性能的因素，如容量、电压和循环寿命。

　　本书详细介绍了电池管理系统（BMS），并解释了 BMS 在确保电池组寿命和安全方面的重要性。主要内容涵盖 BMS 选择、安装和故障排除等，以及 BMS 的技术细节，包括各种组件、功能和与电池组集成的方法。该部分还将讨论电池维护的重要性，以及一个设计精巧的 BMS 是如何保障电池组的寿命和安全的。

　　本书着重讲解电池组的修理和重复利用，帮助读者及时识别和解决那些随电池老化而出现的常见问题。

　　本书提供了有关电池技术的全面介绍，从个人移动设备的实际应用，到对未来能源存储和可持续发展的意义。无论是学生还是专业人士，本书都有助于其快速了解这个朝气蓬勃的新领域。

　　无论您是一位 DIY 爱好者，想要升级您的个人移动设备，还是仅仅试图节省电池更换的高昂成本，本书都是完美的实操指南。此外，您还可以学习如何组装自己的电池组，以及如何管理和修理它。

组装电池组的顺序概览

01 准备锂电池

准备好待组装的锂电池并分类摆放

02 电池点焊

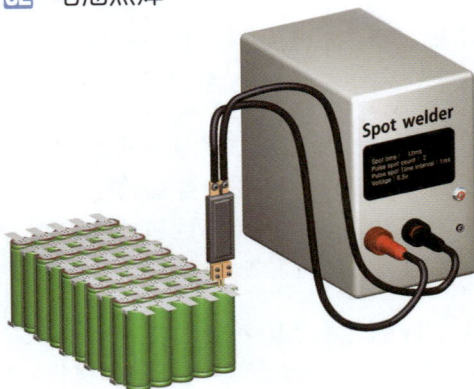

采用点焊机和镍片进行点焊

03 安装电池管理系统（BMS）

安装 BMS 及配套设备

04 充　电

测试充电工况是否正常

05 电池组封装

根据预期用途封装

06 试运行

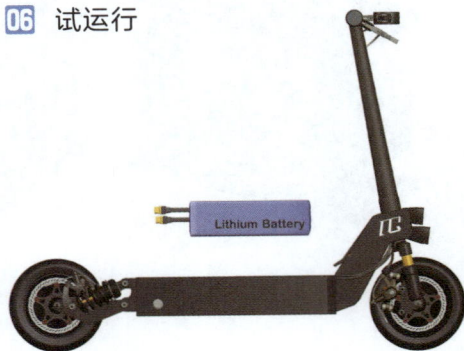

通过试驾，判断电池是否正常工作

面向初学者的基本工具指南

电烙铁

我们建议使用输出功率为 80 ～ 150W 的电烙铁。陶瓷电烙铁的特点是预热时间较长，但价格实惠。高频电烙铁的优点是温度可控，预热时间短。

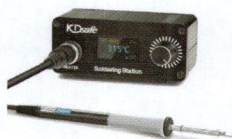

烙铁头

通常使用 B 型和 K 型烙铁头，建议使用 K 型烙铁头，它适用于点焊、线焊和面焊。

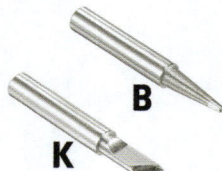

焊　料

含铅焊料：焊接温度 300℃，解焊温度 350℃或更高。

无铅焊料：焊接温度 350℃，解焊温度 400℃或更高。

为了便于高效地焊接粗电线，推荐使用柔性焊料。使用柔性焊料时请佩戴口罩，处理废料时务必要小心谨慎。无铅焊料环保且安全，但其熔点高，存在焊接温度高、不易浸润的缺点。

烙铁头清洁器

使用烙铁头清洁器可以轻松清洁被污染或脏污的烙铁头。通常，可以用湿海绵或金属丝清洁器进行彻底清洁。

助焊剂

助焊剂可以去除印制电路板（PCB）或铜线表面的氧化物，以确保焊料牢固黏附。它还可以防止焊接后的焊料氧化，具有保护作用。助焊剂降低了焊料的表面张力，使其更容易流动。

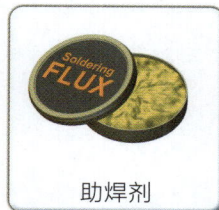

助焊剂

吸锡泵

吸锡泵用于移除熔化的焊料，它在移除大量焊料时非常有用。

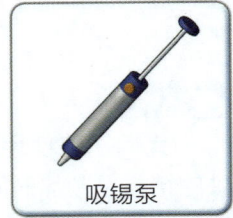

吸锡泵

吸锡带

吸锡带适用于移除吸锡泵难以移除的焊料，或者在拆焊过程中移除 PCB 上的焊锡，避免 PCB 过热或损坏。

吸锡带

目　录

第1章　锂电池

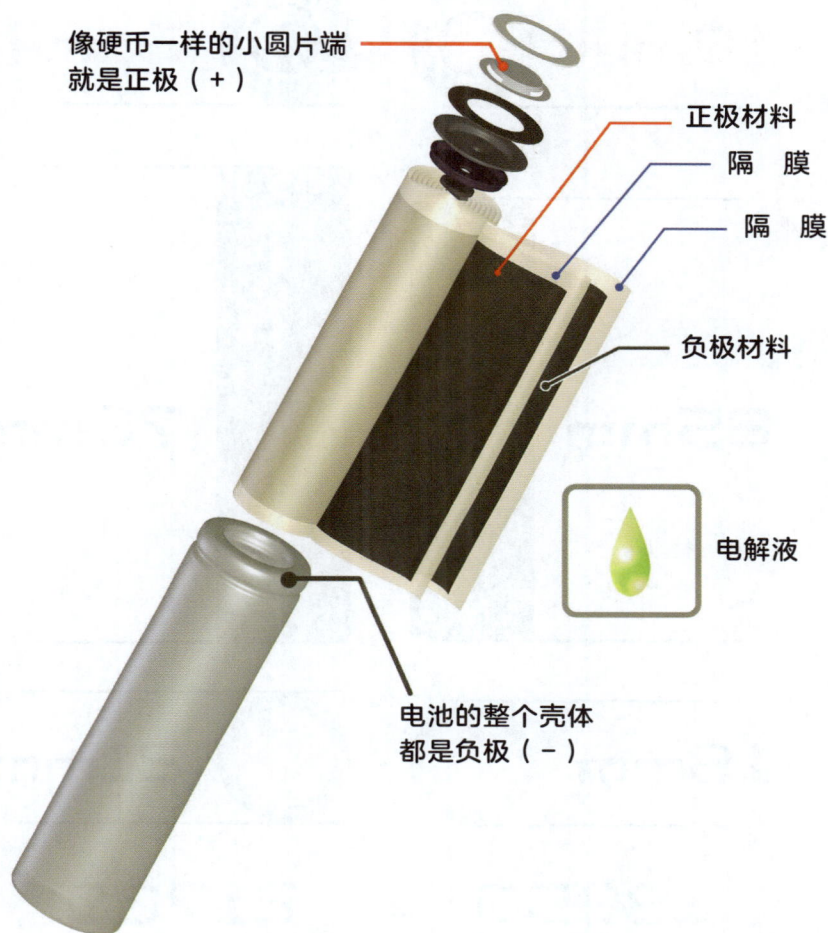

像硬币一样的小圆片端
就是正极（＋）

正极材料

隔　膜

隔　膜

负极材料

电解液

电池的整个壳体
都是负极（－）

正　极

　　决定电池的容量和电压，用于储存锂离子。

负　极

　　在充电过程中储存从正极迁移过来的锂离子。

隔　膜

　　将正极和负极材料分开，防止正负极接触短路。

电解液

　　作为填充材料，促进锂离子在正负极之间顺畅迁移。

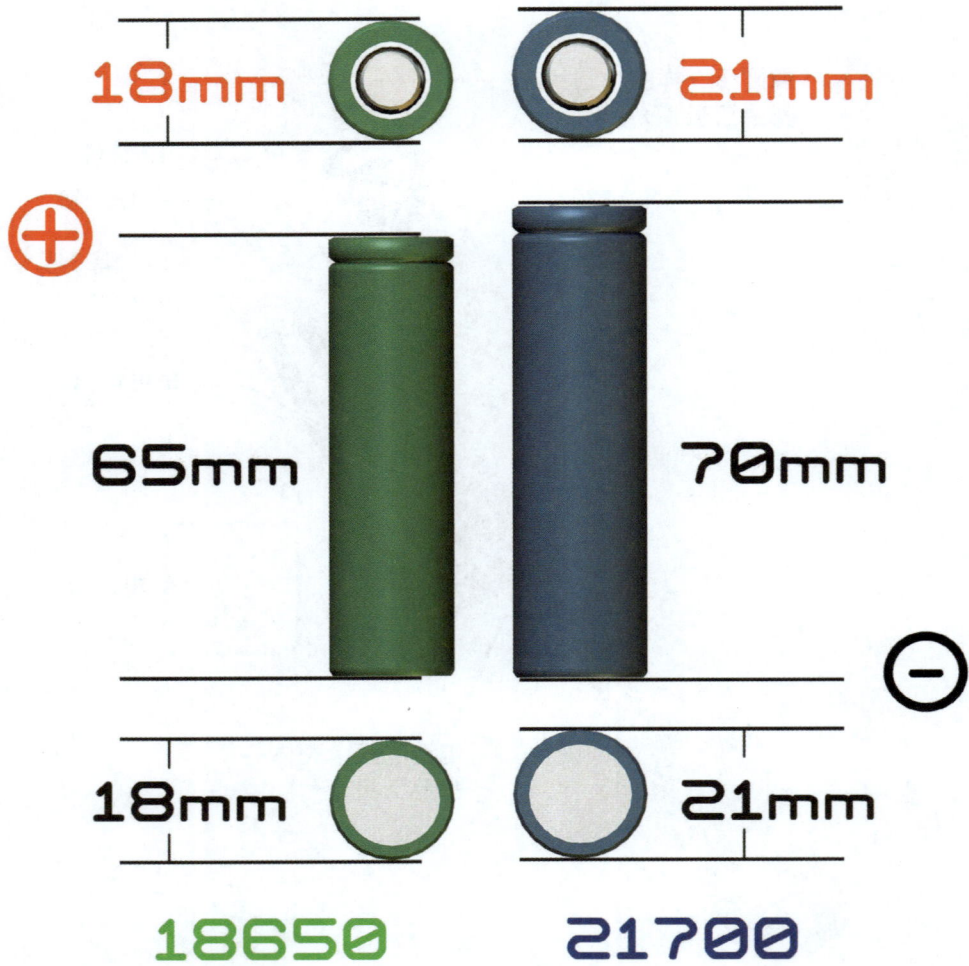

18mm 21mm

65mm 70mm

18mm 21mm

18650 21700

　　在电动汽车（electric vehicles，EV）领域，最常用的锂离子电池规格是 18650 和 21700。21700 电池是专门为移动应用开发的，与 18650 电池相比，它能提供更长的续航里程，并在更长的使用周期内保持稳定的电池质量。

1.1 基本概念

极　性

　　理解电极极性的概念对于组装电池组至关重要。电池有两个电极，即正极和负极，它们之间因化学反应而产生电势差。电势差驱动电子从负极向正极迁移，从而形成电流，为 LED 或电动机等供电。在锂电池中，负极是圆柱体底部的全部表面，而正极是顶部的凸起表面，类似于硬币。

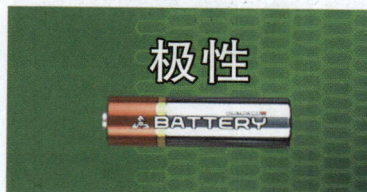

电　流

　　使用电池或其他直流电源时，电子从负极向正极迁移时产生电流，为 LED 或电动机供电。如果电流产生的能量没有得到合理利用，它就会积聚而导致过热甚至产生火花，进而造成短路。此外，自然灾害或事故导致电线绝缘层意外剥落，也可能引发次生事故，导致火灾。在这种情况下，裸露的电线可能会迅速发热，须谨防灼伤。

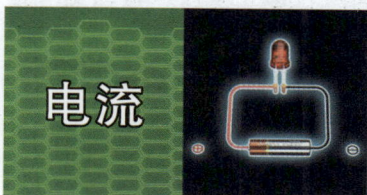

短　路

　　短路是电池生产过程中常见的故障，当负极和正极直接接触时，会瞬时大量发热进而产生火花。

　　这种热量足以使金属汽化，并对电池造成永久性损害。在电池组装过程中发生短路时，建议将所有并联的电池在室温下存放 3 天，然后测量电压。如果受影响的电池电压低于其他电池，则应作报废处理。

阳极 / 阴极

　　直流电源（如电池）极性是固定的，正极接电子设备正极，负极接电子设备负极。像 LED 这样带极性指示的电子设备，一般短引脚为负极，长引脚为正极。如果极性连接正确，LED 等电子设备将正常工作。极性连接错误可能会导致 LED 等电子设备冒烟、内部短路甚至烧毁。因此，使用像电池这样的直流电源时，务必要事先检查极性。

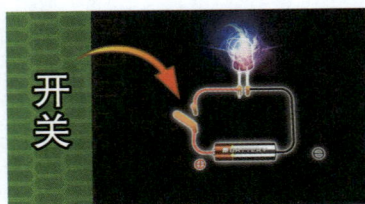

开关

想要控制电子设备，免不了要设置开关。对于使用直流电的电子设备，比如那些由电池供电的设备，开关是必要的。为此，先断开电池或直流电源，然后在正极一侧安装开关。最后，把电池接入电路，这样就可以用开关来开启和关闭电子设备了。

开关线

要找到开关线，可以先将万用表置于通断测试模式，然后按下前照灯开关按钮。逐一测试每根电线，直到听到声音，找到发出声音的那两根电线。在左图中，通过通断测试可以确定绿色和蓝色电线是前照灯开关线。由于开关是没有极性的，无论颜色如何，将它们连接到对应的接线位置即可。

并联

将 4 节额定电压为 3.6V、容量为 2A·h 的电池按照相同极性方向摆放，然后使用金属等导电材料将各电池的相同极性端连接起来。在此案例中，并联将电池组的容量增加到 8A·h，同时保持 3.6V 的额定电压。电池组的总能量可以计算为 $3.6V \times 8A \cdot h = 28.8W \cdot h$。

串联

将上述 4 节电池以正极接负极的形式串起来，电池组的电压增加到 14.4 V，而容量保持在 2A·h。电池组的总能量可以计算为 $14.4V \times 2A \cdot h = 28.8W \cdot h$。可以发现，无论是串联或并联，28.8W·h 的总能量保持不变。串联电池组有一个显著的优点，即电压增加，这使得电流更容易流动，提高了能量效率。

然而，如果电压过高，能量输出将变得不受控，电池组也会变得更重、更大，造价更高。

串并联

串联能提升电池组的电压，而并联能在保持电压的同时增加电池容量。将两个上述串联电池组并联，容量将从 2A·h 扩大到 4A·h，同时电压保持在 14.4V。现在，新的电池组总能量已扩大到 57.6W·h，即 $14.4V \times 4A \cdot h = 57.6W \cdot h$。

BMS

BMS（battery management system，电池管理系统）负责在电池组中连接各电池单元，并监控电池的状态，以控制电源的开启和关闭。BMS 的关键功能之一是均衡。具体来说，它会检测到电压较高的电芯，然后通过某种方式（如电阻）将这些电芯中多余的能量转化为热能，从而降低它们的电压，直到与电池组中其他电芯的电压相匹配。

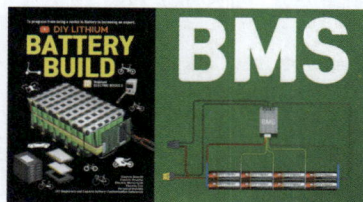

焊　接

一长串电池串联会导致电池组过长。为了缩短电池组成品的长度，可以使用镍片和点焊机进行串联连接，使得电池组可以根据可用空间折叠并转换成各种形状。

按顺序依次连接电池会耗费大量时间，在点焊过程中也容易混淆顺序。本书将介绍一种高效的电池点焊方法。首先点焊标有偶数的侧面 A，然后点焊对面标有奇数的侧面 B。这种点焊顺序不仅能提高工作效率，还能减少连接过程中可能出现的错误。

1.2 基础知识

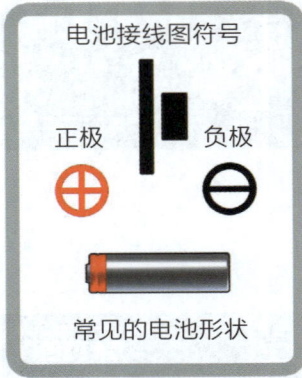

电池或其他直流电源有两个电极：负极（－）和正极（＋），分别接电子设备的负极和正极。使用电池时，电子从负极迁移到正极，产生为电子设备供电的电流。电流产生能量，可以点亮 LED 或者驱动电动机旋转。

电池接线图符号

正极　　　负极

$\oplus$　　　$\ominus$

常见的电池形状

正确连接电池

大多数电子设备，如左下图中的 LED，都有可连接的极性位置。

正确连接电池极性，闭合开关，LED 会点亮。然而，如果没有按照正确极性连接电池，LED 将不会点亮，或在高电压环境下发生闪光并损坏。

注意：使用直流电源供电的电子设备，连接电源之前务必先检查极性。

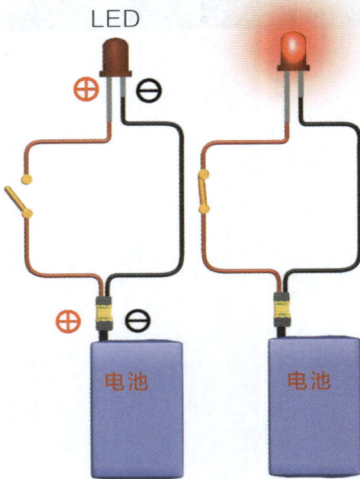

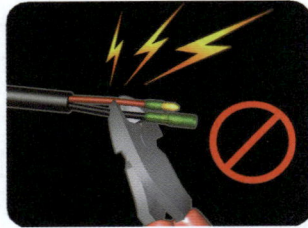

LED

电池　　　电池

同时剪断两根电线可能会导致短路，从而引发电池的 BMS 故障和电子设备故障。接线时，建议每次只剪断一根电线，并及时取下电池，防止短路。

电池的正负极直接相连，就会短路，导致瞬时产生火花、明火和故障。因此，严格禁止电池正负极直接相连。

电池导致触电的风险很小，然而，一旦发生短路就可能产生热量和火花。使用电力设备时，必须佩戴绝缘手套，且严格遵守电气安全规则，以防止事故发生。

注意：反接电池和电子设备的正负极也会导致设备损坏，请避免此类情况。

危险

电池

1.3 电池类型及特性

锂离子电池
满充电压：4.2V
额定电压：3.6V
满放电压：2.5V
循环寿命：300 ~ 500 次

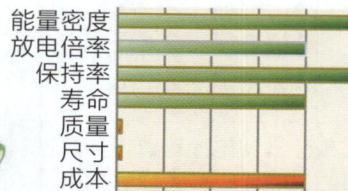

能量密度
放电倍率
保持率
寿命
质量
尺寸
成本

　　锂离子电池是最适合电动机的电池类型。18650 规格曾被广泛使用，最近体积和容量更大的 21700 规格大量投入使用了。特斯拉等电动汽车中使用的正是这类圆柱形电池。

　　这类电池的兼容放电倍率和容量变化区间很大。放电倍率低的电池主要用于小型电子设备，而放电倍率高的电池主要用于个人移动设备，如电动工具、无线吸尘器、电动自行车和电动滑板车。

　　锂离子电池的容量和放电倍率越高，价格越高。单个电芯的容量在 2200 ~ 3500mA·h，可实现 8A 或更大的放电电流。

锂聚合物电池
满充电压：4.2V
额定电压：3.7V
满放电压：2.5V
循环寿命：500 ~ 2000 次

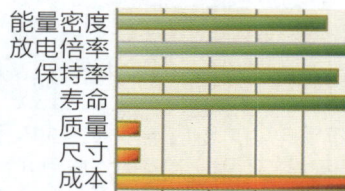

能量密度
放电倍率
保持率
寿命
质量
尺寸
成本

　　锂聚合物（LiPo）电池具有比其他电池类型更高的能量密度，在相同空间内可以储存更多的能量。同时，它可以被制造成各种尺寸和形状，以匹配形状不规则或空间受限的设备。由于锂聚合物电池具备快速放电的能力，因此特别适合需要短时高功率输出的用电设备。

　　具有高放电倍率的锂聚合物电池已实现大规模生产，并在电动汽车中得到了广泛应用。得益于上述特性，该类电池主要用于无人机、高性能飞行器和高端遥控汽车。

危险

　　（使用镍、钴、锰的 NCM 三元锂离子电池和锂聚合物电池）
　　三元锂离子电池如果发生过充，尤其是电压超过 4.3V，就存在起火和爆炸的风险。因此，充电时需谨慎，严格避免过充。

　　如果发生过放，即电压降至 2.5V 以下，电池也可能会发生内部损坏。使用时，请参阅各类电池的工作电压范围。

磷酸铁锂电池

满充电压：3.8V/3.6V
额定电压：3.2V
满放电压：2.6V
循环寿命：2000 次

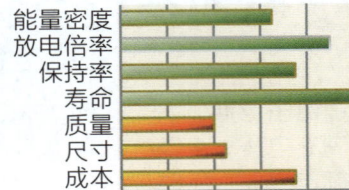

磷酸铁锂电池可以设计成塑料方形、软包或圆柱形，拥有很长的生命周期，并且在成本上具有明显优势。由于放电倍率高，电动汽车行业对其期待颇高。所有类型的锂电池中，磷酸铁锂（LiFePO$_4$）电池引发火灾的风险也是最小的。

这类电池的额定电压较低，需要更多电芯串联才能达到同等电压水平。然而，与其他锂电池相比，磷酸铁锂电池的能量密度又偏低，导致电池组成品的质量和体积更大。

充满电后，这类电池会经历显著的电压下降过程，使得各个电芯之间的电压差异难以均衡。因此，它通常不适用于电动自行车这样的小型设备。小型设备中的电池电压均衡至关重要。

镍镉电池

满充电压：1.4V
额定电压：1.2V
满放电压：0.9V
循环寿命：1000 次

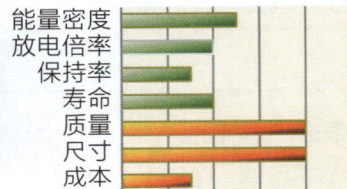

镍镉电池广泛应用于便携式电子设备和遥控玩具。随着放电速率的增加，电池容量降低。如果电池在充电前未能完全放电，可能会出现"记忆效应"，从而降低电池容量并缩短其寿命。镍镉电池含有有毒重金属，包括镉，处理不当会对环境造成危害。据称这类电池能持续使用约2000 个循环，但实际上很难达到这个数字。为了确保长期使用，建议在再次使用前将电池完全放电。

铅酸电池

满充电压：2.4V
额定电压：2.2V
满放电压：1.8V
循环寿命：400 次

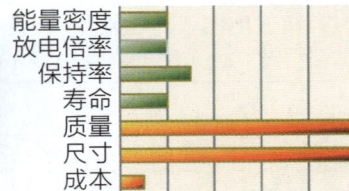

铅酸电池是最便宜但也是最重的电池类型，通常用于汽车和摩托车。在深度放电状态下，以低电压储存会缩短电池寿命。

冬季低温是铅酸电池发生故障的主要原因。电动助力车上常见 6 块 12V 电池串联。

由于能量密度低、质量大、寿命有限、充电慢和环境问题，铅酸电池不适用于电动汽车。能量密度更高、寿命更长、充电时间更快、质量更小的电池，如锂离子电池更受青睐。电动汽车需要轻量、持久且高效的电池来实现续航里程和效率目标，这是铅酸电池无法提供的。

1.4 适配电动机的锂电池规格：18650 / 21700

	中等倍率	高倍率	高电压
额定电压	3.6V	3.6V	3.75V
满放电压	2.5V	2.5V	2.75V
满充电压	4.2V	4.2V	4.35V
额定容量	3500mA·h(3.5A·h)	3000mA·h(3A·h)	3200mA·h(3.2A·h)
最大放电电流	10A	20A	4.65A
放电倍率	2.85C	6C	1.4C
标准充电电流	1.25A	2.5A	1A
最大充电电流	2A	4A	1.7A
循环寿命	400 次	300 次（10A 放电电流）；200 次（20A 放电电流）	500 次
简　介	被认为是用于电动自行车或电动汽车的理想电池类型，具有高容量和高放电性能	用于高功率电动机和小型电动工具的功率型电池。放电速度越快，电池寿命衰减得越快，容量较小	与常规锂电池相比具有更高电压，找到与之兼容的电池管理系统可能有一定难度，不建议用作电动机电源

电池主要规格的简要说明

满充电压	电池充电至接近 100% 容量时的电压
额定电压	用以鉴别电池种类的电压近似值（近似于放电过程中的平台电压值）
满放电压	电池完全放电，容量接近 0 时的电压
循环寿命	电池在其性能下降之前可以经历的完整充放电周期，通常以初始容量剩余 80% 的节点为寿命判据
容　量	代表电池可以储存的电量，通常以毫安时（mA·h）或安时（A·h）为单位表示（1A·h = 1000 mA·h）
放电速率	表示电池持续放电时能匹配的电流大小。例如，一个放电速率为 10 A 的电池，可以 10A 电流连续放电
倍率 C	电池在特定时间段内充电或放电的速率。例如，一个 2A·h 电池以 1C 速率放电，即以 2A 电流持续放电一小时（2A·h x 1C = 2A）。一个 2A·h 电池以 3C 速率放电，即以 6A 电流持续放电 20 分钟（2A·h x 3C = 6A）

1.5 商售成熟电池产品

Samsung INR18650-35E	
最大连续放电电流：8A	额定电压：3.60V
额定容量：3500mA·h	满放电压：2.50V
满充电压：4.20±0.05V	循环寿命：400 次

　　这是一款保证耐用性和可靠性的电池产品，其放电倍率和电池容量的均衡非常出色，在大多数高端电动自行车中得到了广泛应用。

LG MJ1 18650	
最大连续放电电流：10A	额定电压：3.65V
额定容量：3500mA·h	满放电压：2.50V
最大放电电流：10A	循环寿命：400 次
满充电压：4.20±0.05V	

　　这款电池在所有锂电池产品中拥有最高的能量密度，且放电倍率和容量性能都非常出色。它还拥有卓越的耐用性，比其他同类型同尺寸的高倍率电池有更长的循环寿命。
　　凭借其出色的容量性能、放电倍率和耐用性，这款电池适用于大容量电池组制造。

LG ICR18650 HG2	
最大连续放电电流：20A	额定电压：3.60V
额定容量：3000mA·h	满放电压：2.50V
最大放电电流：20A	循环寿命：300 次（10A 连续放电）
满充电压：4.20±0.05V	

　　在高倍率电池中，这款电池拥有最大容量。除了价格高昂，没有其他缺点。它适用于电动自行车和电动汽车，满足高功率和大容量需求。

LG ICR18650 HE	
最大连续放电电流：20A（30A）	额定电压：3.60V
额定容量：2500mA·h	满放电压：2.50V
最大放电电流：20A	循环寿命：300 次
满充电压：4.20±0.05V	（10A 连续放电）

　　这是一款超高放电倍率的电池产品，测量到的内阻几乎为零，因此，可被归类为 30 A 放电速率的电池产品。然而在实际使用中，它的容量可能略有不足，不太适用于电动工具。
　　这款电池的瞬时放电能力表现出色，可提供较高的即时功率，因此可用于高性能电动自行车。然而，在长期使用过程中，可能会出现电压不均衡，导致电压均衡崩溃的情况。高倍率电池的一个特点是容量相对较小。此外，如果频繁用于高倍率放电场景，电池的循环寿命可能会衰减。

1.6 点焊机类型

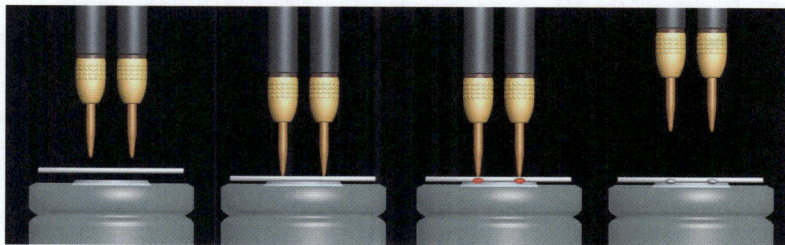

这是一种使用镍片和电阻来焊接锂电池的点焊机。

1. 准备镍片和要焊接的电池。

2. 对镍片和电池持续施加恒定压力。

3. 按下点焊机开关，启动焊接过程。接触电阻发热，使得镍片和电池电极熔化并黏合。

4. 移开点焊机的手柄。

点焊机是电池组装的基本工具之一。它不仅广泛用于组装移动电池组，还用于露营、野钓等日常活动常用的移动电源制作。

1.6.1 ▶ 不同类型的点焊机

	交流电点焊机
	这是一种使用家用电源（220V 或 110V）运行的点焊机，以其卓越的耐用性而闻名。质量在 6 ～ 10kg。 　　对于厚 0.15mm 的纯镍焊接，需要大约 2.5kW 的输出功率。 　　对于厚 0.20mm 的纯镍焊接，需要大约 5kW 的输出功率。 　　即使输出功率降至一半，也可以焊接镀镍片。
	直流电点焊机
	这类点焊机需要高放电倍率的电池供点，并使用 MOSFET 产生瞬时电流以黏合材料。 　　直流电点焊机更加便携，易于 DIY，并且非常轻巧。但是，较便宜的产品容易出现过流现象，内部的 MOSFET 容易损坏。如果没有及时充电，使用时的焊接强度会降低。
	超级电容器点焊机
	这是当前广泛用于个人场景的高端产品。它使用交流转直流 12V 适配器，在一个超级电容器中存储电能，并在需要时放电。它质量轻，且由于输出电流几乎恒定，适合像交流电点焊机一样恒定输出。为了达到类似交流电点焊机的焊接质量，必须使用比常规交流电点焊机更高输出功率的产品。

1.6.2 点焊机手柄类型及优缺点分析

	笔式焊接手柄 最基本的形式，价格低廉。 在点焊过程中，手柄相互碰撞的风险很高，可能导致短路。 镍片表面非常光滑，增加了焊接过程中发生短路的可能性。
	双式焊接手柄 比笔式焊接手柄使用更加便捷。 在点焊过程中几乎不用担心滑动，降低了短路的风险。 在使用没有张力调节的双式焊接手柄时，如果一个焊针没有正确接触，可能会产生火花和孔洞。
	自动式焊接手柄 组装电池时最安全的手柄。 两个焊针都可以单独调节压力。 手柄内置开关，允许自动焊接，并保持压力恒定，无需单独的脚踏开关。 非常适合初学者使用，上手容易。 由于内部组件众多，点焊能力可能受到影响。建议与高功率点焊机一起使用；否则，镍片可能无法正确焊接。

点焊的错误示范

焊接时滑动了

⚠ 危险

施加压力不均匀，一个焊针没有正确接触，导致镍片上有一个孔洞

安全起见，也为了避免上述错误，强烈建议读者使用自动式焊接手柄，即使它有些昂贵。

1.7 点焊机基本功能

1.7.1 点焊机关键组件

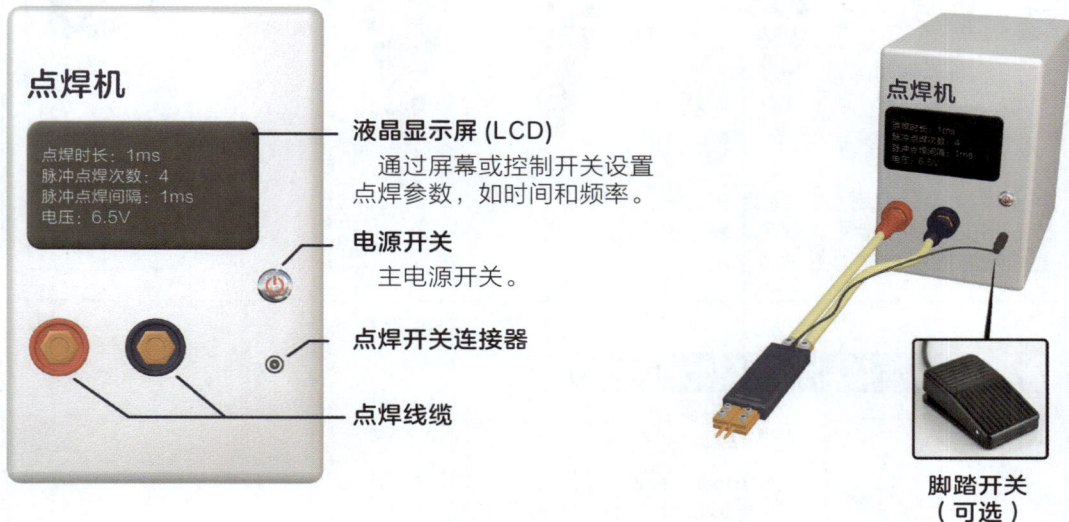

点焊机

点焊时长: 1ms
脉冲点焊次数: 4
脉冲点焊间隔: 1ms
电压: 6.5V

液晶显示屏 (LCD)
　通过屏幕或控制开关设置点焊参数，如时间和频率。

电源开关
　主电源开关。

点焊开关连接器

点焊线缆

点焊机

点焊时长: 1ms
脉冲点焊次数: 4
脉冲点焊间隔: 1ms
电压: 6.5V

脚踏开关
（可选）

1.7.2 点焊机设置手册

点焊机

点焊时长: 1ms
脉冲点焊次数: 4
脉冲点焊间隔: 1ms
电压: 6.5V

点焊时长
　设置单次点焊的持续时间，范围: 1 ~ 20ms。

脉冲点焊次数
　在相同位置连续进行点焊，以增强焊接强度。

脉冲点焊间隔
　设置连续点焊时间间隔。

电　压
　显示点焊机的电压。通常在 6 ~ 12V，保持恒定电压。直流电池供电的点焊机在充满电时表现更佳。

购买点焊机前的注意事项

　点焊机的性能会因输出功率不同而有很大差异。
　使用带电机驱动的点焊机时，建议使用纯镍片。
　2kW 点焊机可用于厚度最大 0.2mm 的镀镍片点焊。
　3kW 或更高功率的点焊机可实现厚 0.15mm 纯镍片的稳定焊接。
　5kW 点焊机可用于厚度最大 0.2mm 纯镍片点焊。
　点焊机的设置可能会根据镍片的厚度和材料不同而变化。
　可预先使用两层镍片进行点焊测试。

1.7.3 ▶ 点焊机焊针的维护

坏　　　　　　好

台式磨床

H
0.8~1.2mm

砂　纸

　　点焊机焊针会随使用而变短变尖。使用前，请用砂纸将尖端磨圆磨平，避免上图（左）的锋利形状。最佳宽度应保持在 0.8 ~ 1.2mm。

1.7.4 ▶ 镍片材料选择和允许电流

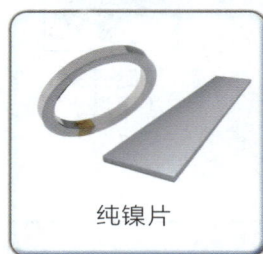

纯镍片

纯镍片

　　99% 高纯度镍片。
　　与镀镍片相比，外观光泽更好。
　　抗锈蚀和耐腐蚀性能出色，十分耐用。
　　与镀镍片相比，具有优越的电导率，适合需要低发热和高放电倍率的高输出功率电池。
　　由于其高电导率，需要使用高功率点焊机。
　　与镀镍片相比，成本显著提高。

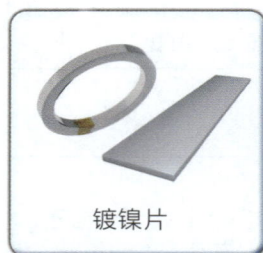

镀镍片

镀镍片

　　经济实惠，广泛使用。高电阻，可能会发热，但通过使用更厚更大的金属片可以解决发热问题。
　　和钢材相比，相对不易受到湿气的腐蚀。
　　由于电导率较低，宜使用低功率点焊机焊接，成本上也非常划算。

　　右表展示了电动设备中常用金属材料的电导率。具有高电导率的金属（如铜和铝）不适用于点焊，也不建议尝试焊接这类金属，可能会损坏点焊机。想要焊接纯镍片，需要一个瞬时输出功率高的点焊机与其高电导率相匹配。更高电导率的金属（如铝）的连接通常使用激光或物理方式（螺栓和螺钉），这类方法通常用于软包电池。

金属种类	电导率
铜	58MS/m
铝	38MS/m
纯　镍	14MS/m
铁（镀镍）	12MS/m
焊　料	110MS/m

区别纯镍片和镀镍片：方法和特征

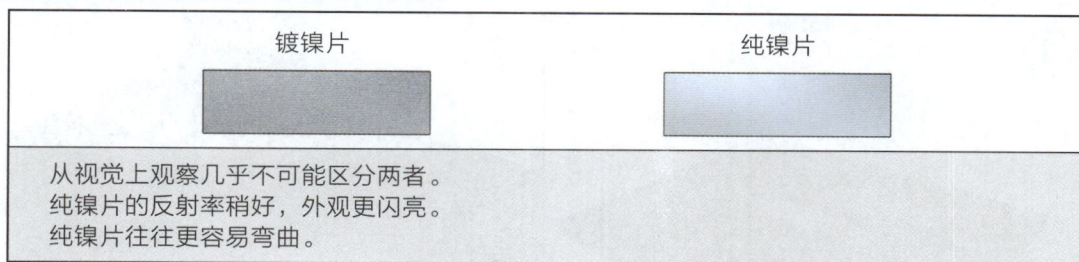

镀镍片	纯镍片

从视觉上观察几乎不可能区分两者。
纯镍片的反射率稍好，外观更闪亮。
纯镍片往往更容易弯曲。

通过点焊可以准确区分两者

镀镍片
点焊镀镍片会火星四溅。

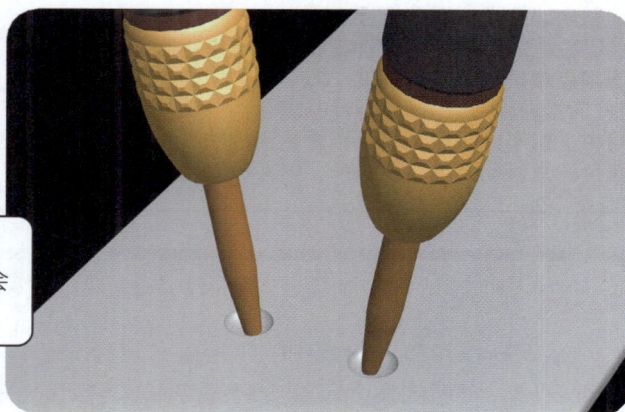

纯镍片
点焊纯镍片，几乎不会出现明火。

⚠️ 裸手接触点焊金属不存在触电危险。然而，镍片非常锋利，点焊时仍应全程佩戴手套和护目镜作为保护措施。

镍片的点焊测试指南

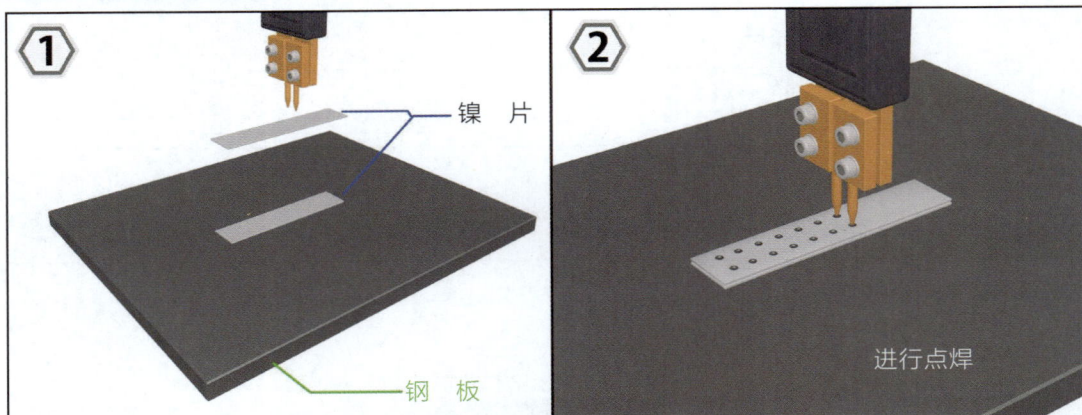

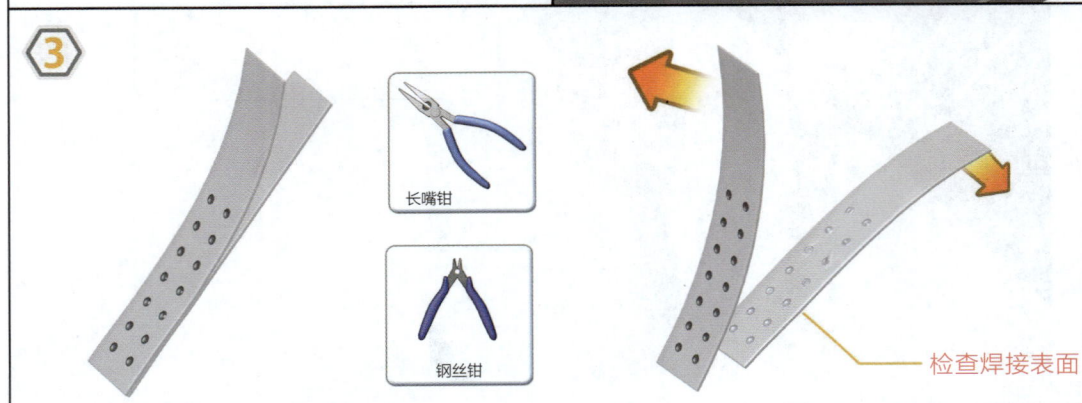

① 镍 片

钢 板

② 进行点焊

③

长嘴钳

钢丝钳

检查焊接表面

切割两块镍片放置在钢板上
也可以把镍片放置在刀片或切割台上进行测试。

使用点焊机进行焊接测试
测试时调整焊接时间和脉冲频率，请参阅 1.7.5 节的点焊时长设置。

用钳子对半拉开镍片检查点焊是否成功
镍片非常锋利，请小心操作，务必佩戴手套。

小技巧

　　建议将镍片放在台虎钳的平坦部分进行点焊测试。平坦的表面可能会轻微变形或熔化，产生吸附效果。

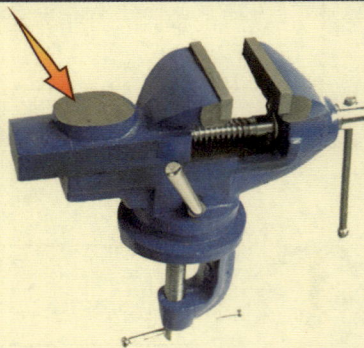

镍片的使用规范指南

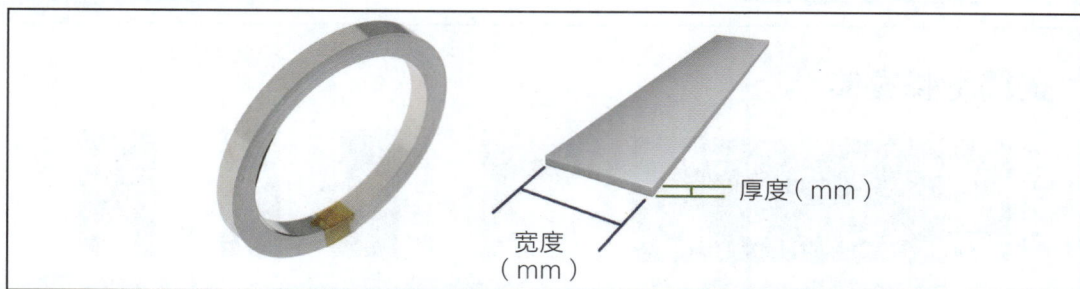

厚度（mm）

宽度
（mm）

在 18650 电池中使用的镍片，推荐宽度在 6 ~ 10mm。最方便焊接的宽度是 8mm。
　　厚 0.15mm 的镍片用于普通电动自行车，适配连续放电电流为 10A 的电池（纯镍片可以适配至大约 15A）。
　　厚 0.2mm 的镍片用于高功率电动自行车，适配连续放电电流为 15A 的电池（纯镍片可以适配至大约 20A）。

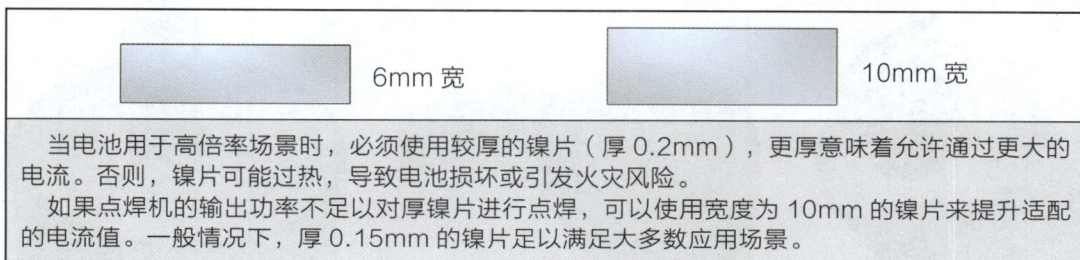

6mm 宽

10mm 宽

当电池用于高倍率场景时，必须使用较厚的镍片（厚 0.2mm），更厚意味着允许通过更大的电流。否则，镍片可能过热，导致电池损坏或引发火灾风险。
　　如果点焊机的输出功率不足以对厚镍片进行点焊，可以使用宽度为 10mm 的镍片来提升适配的电流值。一般情况下，厚 0.15mm 的镍片足以满足大多数应用场景。

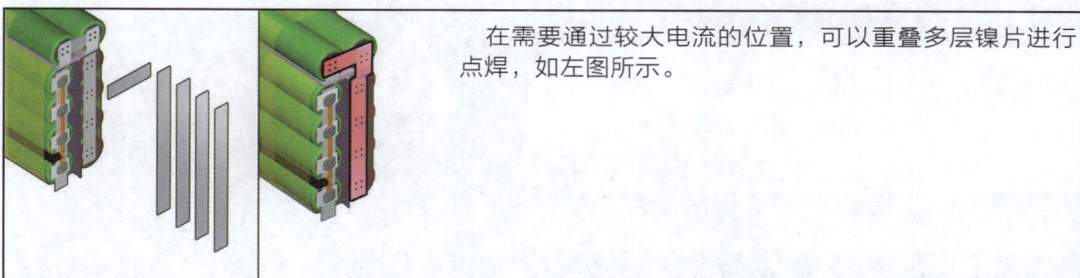

在需要通过较大电流的位置，可以重叠多层镍片进行点焊，如左图所示。

问：**"我的点焊机输出功率不足，如果重复焊接同一点，厚镍片会黏附吗？"**
　　答：不会黏附。
　　即使手动多次在同一点焊接，厚镍片也不会黏附。如果点焊机输出功率不足，无论在同一点上点焊多少次都不会实现黏附。相反，点焊时产生的不必要的热量，可能会导致电池内部损耗和腐蚀。如果只延长点焊时间，哪怕超过 16ms，仍然不可能点焊成功。这时必须换用高输出功率的点焊机。

1.7.5 点焊时长设置

点焊时长测试

厚 0.2mm

差　　好　　差

厚 0.1mm　　好

厚 0.15mm　　好　　差　　危险

> 如果接触时间过长，可能会出现类似于两点连接的热痕迹（劣化）。如果焊针打磨得不好，就会造成一个孔洞。

不同点焊时长的焊接表面
未使用的锂电池或表面积较大的碱性电池电极可用于点焊测试。

危险　　危险　　危险

在锂离子电池柱体侧面进行点焊有爆炸风险！

点焊时长的设置至关重要

点焊机的输出功率越高，点焊时长就越短。重叠两层镍片进行点焊测试，初始先测试一个较短的点焊时长并逐渐延长时间。

对于 3kW 的点焊机，厚 0.15mm 的镀镍片在大约 6ms 时黏附最佳，纯镍片则需要大约 16ms。

点焊时长超过 16ms 可能会导致局部过热，从而对电池内部造成损伤。超过 16ms 的长时间焊接并不会提高焊接能力，而是表明点焊机输出功率不足。

对于厚 0.2mm 的纯镍片，5kW 的点焊机足以进行焊接而不会劣化。

　* 在合理范围内，点焊机输出功率越高越好，因为高功率能缩短点焊时长，从而减少或避免因点焊处劣化而导致的电极损伤。

1.7.6 脉冲点焊的次数

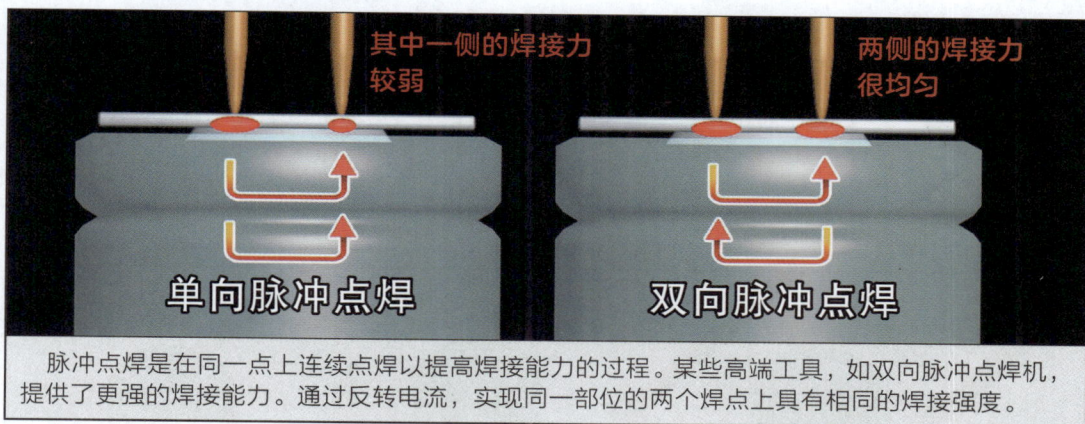

其中一侧的焊接力较弱

两侧的焊接力很均匀

单向脉冲点焊

双向脉冲点焊

脉冲点焊是在同一点上连续点焊以提高焊接能力的过程。某些高端工具，如双向脉冲点焊机，提供了更强的焊接能力。通过反转电流，实现同一部位的两个焊点上具有相同的焊接强度。

1.7.7 脉冲点焊间隔

对于多次点焊，设置时间间隔有助于防止热量集中和过热。间隔对焊接能力没有显著影响。建议使用默认的脉冲点焊间隔（1 ms）。

1.7.8 点焊电压

交流电点焊在 6 ~ 6.5V 进行，对于直流电点焊，最高可使用 12.6V 电压。
如果使用过程中的电压与常规值不同，应停止点焊并检查机器。

软包电池

软包电池点焊

软包电池（如锂聚合物电池）的极耳有非常高的电导率。
一般通过工业点焊或激光点焊机等专业设备进行点焊，或通过螺栓和螺钉等物理方法进行连接。此外，连接处还必须施加额外保护才能承受外部冲击。
基于上述原因，个人实践或 DIY 场景下处理软包电池是具有挑战性的，但通过恰当的封装技巧，它们也能被有效利用起来。

1.7.9 含铅焊料与无铅焊料（松香助焊剂）

焊料

含铅焊料，是铅（Pb）和锡（Sn）的合金（通常组分是 $Sn_{60}Pb_{40}$），由于其熔点低和易于加工，推荐给初学者使用。
注意：铅是有毒物质，且会污染环境。操作时请佩戴口罩，并小心处理废弃物。
无铅焊料是一种环保材料，使用铋（Bi）、银（Ag）、铜（Cu）等合金代替铅（Pb）。但是它的润湿性较差，熔点高，在焊接粗电线时难以适配传统焊接技术。
松香助焊剂有助于在焊接操作中形成干净牢固的焊缝，便于焊接工作的开展。

1.7.10 使用 ALMIT 焊料直接焊接 18650 电池

ALMIT 焊料

ALMIT 焊料

　　焊接时需要高输出功率的电烙铁。在焊接前用镊子刮花表面，以便 ALMIT 焊料与电极表面结合更牢固。焊接会产生强烈刺鼻气味，建议在开始操作前打开窗户。

① 剥去要连接的电线的绝缘层。
② 对电线和电池电极进行预焊。
③ 将预焊的电线放置到位，并使用电烙铁按压焊接点。

不推荐使用焊接方法来制造锂电池组。
在焊接过程中，电烙铁的热量可能会损坏电池内部的隔膜，但从外观上无法察觉到这类隐患。

1.7.11 电极的焊接

纸质绝缘环　　焊　料　　点焊机　　镀镍片　　Kapton胶带

为确保焊接过程的安全和便捷，建议不要直接在电极表面进行焊接。在电极外焊接可以快速散热，适配普通焊料即可轻松焊接。
① 在电池上放一个纸质绝缘环，将其与镍片点焊在一起，用镊子刮花焊接位置。
② 在电线和镍片上都施加足够的焊料。
③ 使用电烙铁将电线焊接到位。如果将镍片折叠在电池柱体旁边，需要用 Kapton 胶带或绝缘纸把电极柱身包裹起来防止短路。

1.8 电池规格

1.8.1 18650 电池标记

查看电池侧面时，你会发现上面印有字符，包括电池的型号、类型、尺寸、生产日期和生产线编号，通常可以通过制造商的网站或互联网来核实。

在组装电池时，匹配电池的生产日期和生产线有助于组装持久、高质量的电池组。

制造商
LGDB（上图示例）LG 电池

型号
MJ1，电池型号

锂离子类型（正极材料）
INR（镍酸锂）、IMR（锰酸锂）、ICR（钴酸锂）

电池尺寸
18650（指电池的尺寸：直径 18mm，高度 65mm）或 21700。
锂离子电池的质量通常在 45 ~ 50g。

其他标记
N282J091A1（上图示例）表示生产日期、生产线和其他详细信息。标记可能因制造商而异。
你可以在 Batterybro.com 网站上查寻该代码。
推荐搜索词：18650 Date Code Lookup Tool.

电动汽车用 18650 锂离子电池的最低规格

为了在最大选择范围内适配电池管理系统（BMS），电池的满充电压为 4.2V。应尽量选择容量更大的电池，即使成本有所上升。容量应不低于 2500mA·h，放电电流应不低于 8A。

PVC热缩管

PVC（聚氯乙烯）热缩管
收缩率: 48% | 电压: 300V | 厚度: 0.2mm（收缩前）| 收缩温度: 98℃，适用于 18650 电池 | 温度范围：-40℃ ~ 105℃

对其加热时会发生收缩，释放材料内部的应力，同时在给定状态下保持一定残余应力。

这是圆柱形电池最常用的绝缘材料。

它在绝缘和固定电池组方面发挥重要作用，为电池组提供保护并确保电池组牢固。

1.8.2 电池关键规格详解

（示例电池：额定电压 3.6V，额定容量 3500mA·h，连续放电电流 10A）

最大连续放电电流：10A

表示电池可以持续提供电力的电流值（也可以用放电倍率 C 表示）。

3.5A·h（3500mA·h）× 10A（电流）= 35W（电池额定功率）

额定容量：3500mA·h

3500mA·h 指的是电池容量。

3.6V（额定电压）× 3.5A·h（3500mA·h）= 12.6W·h（电池能量）

连续放电倍率（C）

查看电池数据时，您可能会看到倍率 C，而非最大连续放电电流值。

3.5A·h（3500mA·h）× 2.85C（放电倍率）= 9.975A（四舍五入为 10A）

读者通过该公式可以由放电倍率值计算出对应的连续放电电流值。

额定电压：3.6V

作为参考标准时使用的电压。

满放电压：2.5V

电池停止放电时的电压。如果低于该电压仍在使用，电池寿命将显著降低。

满充电压：4.20V

电池充满电时的电压。超过这个电压充电存在火灾或爆炸风险（尤其是超过 4.35V 时非常危险），电池寿命也将显著降低。

标准充电电流：1.25A

在标准充电电压下，可以保证电池额定寿命的充电电流。

最大连续充电电流

表示可用于充电的最大电流。采用快充会对电池寿命有轻微损耗。

寿命周期

高倍率充放电都可能会显著降低电池寿命。

一个周期定义为将电池满放到 2.5V，然后满充到 4.2V。

寿命判据是以电池容量下降到初始容量的 80% 为界限。

3500 mA·h（初始容量）× 80%= 2800 mA·h

1.8.3 锂离子圆柱形电池尺寸信息 18650 / 21700

电芯

"电芯"指的是一个电池单体（不包含 BMS 和封装结构件的裸电池）。

18650

18650 表示电池的尺寸。

直径：18mm，高度：65mm。

21700

21700 代表一种较大尺寸的电池，专门为电动汽车开发的型号，目前已广泛应用。

直径：21mm，高度：70mm。

电动机驱动所用的电池通常支持 1C 的最大充电倍率，能保证额定循环寿命的标准充电电流在 1100 ~ 1500mA。即使是高倍率电池，如果频繁地快充快放，也会减损电池使用寿命。所以，使用高容量电池在某种程度上就是在延长电池寿命（高容量意味着充放电频率可以减缓）。

1.9 组装电池组前的必要检查和准备工作

1.9.1 电池的内部结构及注意事项

18650 电池的结构

私自拆解电池存在起火爆炸的风险。严格禁止！

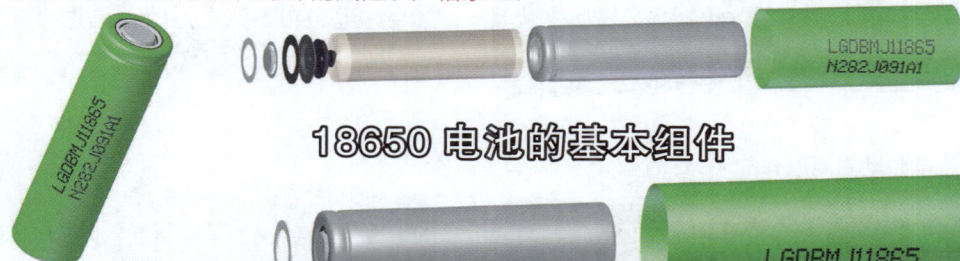

LGDBMJ11865
N282J091A1

18650 电池的基本组件

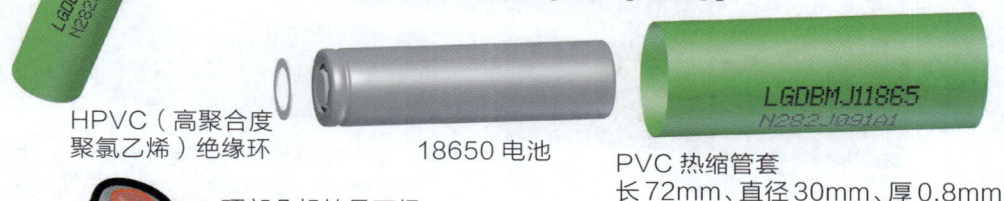

HPVC（高聚合度
聚氯乙烯）绝缘环

18650 电池

PVC 热缩管套
长 72mm、直径 30mm、厚 0.8mm

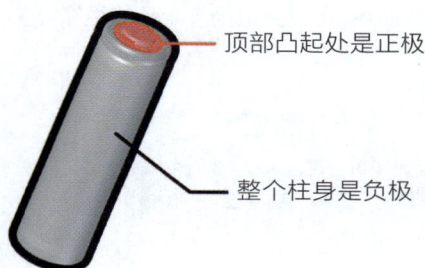

LGDBMJ11865
N282J091A1

顶部凸起处是正极

整个柱身是负极

电池的整个柱身都是负极，如发现绝缘环缺漏则弃用。严禁私自拆除 PVC 绝缘套！

电池柱身充当负极，因此不要损坏聚氯乙烯涂层。
如果想要固定多个电池，可以使用薄双面胶。
严禁使用热熔胶枪、热熔剂和液体黏合剂（可能导致聚氯乙烯管套损坏）。

1.9.2 纸质绝缘环

将纸质绝缘环
固定在正极处

纸质绝缘环

HPVC 绝缘环的耐热温度约为 150℃，而纸质绝缘环的耐热温度为 300℃。
在电池正极外侧添加纸质绝缘环，可以减少由镍片产生的热量，从而提升安全性。
如果用于高输出功率的电动汽车（EV）电机，建议安装纸质绝缘环。

1.9.3 ▶ 破损 PVC 管套的更换

PVC 管套在暴露于低温环境或长期使用老化后，即使受到轻微冲击也会变得脆弱并容易开裂。在移除原有的绝缘管套之后，请及时更换一个全新的绝缘管套。

① 在组装和拆解电池时，首先检查电池柱体没有任何损坏的迹象。

② 小心地剥离原有的 PVC 管套。

HPVC 绝缘环可以重复使用（如果损坏，则需要更换一个新的绝缘环）。

③ 更换一个全新的 PVC 热缩管套。

④ 使用热风枪或吹风机使管套收缩。

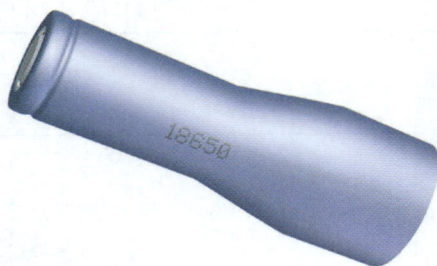

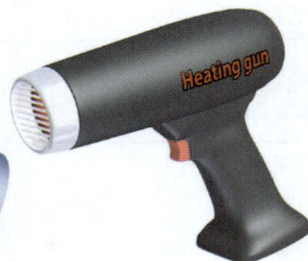

Heating gun

⑤ 用不可擦除的记号笔写下电池型号及相关信息。

Marker pen

记号笔

1.9.4　电池组电压与串联连接

示例：48V 电池，13S（13 节串联）

13S 电路示意图

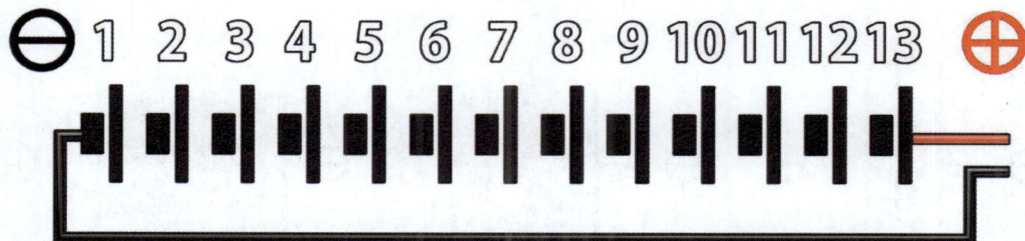

13S 电池连接示意图

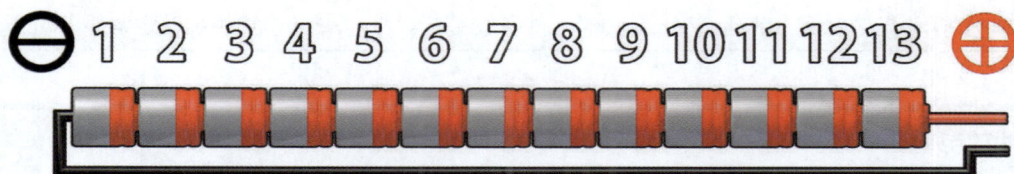

13S 的实际连接方式

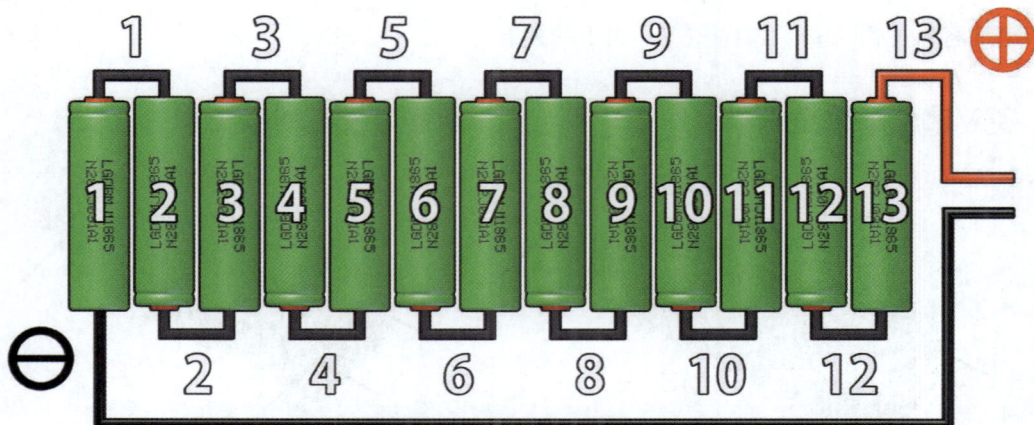

串联

　　"S"表示串联。串联电池组的额定电压由每个电池的额定电压（示例中为 3.6 V）和串联数来确定。

　　3.6 V（18650 电池的额定电压）× **13**（串联数量）≈ **48V**（电池组的额定电压）

1.9.5 电池组容量与并联连接

示例：3.6V 电池，4P（4 节并联）

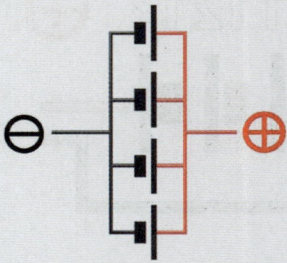

4P 电路示意图	4P 电池连接示意图	4P 的实际连接方式

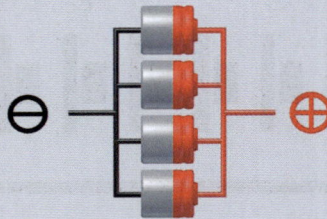

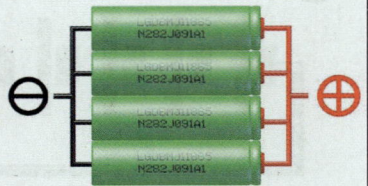

并联（"P"表示并联）

3.5 A·h（电芯容量 3500 mA·h）**×4**（并联数量）**=14 A·h**（电池组的额定容量）

电池放电时长的计算

　　14 A·h ÷ 2 A = **7 h**（理想状态下可以以 2 A 电流持续放电 7 个小时）

电池容量（A·h）和能量（W·h）的换算

48 V 电池，13S4P　　　　　　　　　　**36 V 电池，10S4P**

4 并　　　　　13 串　　　　　　4 并　　　　10 串

48 V（电池组额定电压）**× 14 A·h**（电池组容量）**= 672 W·h**（电池组能量）
36 V（电池组额定电压）**× 14 A·h**（电池组容量）**= 504 W·h**（电池组能量）
电池组的能量（瓦时，W·h）可通过容量（安时，A·h）计算得到。
*注意，电池能量的单位是瓦时（W·h）而非安时（A·h）。

电池的电压和容量实例

尺寸比较

- 4S6P: 4 × 6 = 24
- 10S5P: 10 × 5 = 50
- 13S7P: 13 × 7 = 91
- 14S8P: 14 × 8 = 112
- 20S6P: 20 × 6 = 120

100S120P:
100 × 120 = 12000
电动汽车 360 V

18650 电池的额定电压 3.6 V
连续放电电流 10 A，额定容量 3500 mA·h，质量 47g。

4S6P：4 × 6 = 24
适用场景：使用 12 V 电源的儿童电动车、露营设备和汽车移动电源。

10S5P：10 × 5 = 50
适用场景：电动滑板车和电动自行车。

13S7P：13 × 7 = 91
适用场景：高速电动滑板车和电动自行车。

14S8P：14 × 8 = 112
适用场景：58.6V 双电机驱动电动滑板车。

20S6P：20 × 6 = 120
适用场景：72 V 电动自行车或电动滑板车。

100S120P：100 × 120 = 12000
适用场景：电动汽车。

18650 电池组质量计算公式

电池组质量 = 电芯数量 × 每个电芯的质量

示例：电池组质量 = 91 × 47 = 4277g（≈ 4.3kg）

注意：如果算上 BMS、保护外壳等附加组件，最终质量还会增加。

高压电池组的优点

随着额定电压升高，电机转速会加快。高电压条件下的发热现象较轻微，且能适配更高的电流值，从而实现更高能效（发热导致的能量损失降至最低）。但在短路时，高压电池组发生火灾事故的风险增加。

低压电池组的优点

容易实现电池组和设备的小型化。

由于电压较低，短路时，发生火灾事故的风险较低。

1.9.6 电池组设计与热缩管尺寸计算

电池组设计和尺寸

LGDB MJ1 INR 1865
N282J091A1

18mm

65mm

A TYPE 13S4P

N

4 并

13 串

长 234mm

宽 72mm

高 65mm

B TYPE 10S4P

N

4 并

10 串

请提前估算电池组尺寸，备料 PVC 热缩管。
W（宽度）= 18mm（电芯直径）x 4（并联的电芯数量）
H（高度）= 65mm（电芯高度）x1（电芯在高度上的层数）
L（长度）= 18mm（电芯直径）x 13（串联的电芯数量）
W 72mm，H 65mm，L 234mm 即该电池组的最小预估尺寸。

PVC 电池组热缩管尺寸计算（以 13S4P 电池组为例）

宽 /mm

长 /mm

使用电池组的最小预估尺寸：
W + H = PVC 热缩管的宽度（mm）
（72mm + 65mm = 137mm）

L = PVC 热缩管的长度（mm）
（234mm）

PVC 热缩管的最小尺寸
宽度 = 137mm
长度 = 234mm

推荐的 PVC 热缩管尺寸
考虑到组装便捷性、电池架、电池管理系统（BMS）、电池保护板的整体尺寸，建议按照最小尺寸的 130% ~ 140% 定制热缩管。
137mm（最小尺寸宽度）+ 137mm × 0.3 (30%，41.1mm) = 定制宽度 178.1mm
234mm（最小尺寸长度）+ 234mm × 0.3 (30%，70.2mm) = 定制长度 304.2mm

6S4P + 7S4P 双层电池组的尺寸

电池组的最小预估尺寸
W（宽度）72mm，H（高度）130mm，L（长度）126mm
PVC 热缩管的最小预估尺寸
W（宽度）202mm，L（长度）126mm
推荐使用的 PVC 热缩管尺寸（+40%）
W（宽度）282.8mm，L（长度）176.4mm
电芯数量 6×4 + 7×4 = 52
质量 2444g = 47g × 52

10S5P 矩形折叠电池组的尺寸

电池组的最小预估尺寸
W（宽度）90mm，H（高度）36mm，L（长度）325mm
PVC 热缩管的最小预估尺寸
W（宽度）126mm，L（长度）325mm
推荐使用的 PVC 热缩管尺寸（+40%）
W（宽度）176.4mm，L（长度）455mm
电芯数量 10×5 = 50
质量 2350g = 47g × 50

用绳子计算电池组热缩管的尺寸

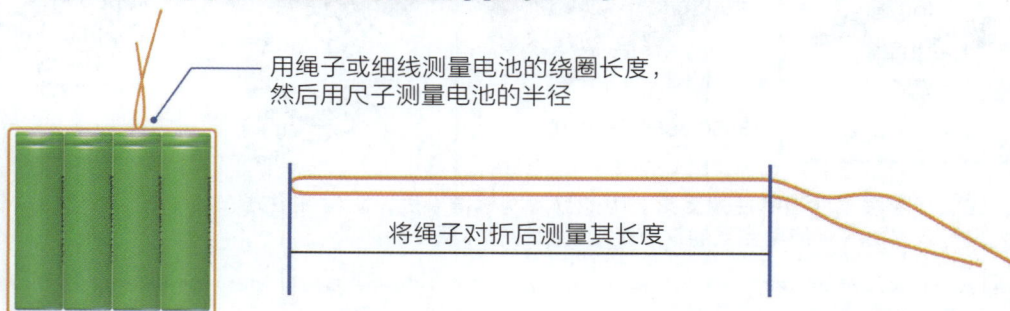

用绳子或细线测量电池的绕圈长度，然后用尺子测量电池的半径

将绳子对折后测量其长度

1.10 组装电池组

1.10.1 电池电压检查

高压
DC
3.603 V
上限

DC
3.55 V

平均电压
DC
3.553 V
合格

低压
DC
3.503 V
下限

使用万用表逐个检查每个新电芯的电压。以 3.55 V 的储存电压为例，允许电压波动在 ± 0.05V 范围内。

在组装过程中，舍弃电压波动大于和等于 0.05 V 的电芯。

建议选取相同生产日期、生产线或质量一致的电芯，以实现持久耐用。

注意：不要将测试过程中电压最高和最低的电芯组装在一起。

电池组支架类型

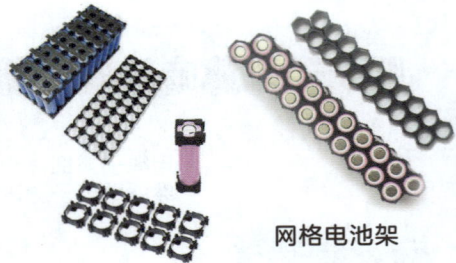

伸缩电池架

18650 26650 32650

网格电池架

建议在组装电池组时使用支架。电池嵌入网格框架后，防尘性更好，抗冲击、散热和预防火灾的效果更好。使用支架的缺点是电池组的总体积会增加。

1.10.2 电池组预组装

① 示例：10S5P 电池组

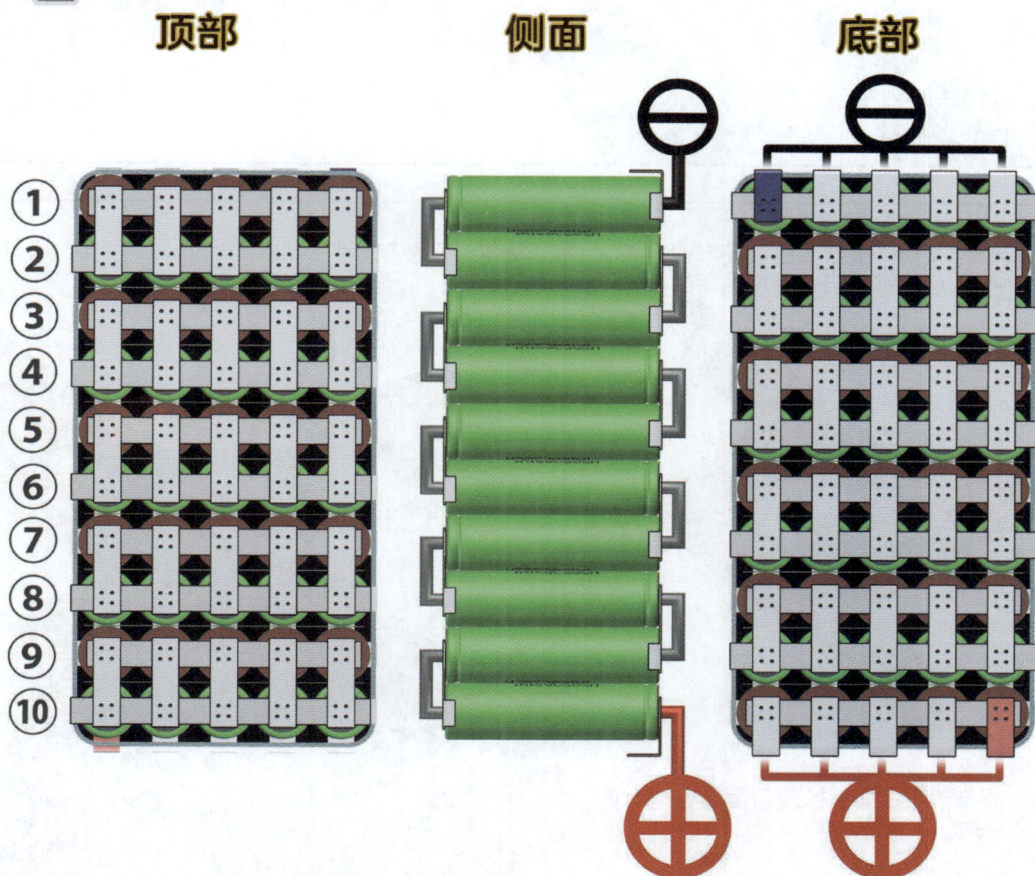

| 顶部 | 侧面 | 底部 |

遵循大多数电池管理系统（BMS）的标准，电池组从负极（−）开始编号。

为了增加电池组电压，以并排重复的模式组装电池组。在组装电池组之前，仔细绘制电池组装配图，避免组装过程中出现错误。

硅胶电缆

镀镍片

10S5P，36V 电池组的推荐点焊片和电缆

镀镍片建议厚 0.15mm，宽 8mm。纯镍片建议厚 0.15mm，宽 6mm。硅胶电缆 14AWG / 55.5A。

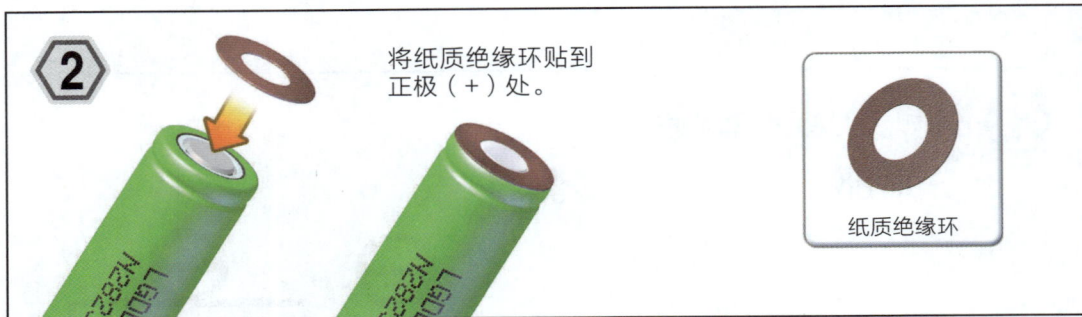

2 将纸质绝缘环贴到正极（＋）处。

纸质绝缘环

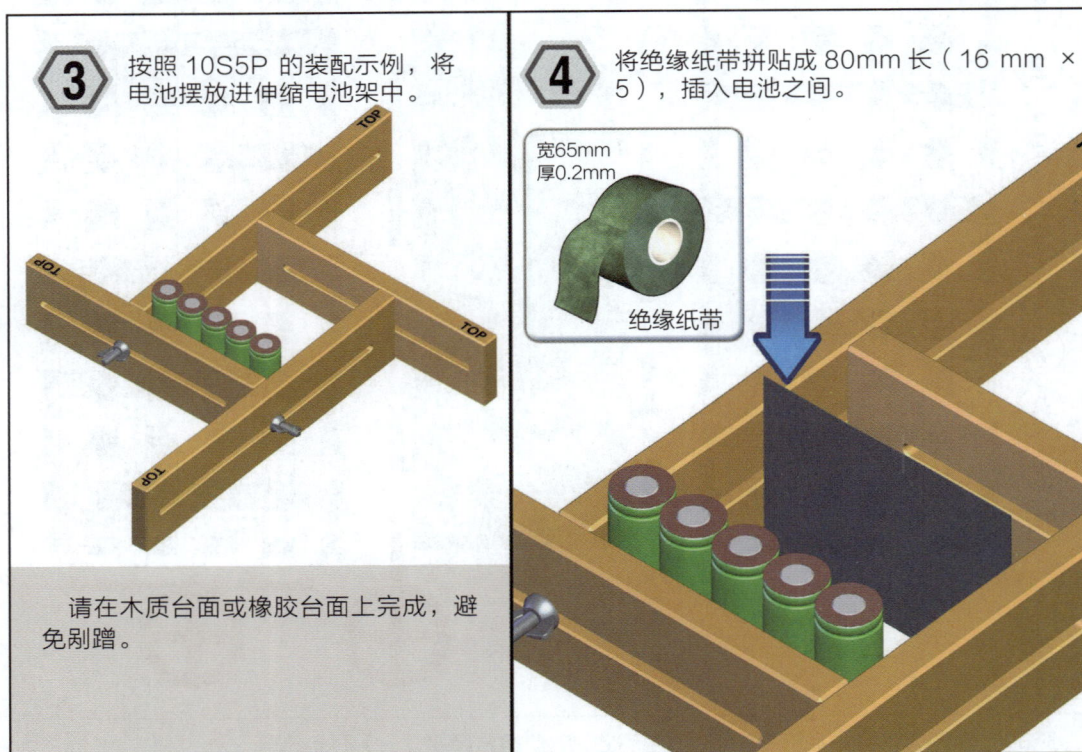

3 按照 10S5P 的装配示例，将电池摆放进伸缩电池架中。

请在木质台面或橡胶台面上完成，避免剐蹭。

4 将绝缘纸带拼贴成 80mm 长（16 mm × 5），插入电池之间。

宽65mm
厚0.2mm

绝缘纸带

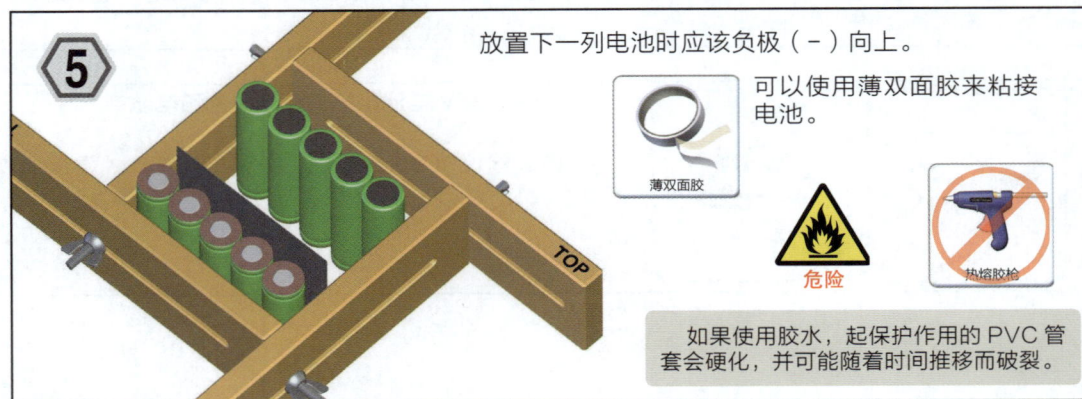

5 放置下一列电池时应该负极（－）向上。

可以使用薄双面胶来粘接电池。

薄双面胶

危险

如果使用胶水，起保护作用的 PVC 管套会硬化，并可能随着时间推移而破裂。

6 每组并联 5 个电池单体，每 10 组串联。在极性不同的电池之间插入绝缘纸带防止短路。

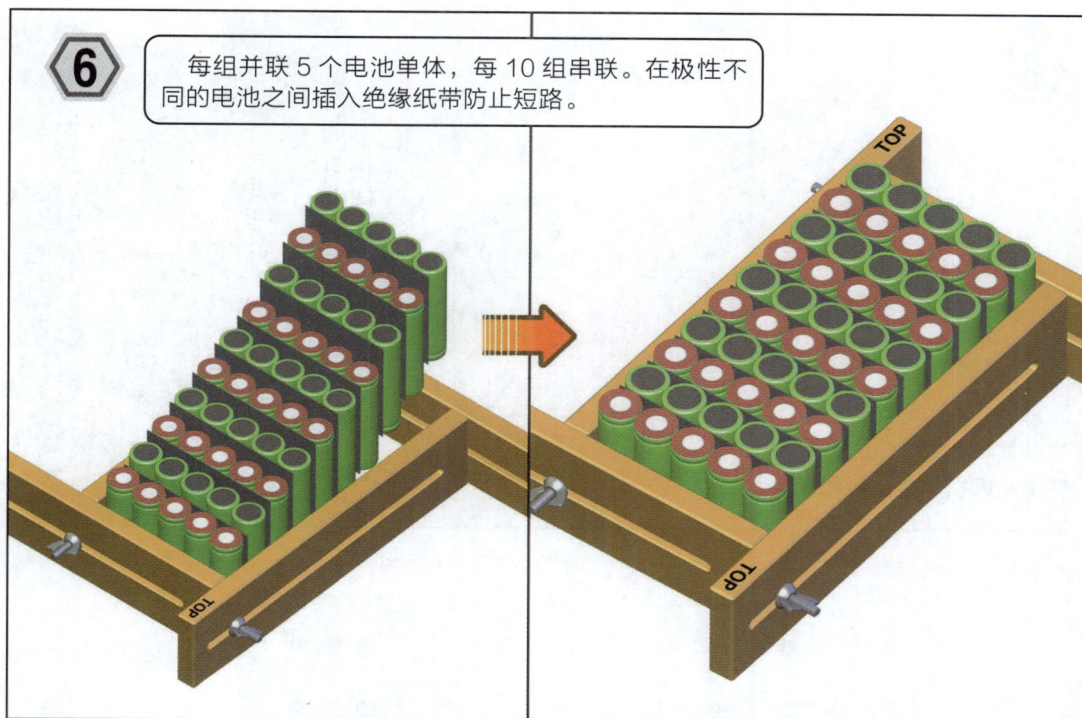

7

③ 用钕磁铁临时固定住镍片，建议镍片宽度为 8mm。

钕磁铁

镀镍片

② 将待焊接的镍片放在电池顶部。

镀镍片

① 借助游标卡尺，切出 10 个长 84mm 的镍片用于焊接。游标卡尺非常锋利，使用时请戴手套，避免划伤自己。

游标卡尺

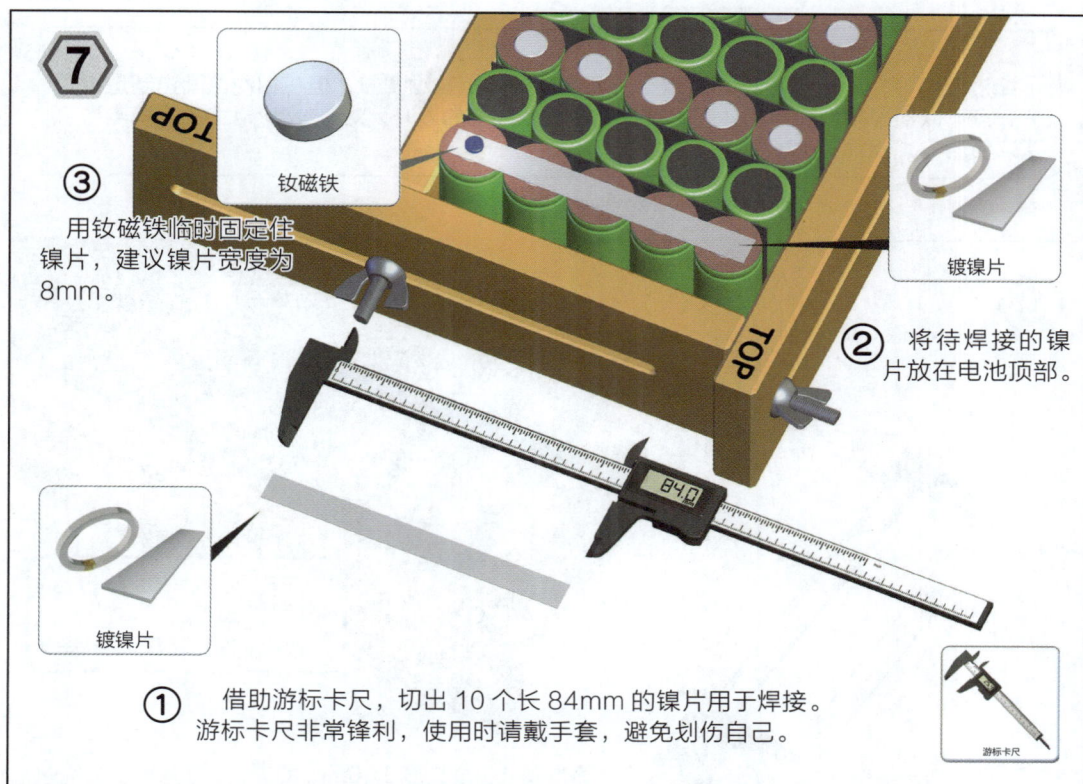

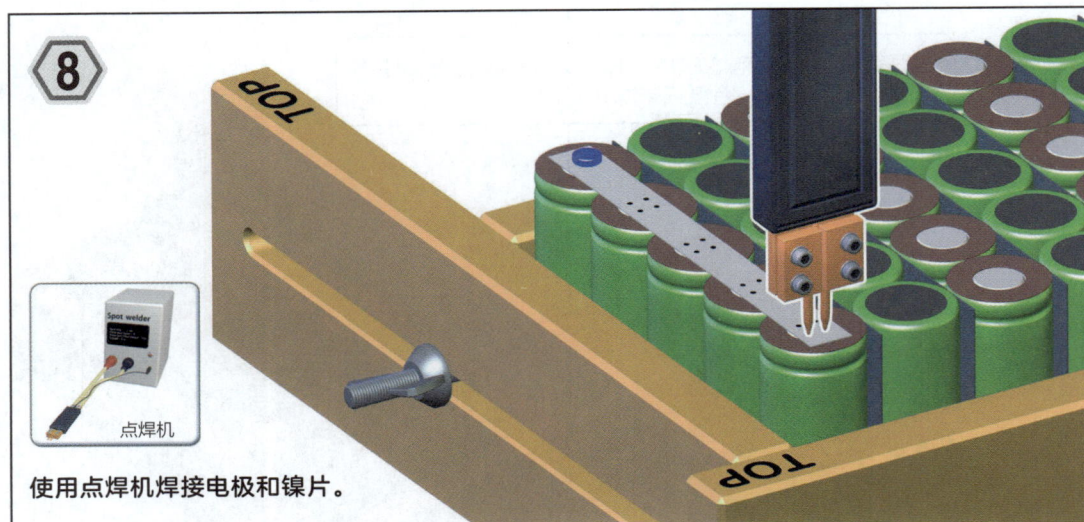

点焊机

使用点焊机焊接电极和镍片。

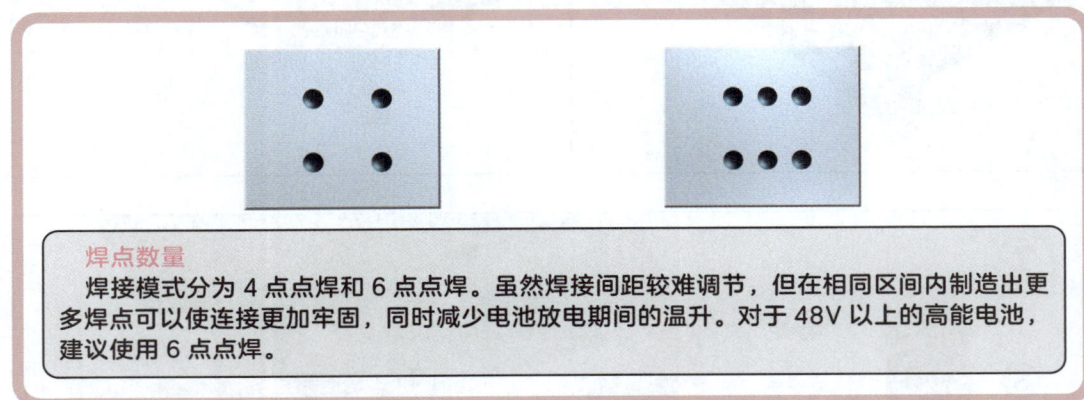

焊点数量

焊接模式分为 4 点点焊和 6 点点焊。虽然焊接间距较难调节，但在相同区间内制造出更多焊点可以使连接更加牢固，同时减少电池放电期间的温升。对于 48V 以上的高能电池，建议使用 6 点点焊。

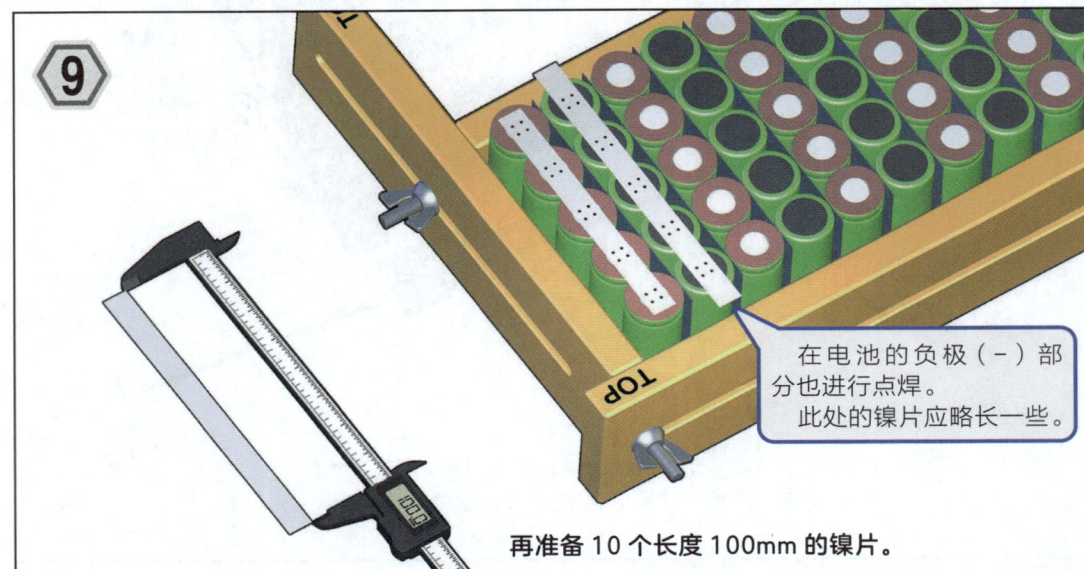

在电池的负极（－）部分也进行点焊。
此处的镍片应略长一些。

再准备 10 个长度 100mm 的镍片。

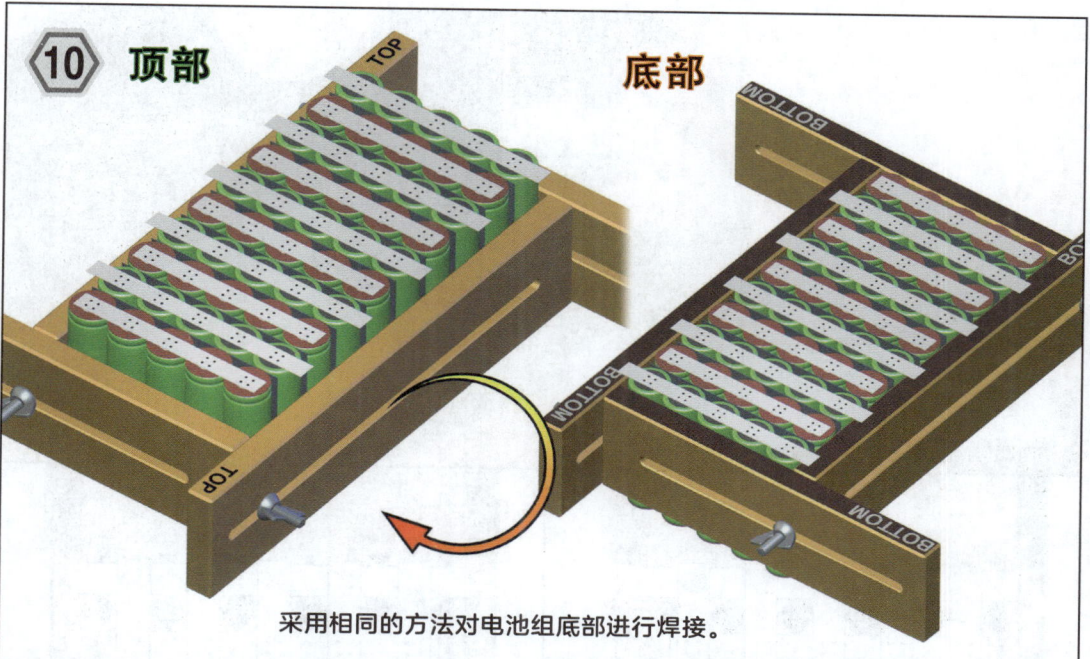

⑩ **顶部**　　　　　　　　　　　　　　　　**底部**

采用相同的方法对电池组底部进行焊接。

⑪

钕磁铁

使钕磁铁临时固定用于串联的长 28mm 镍片。

准备 **60** 个
长度 **28mm** 的镍片

危险

Kapton胶带

使用 Kapton 胶带或可重复使用的绝缘胶带。注意避免金属碎屑落在电池上。
为了防止火灾和爆炸，应对点焊区域周边进行临时绝缘处理。

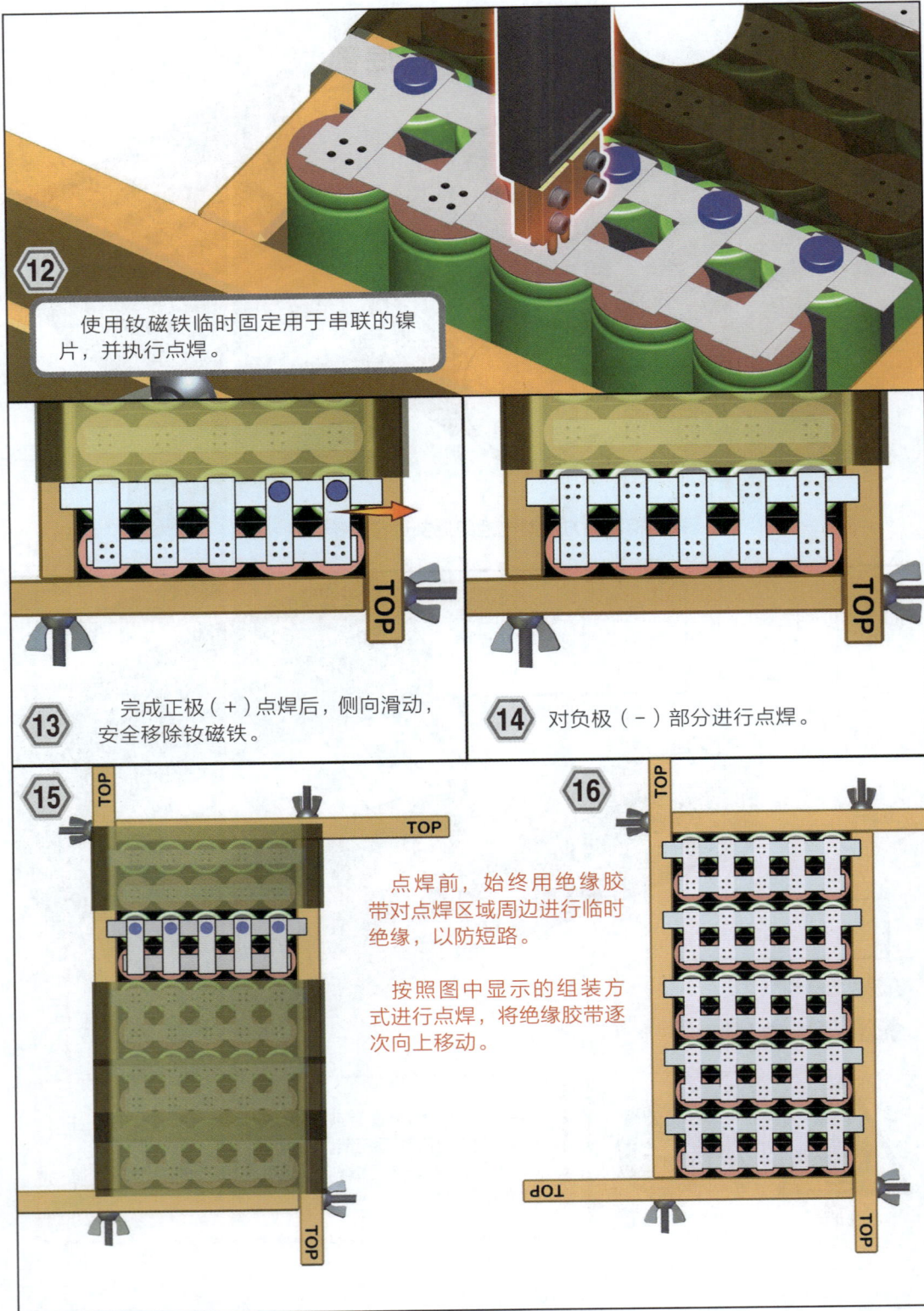

⑫ 使用钕磁铁临时固定用于串联的镍片，并执行点焊。

⑬ 完成正极（＋）点焊后，侧向滑动，安全移除钕磁铁。

⑭ 对负极（－）部分进行点焊。

⑮

⑯ 点焊前，始终用绝缘胶带对点焊区域周边进行临时绝缘，以防短路。

按照图中显示的组装方式进行点焊，将绝缘胶带逐次向上移动。

⑰ 顶部　　　　　　　　底部

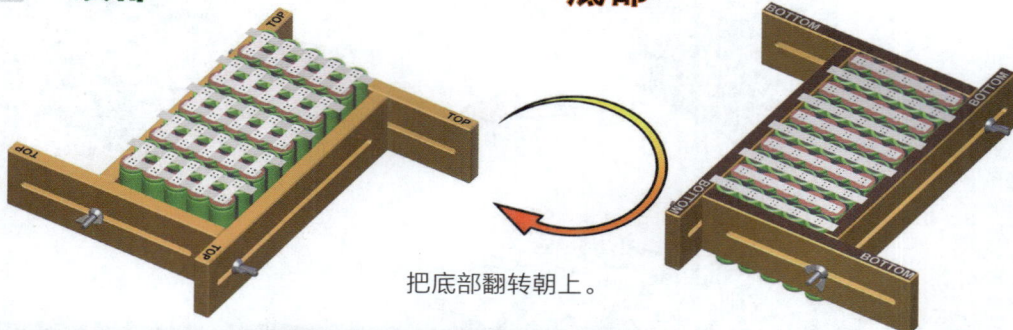

把底部翻转朝上。

⑱ 为了安全起见，请佩戴手套，并在点焊镍片之前暂时将绝缘胶带覆盖在电池上（如图所示）。

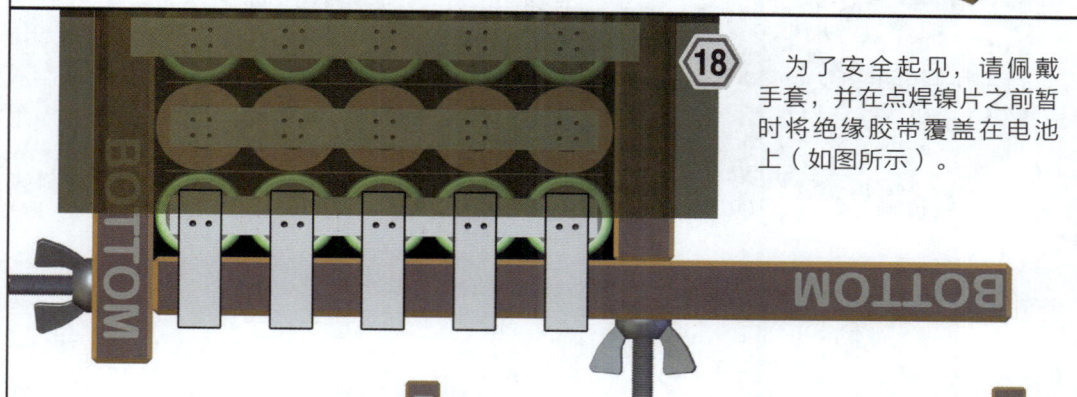

⑲ 按照图中显示的组装方式进行点焊。

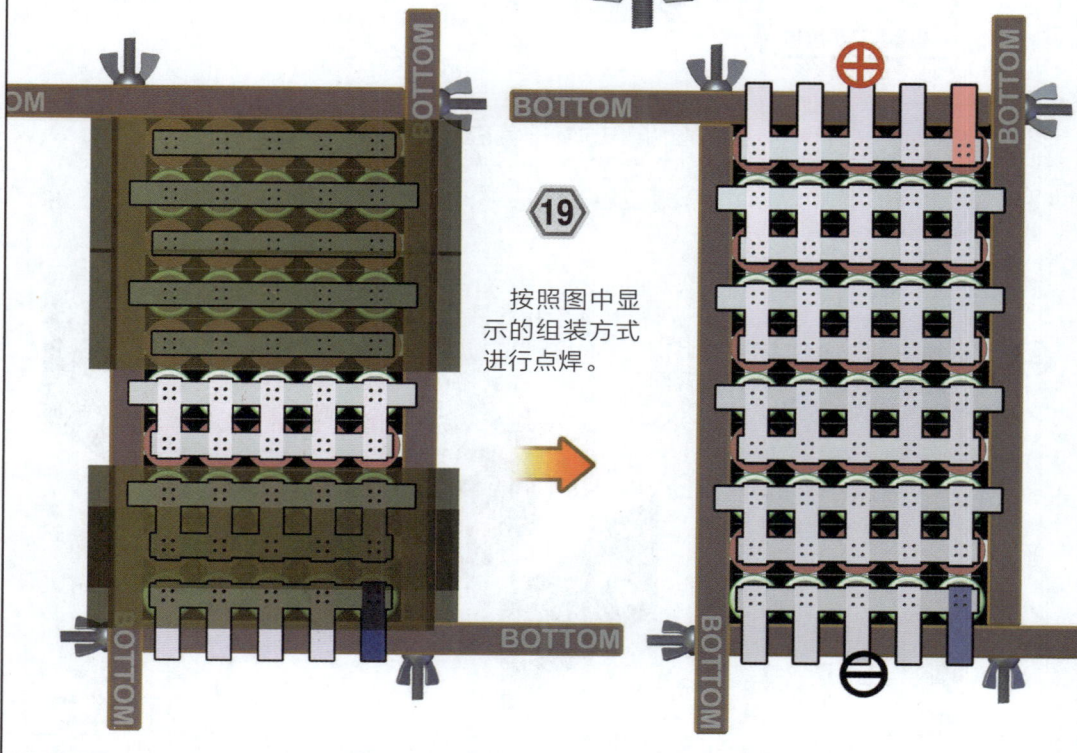

⑳ 完成点焊工作后，拆除电池支架。

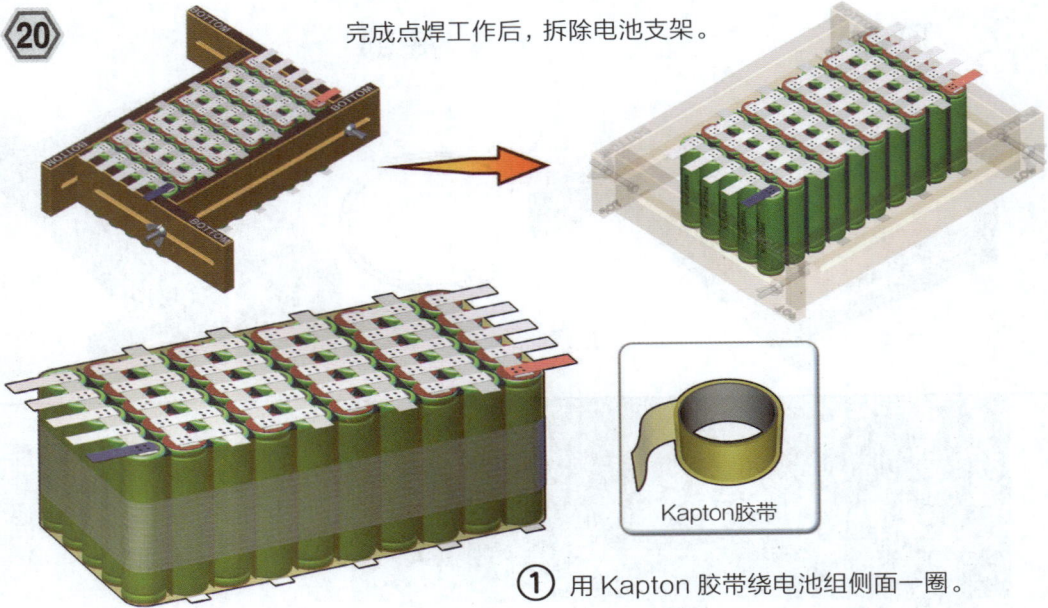

① 用 Kapton 胶带绕电池组侧面一圈。

Kapton胶带

② 使用不易延展的高强度纤维胶带，固定在 Kapton 胶带之上，防止电池松动。

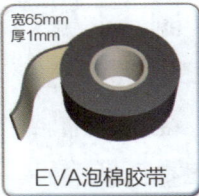

高强度纤维胶带

③ 在电池组周围包裹一层 EVA 泡棉胶带（宽度为 65mm，厚度为 1mm），固定电池组。

宽65mm
厚1mm

EVA泡棉胶带

④ 将绝缘纸裁剪成与电池组相同的宽度，并用热熔胶枪或双面胶带将其粘到正极（＋）一侧。

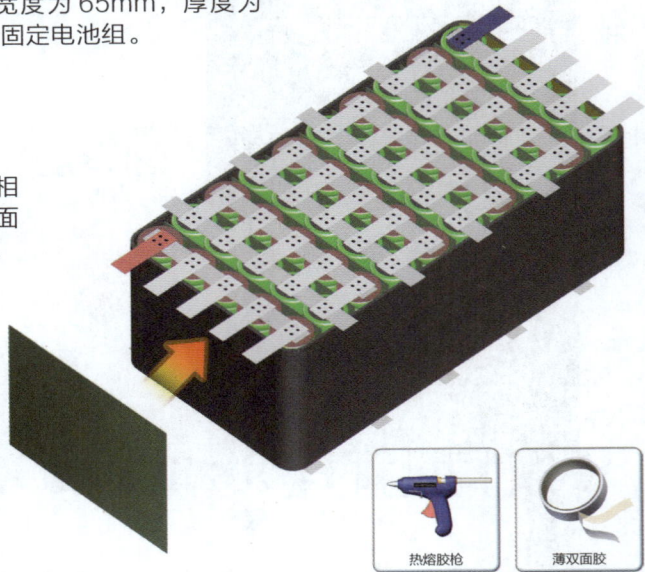

厚0.2~0.3mm

绝缘纸

热熔胶枪

薄双面胶

① 将延伸出来的镍片折叠。

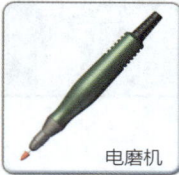
电磨机

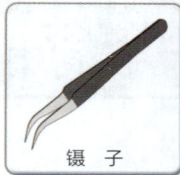
镊 子

烙 铁

焊 料

② 用镊子将正极（＋）和负极（－）连接点以及均衡线连接点处刮花。
用电磨机轻轻打磨，可以得到更粗糙的焊接面。

③ 把焊料焊到电池组正负极的镍片上。

将电池组竖置

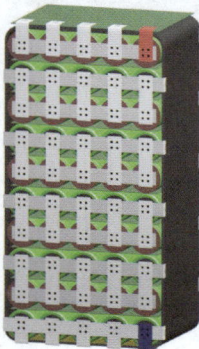

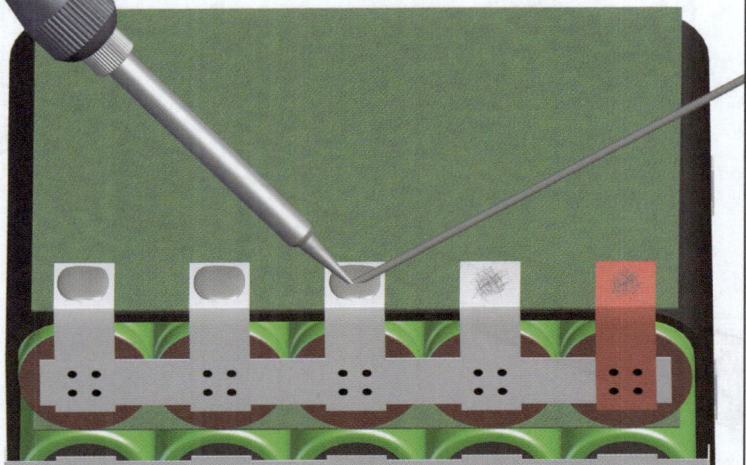

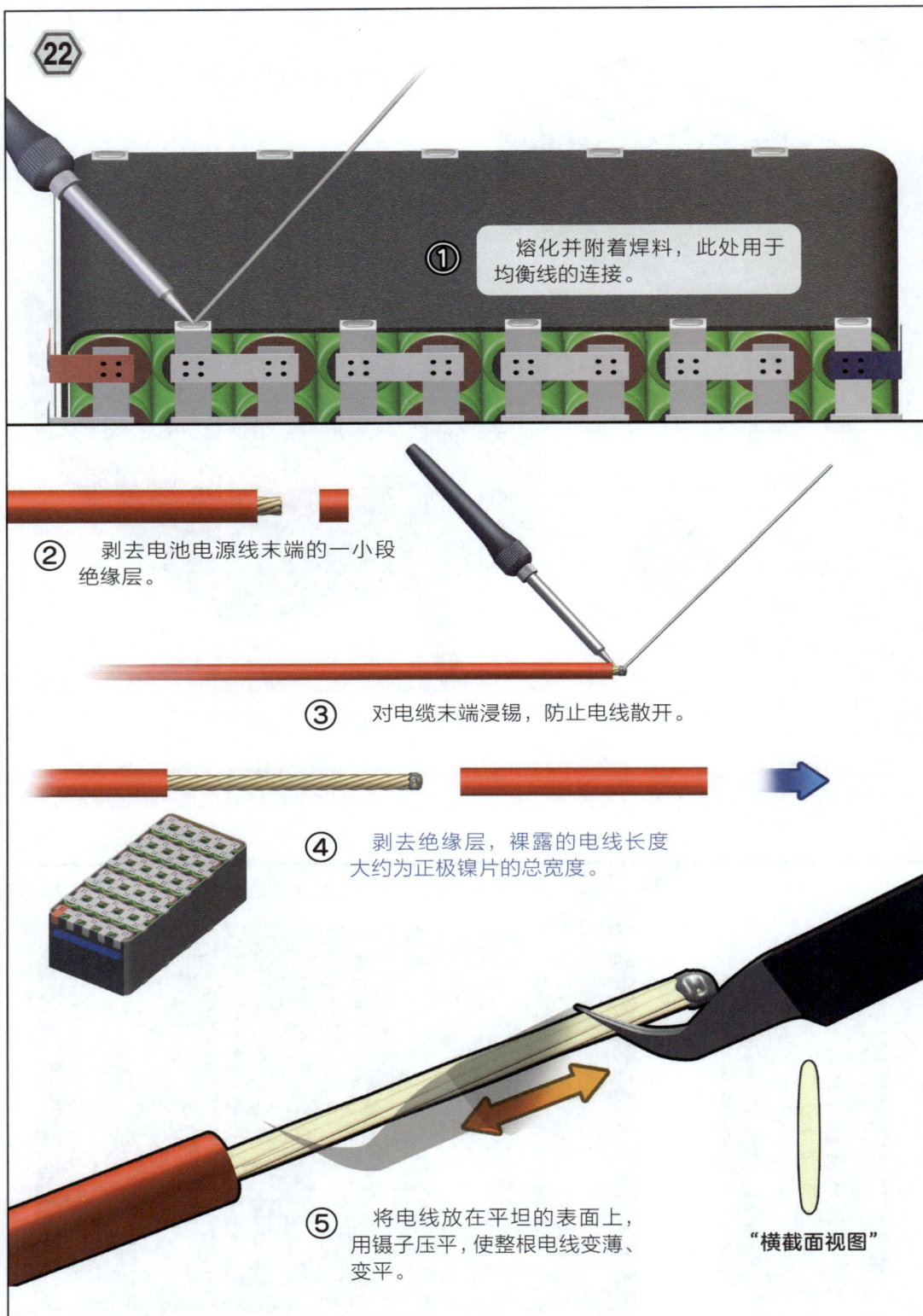

22

① 熔化并附着焊料，此处用于均衡线的连接。

② 剥去电池电源线末端的一小段绝缘层。

③ 对电缆末端浸锡，防止电线散开。

④ 剥去绝缘层，裸露的电线长度大约为正极镍片的总宽度。

⑤ 将电线放在平坦的表面上，用镊子压平，使整根电线变薄、变平。

"横截面视图"

使用 Kapton 胶带临时固定住电线，并逐次进行焊接。

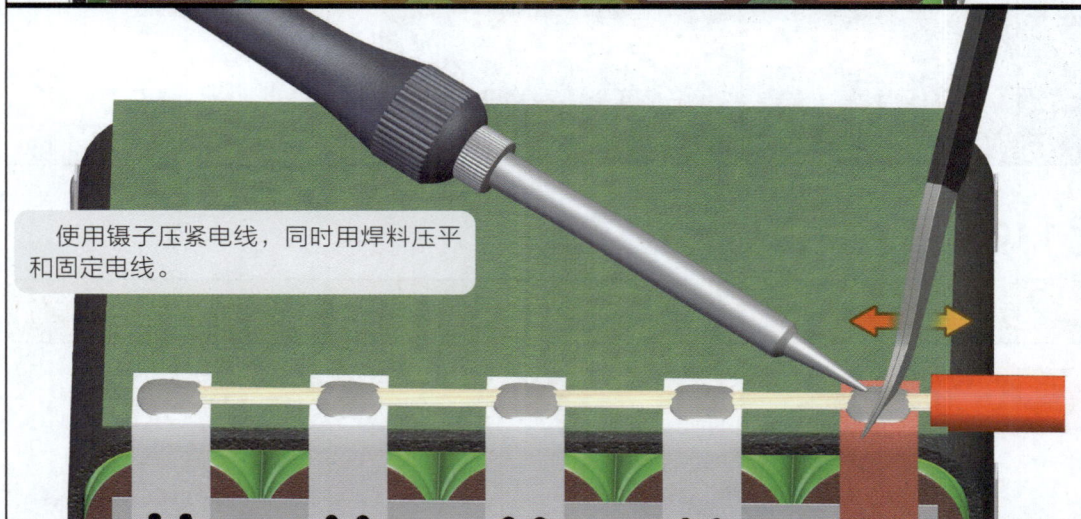

使用镊子压紧电线，同时用焊料压平和固定电线。

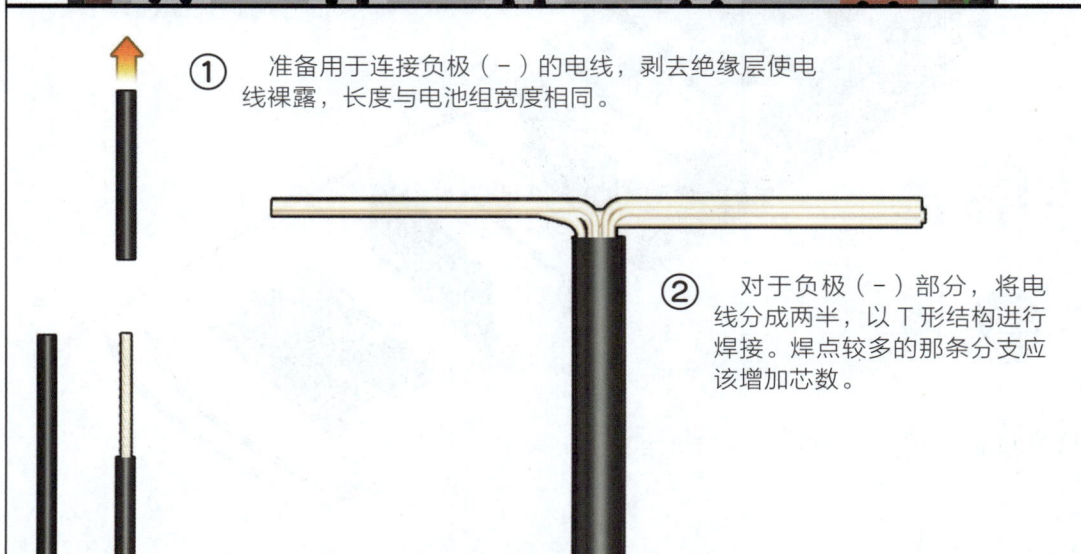

① 准备用于连接负极（-）的电线，剥去绝缘层使电线裸露，长度与电池组宽度相同。

② 对于负极（-）部分，将电线分成两半，以 T 形结构进行焊接。焊点较多的那条分支应该增加芯数。

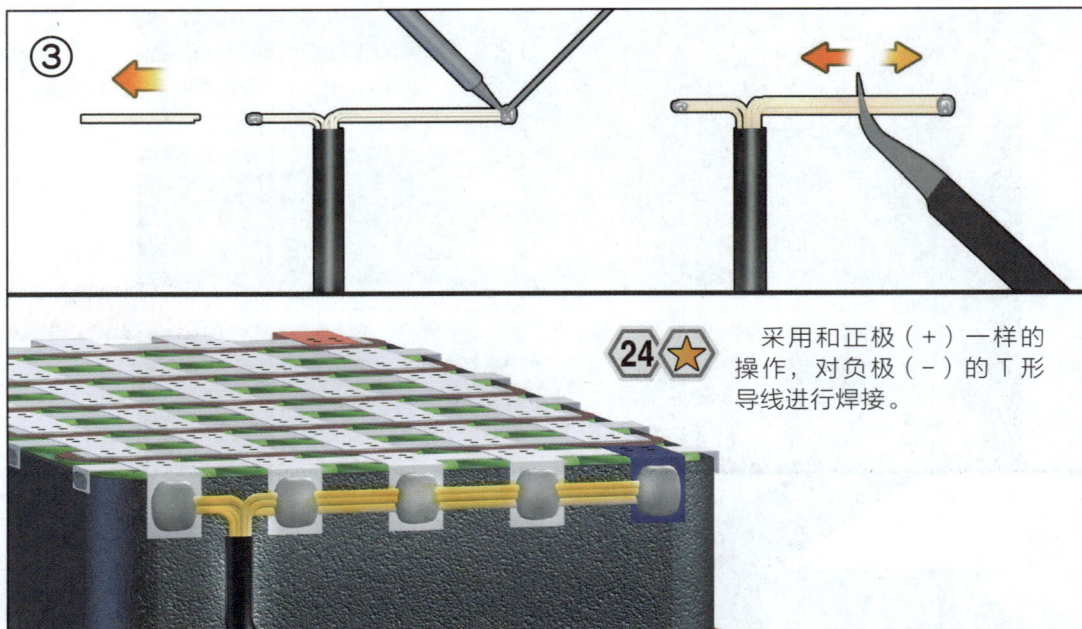

24 ⭐ 采用和正极（＋）一样的操作，对负极（－）的T形导线进行焊接。

1.10.3 ▷ 安装电池管理系统（BMS）

关于 BMS 使用规范和连接方法的详细信息，请参阅 BMS 的有关章节。

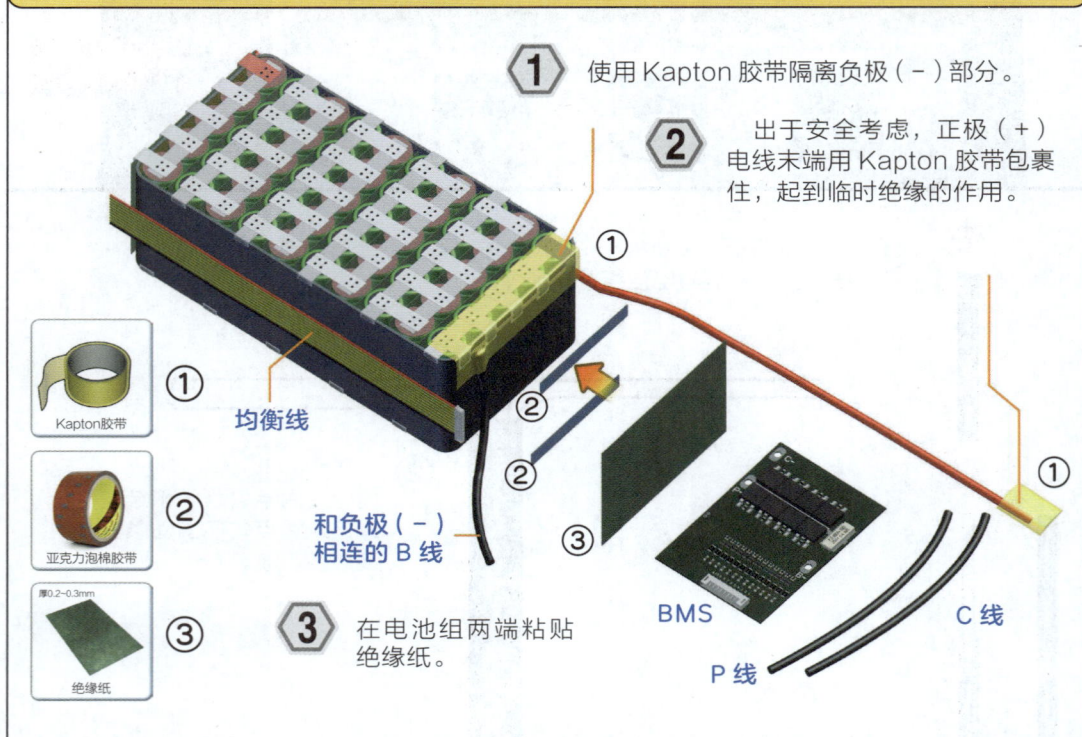

① 使用 Kapton 胶带隔离负极（－）部分。

② 出于安全考虑，正极（＋）电线末端用 Kapton 胶带包裹住，起到临时绝缘的作用。

Kapton胶带 ①
亚克力泡棉胶带 ②
厚0.2~0.3mm 绝缘纸 ③

均衡线 ①
和负极（－）相连的 B 线
③ 在电池组两端粘贴绝缘纸。

BMS
P 线
C 线

1.10.4 ▶ 均衡线连接和 BMS 接线

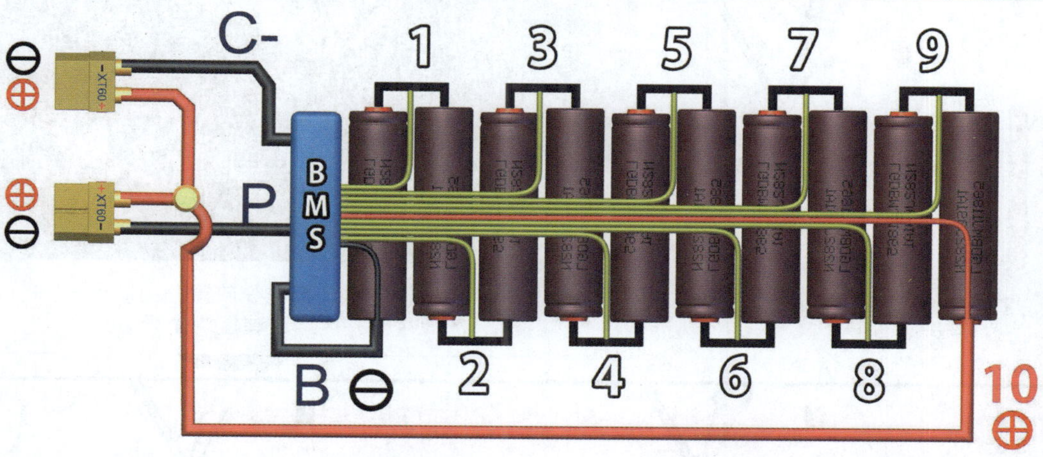

规划好 BMS 连接线和布局后，再连接均衡线。

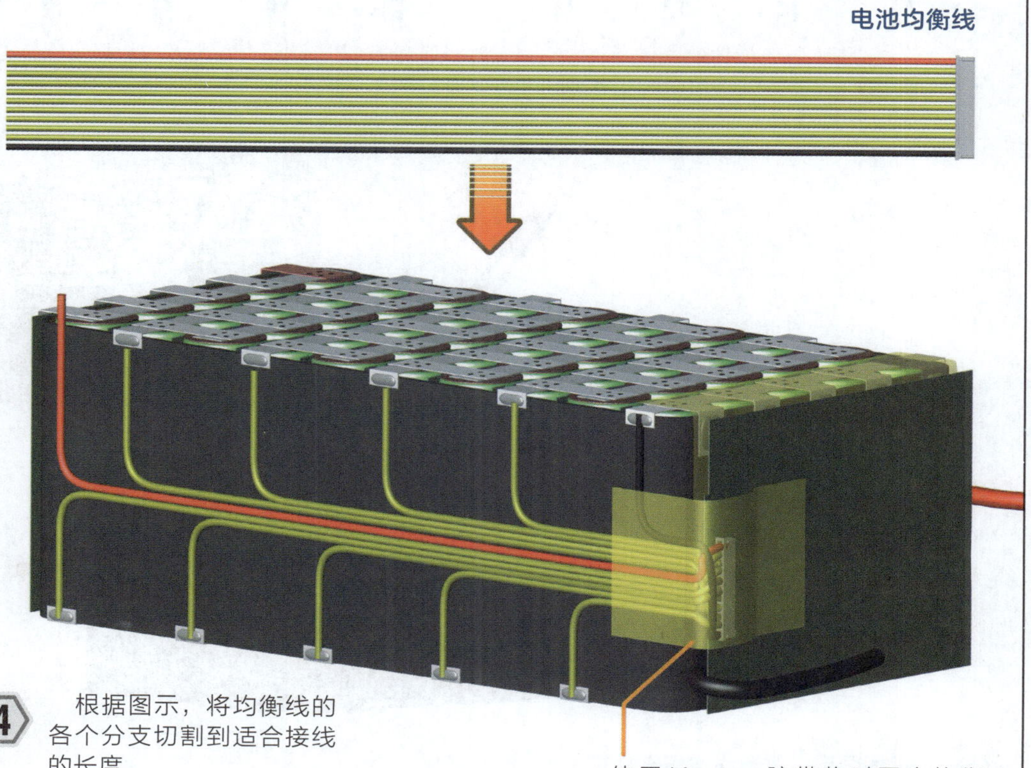

电池均衡线

④ 根据图示，将均衡线的各个分支切割到适合接线的长度。

使用 Kapton 胶带临时固定均衡线的连接器部分。

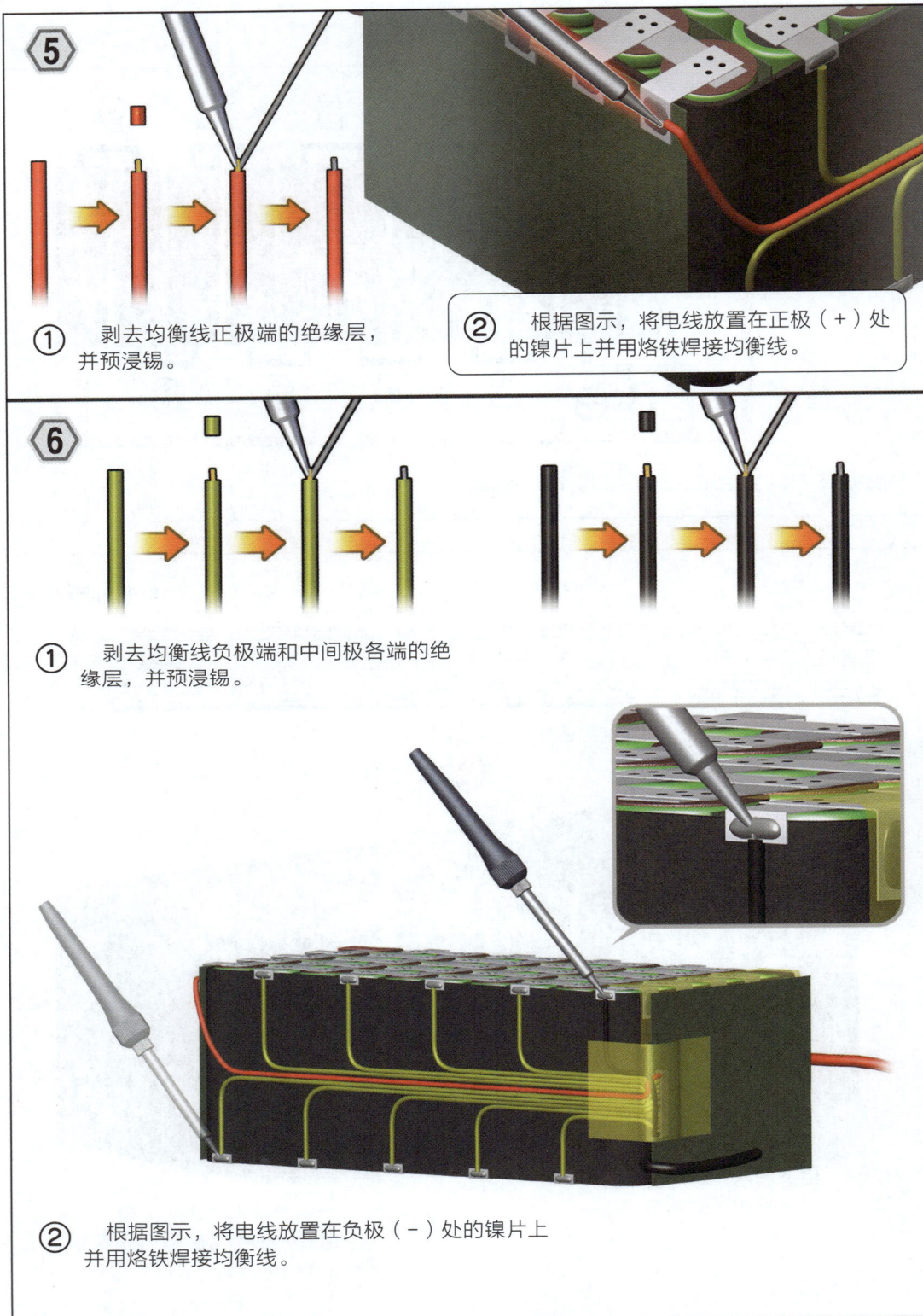

⑤

① 剥去均衡线正极端的绝缘层，并预浸锡。

② 根据图示，将电线放置在正极（＋）处的镍片上并用烙铁焊接均衡线。

⑥

① 剥去均衡线负极端和中间极各端的绝缘层，并预浸锡。

② 根据图示，将电线放置在负极（－）处的镍片上并用烙铁焊接均衡线。

⑦ 把侧面的均衡线整理好并贴上 Kapton 胶带。

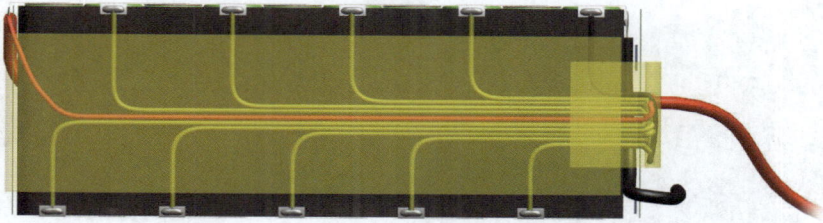

⑧ 将 Kapton 胶带贴满整个电池组表面，防止镍片腐蚀、短路、脱落，确保安全。

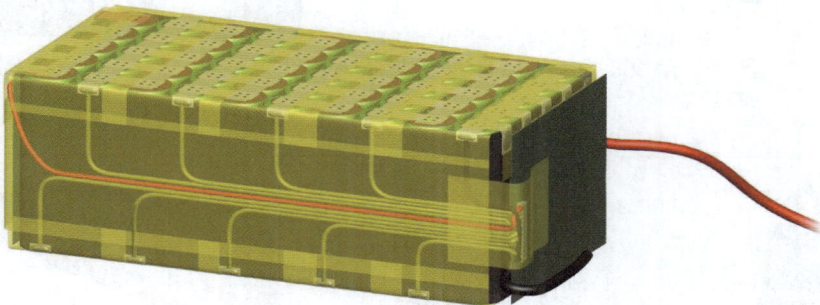

⑨ 更详细的 BMS 焊接和组装方法，请参考本书的 BMS 组装章节。

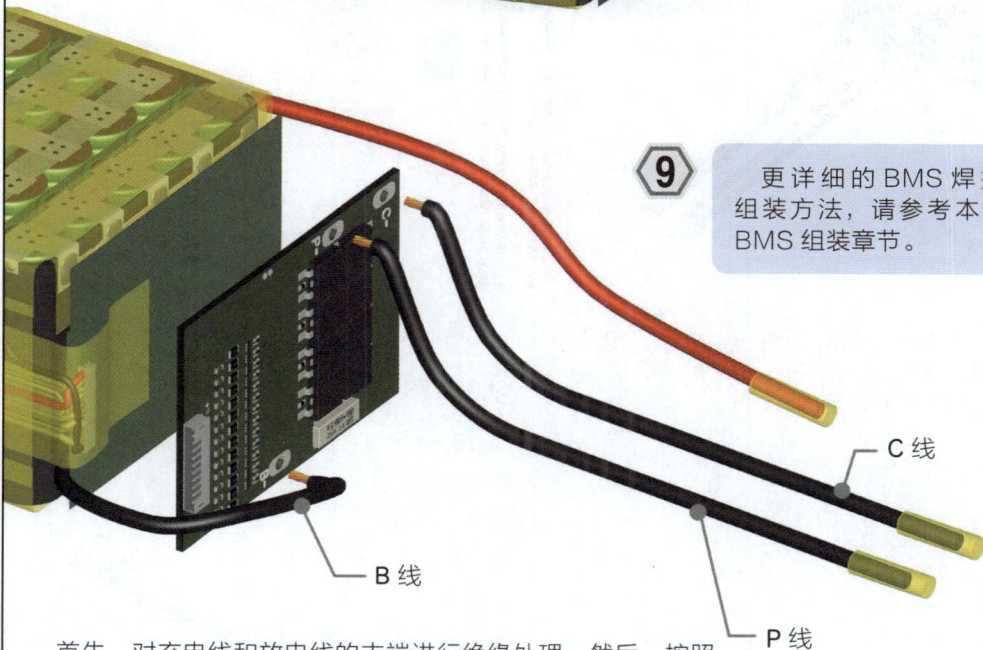

C 线

B 线

P 线

首先，对充电线和放电线的末端进行绝缘处理。然后，按照 P 线、C 线、B 线的顺序进行焊接。

45

⑩

① 在绝缘纸和泡棉胶带之间插入适当厚度的EVA片材，然后粘贴固定。为BMS留出空间以确保有效散热。

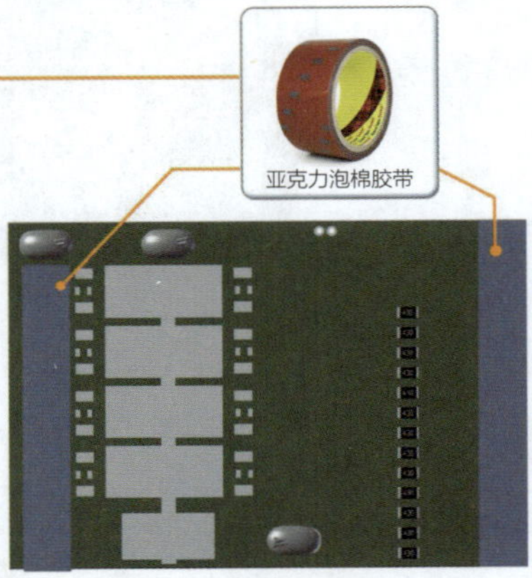

EVA片

亚克力泡棉胶带

② 剪掉临时固定均衡连接器的Kapton胶带。用双面胶带固定BMS，并插入均衡线。

将泡棉胶带粘贴在没有电子元件的区域。

⑪

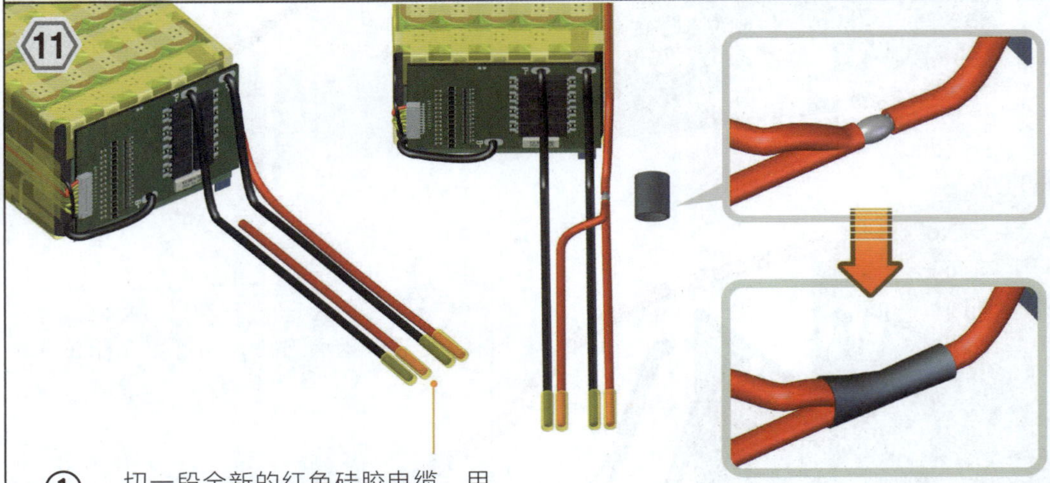

① 切一段全新的红色硅胶电缆，用于连接电源连接器，用Kapton胶带将电缆末端绝缘。

② 剥去电池正极（＋）线中段的绝缘层。将电源连接器的电线与正极（＋）线捆绑起来。焊接完成后，套上热缩管进行绝缘。

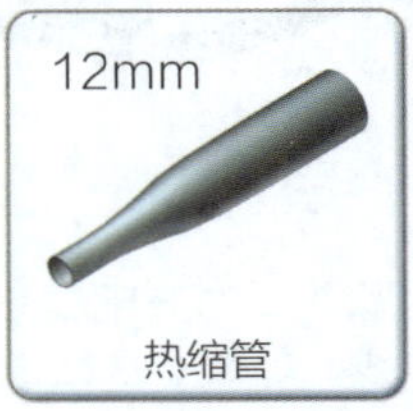

12mm

热缩管

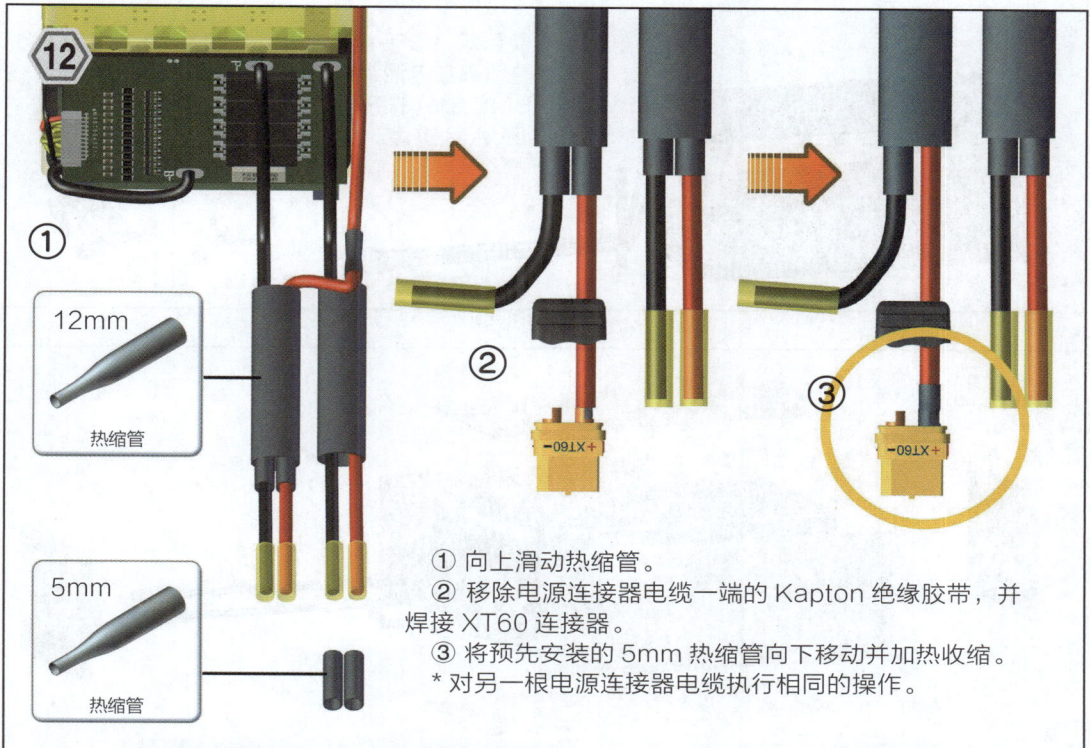

① 向上滑动热缩管。
② 移除电源连接器电缆一端的 Kapton 绝缘胶带，并焊接 XT60 连接器。
③ 将预先安装的 5mm 热缩管向下移动并加热收缩。
* 对另一根电源连接器电缆执行相同的操作。

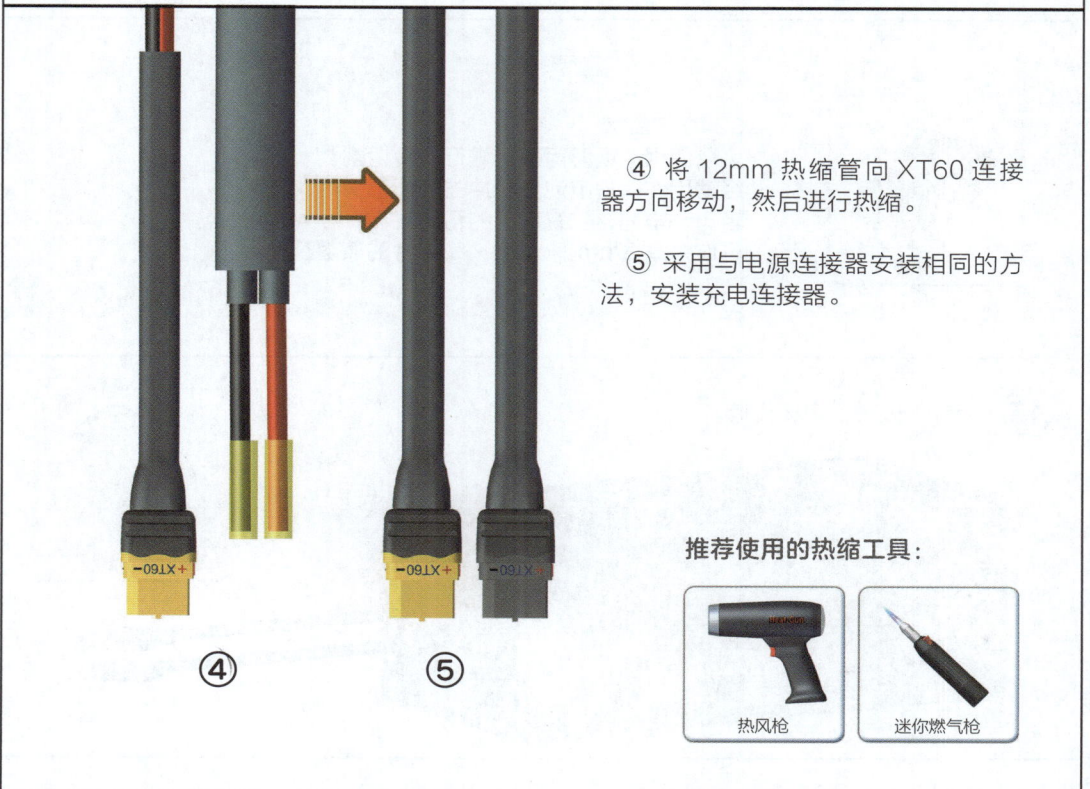

④ 将 12mm 热缩管向 XT60 连接器方向移动，然后进行热缩。

⑤ 采用与电源连接器安装相同的方法，安装充电连接器。

推荐使用的热缩工具：

热风枪　　迷你燃气枪

⑬ 　　使用双面胶带粘贴厚 1mm 的 EVA 片，将其完整包裹在电池组外部。
　　BMS 部分的 EVA 片，应与前述步骤中预置的 EVA 片重叠。

薄双面胶

EVA片

⑭

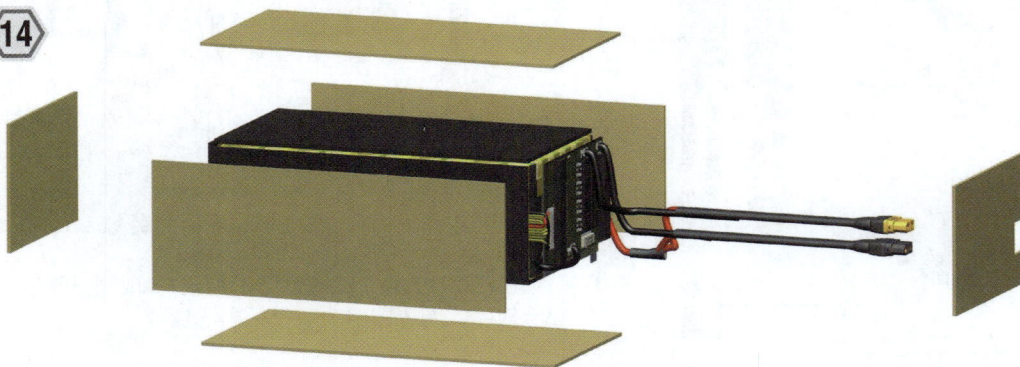

厚0.5mm

环氧板

3240 环氧板
可以使用裁纸刀等工具进行反复切割。
经常用作保护电池免受冲击的外部材料。
轻巧、坚韧，且有出色的耐热性。
可作为厚 3mm Formex 绝缘片的兼容替代品。

⑮ 用纤维胶带固定环氧板。

高强度纤维胶带

1.10.5 使用 PVC 热缩管完成电池组组装

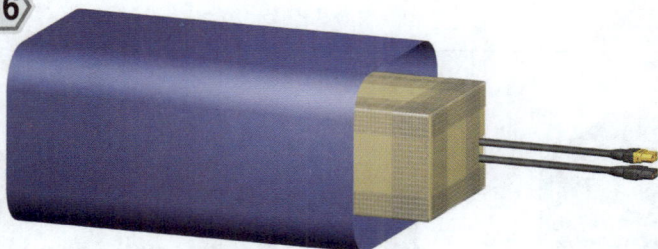
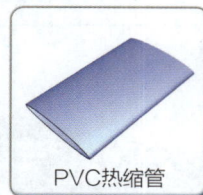

PVC热缩管

将 PVC 热缩管套在电池组上。

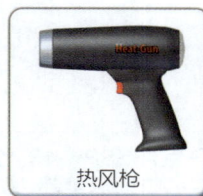

热风枪

用热风枪或高功率吹风机使 PVC 热缩管收紧。

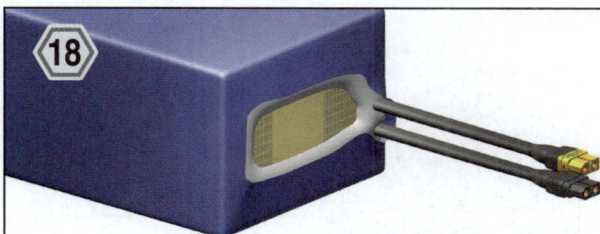

硅胶密封剂

缝隙处涂抹硅胶密封剂，防止液体渗入，提升防水性能。

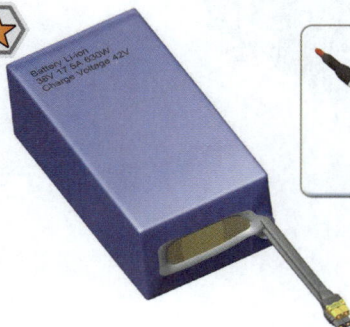

记号笔

锂电池
36V，17.5A，630W
充电电压 42V

用记号笔标注电池信息，至此完成电池组的组装。

1.11 不同尺寸电池组设计和应用

1.11.1 制作方形电池组

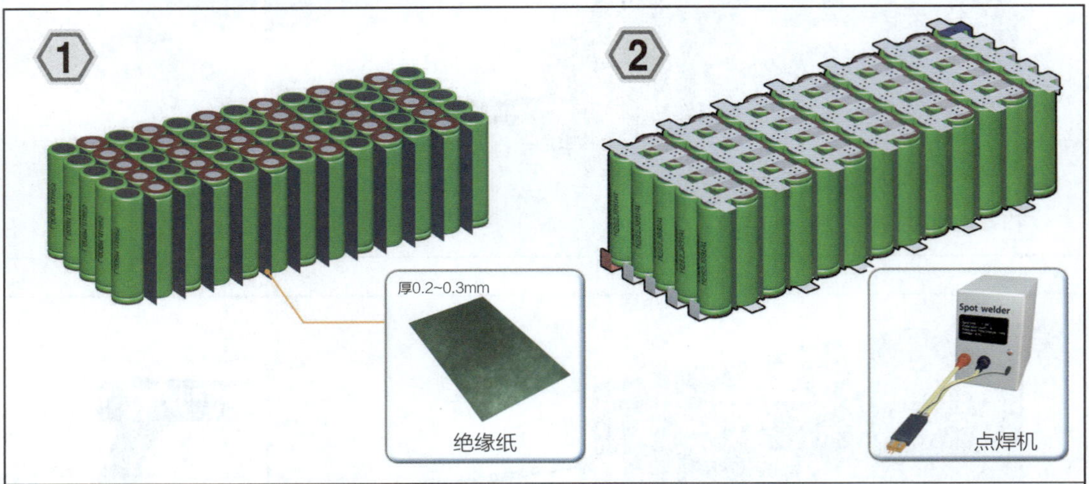
1
2
厚0.2~0.3mm
绝缘纸
Spot welder
点焊机

示例：13S5P，48V 方形电池组。
在每组电池周围都垫好绝缘纸。
用点焊机将电池组焊接成整体。

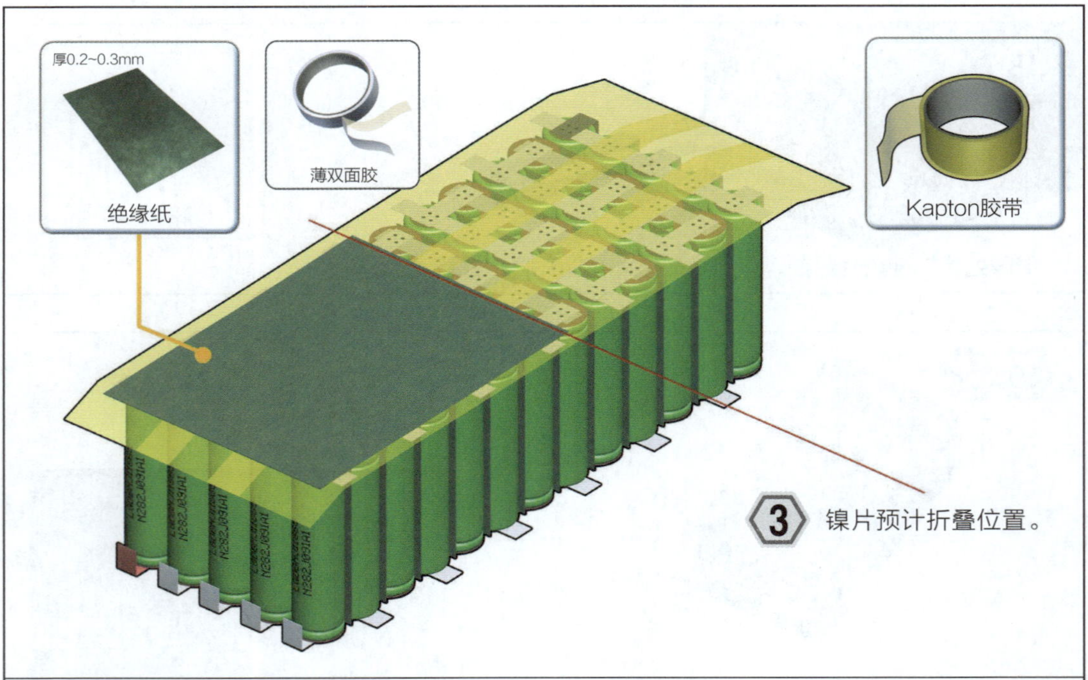
厚0.2~0.3mm
绝缘纸
薄双面胶
Kapton胶带
3 镍片预计折叠位置。

将 Kapton 胶带完整覆盖电池组的顶部。
将绝缘纸切成图中所示尺寸，并使用双面胶带固定。

④

将电池组向上翻折。

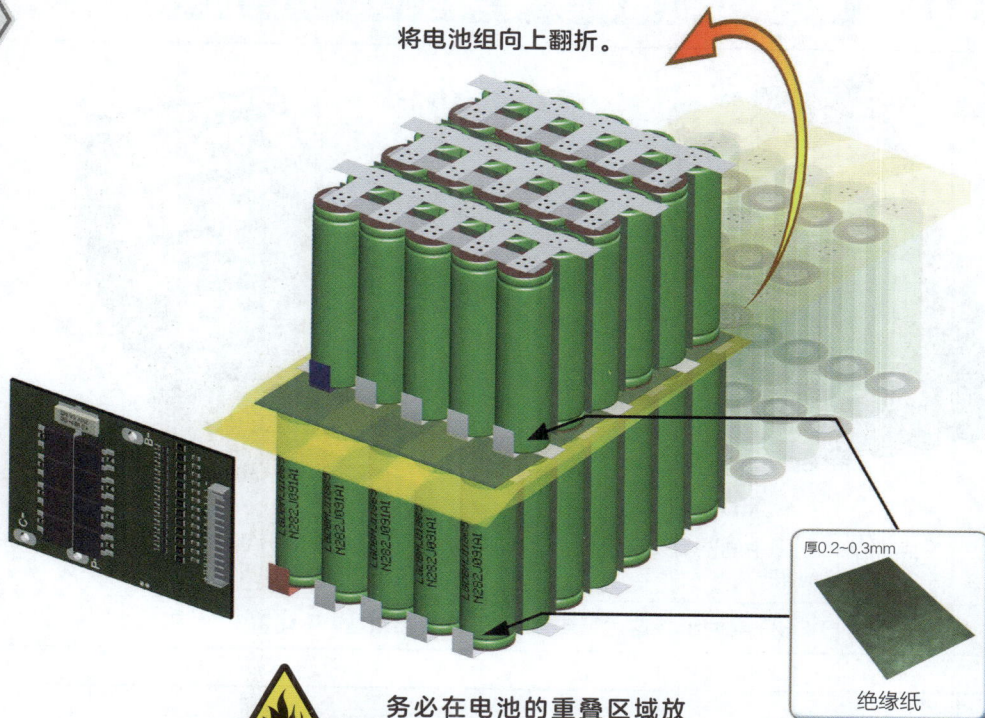

厚0.2~0.3mm

绝缘纸

务必在电池的重叠区域放置绝缘纸。

危险

完成上述步骤后，请参考前面介绍的 BMS 安装过程，完成后续的组装工作。

⑤

一个适用于方形空间的电池组制作完成了。

1.11.2 电动滑板车、电动自行车车架内嵌式电池组组装

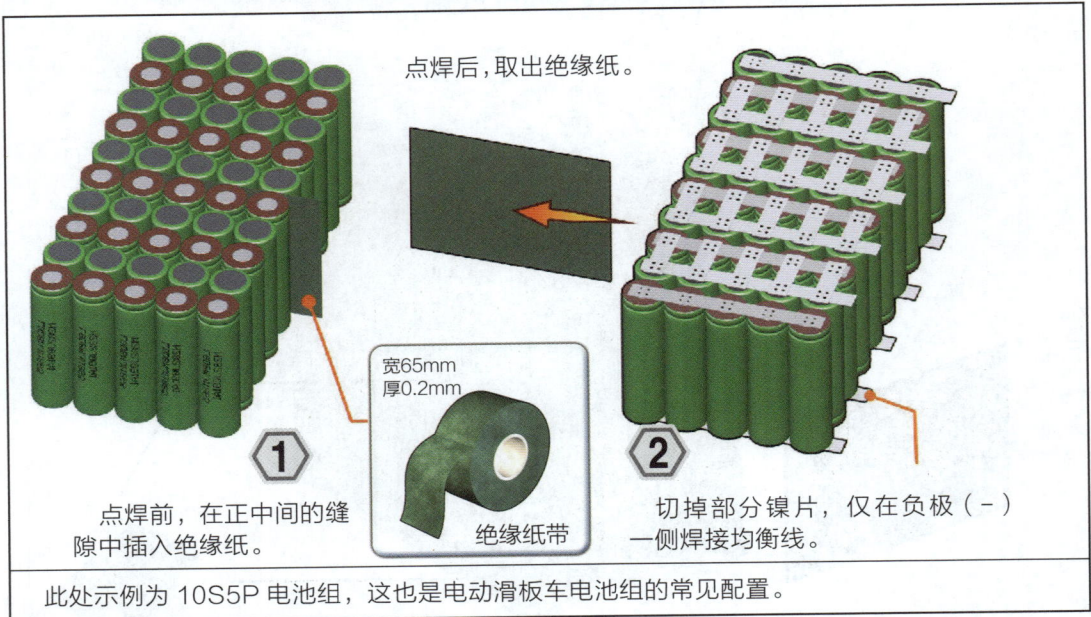

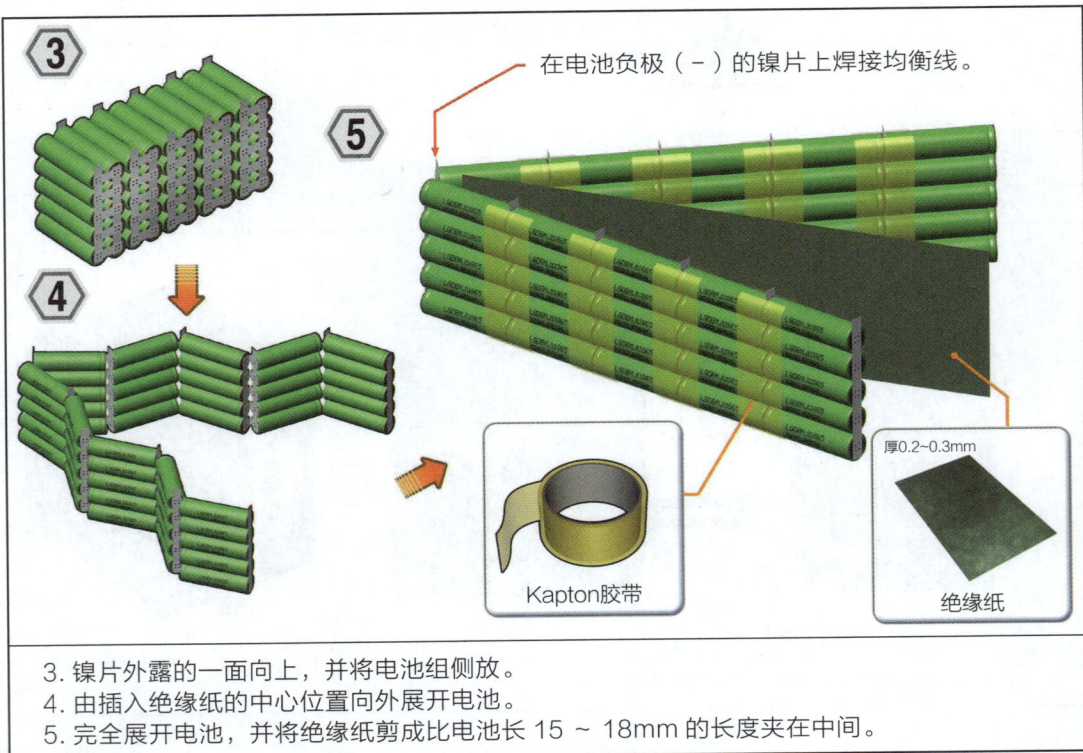

点焊后，取出绝缘纸。

宽65mm
厚0.2mm

绝缘纸带

① 点焊前，在正中间的缝隙中插入绝缘纸。

② 切掉部分镍片，仅在负极（-）一侧焊接均衡线。

此处示例为 10S5P 电池组，这也是电动滑板车电池组的常见配置。

③

在电池负极（-）的镍片上焊接均衡线。

⑤

④

Kapton胶带

厚0.2~0.3mm

绝缘纸

3. 镍片外露的一面向上，并将电池组侧放。
4. 由插入绝缘纸的中心位置向外展开电池。
5. 完全展开电池，并将绝缘纸剪成比电池长 15 ~ 18mm 的长度夹在中间。

⑥

Kapton胶带

Kapton胶带

⑦ ★

把多余的绝缘纸
折叠起来。

Mini BMS

将镍片点焊到电池组
的电极上。

将电池电源线焊接到镍片
上后,将其完全折叠。

为了防止电池散开,外侧用
Kapton 胶带进行封装。把电
池靠在墙上,用橡胶槌轻敲,
以确保封装牢固。

① 　　　②

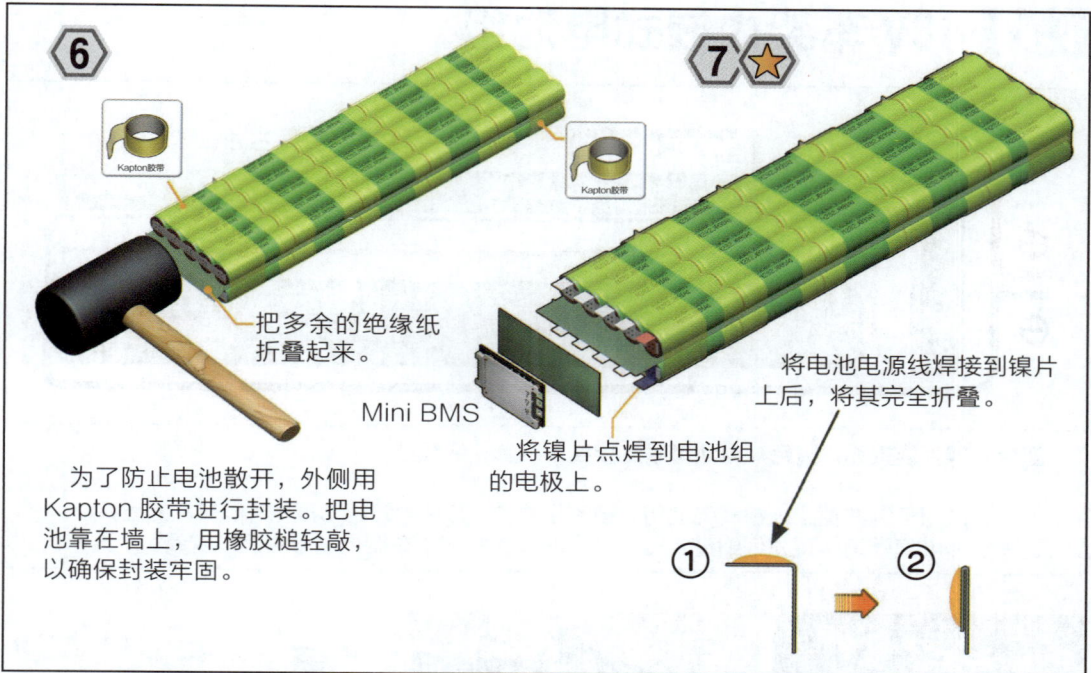

1.11.3 ▷ 不同尺寸电池组应用示例

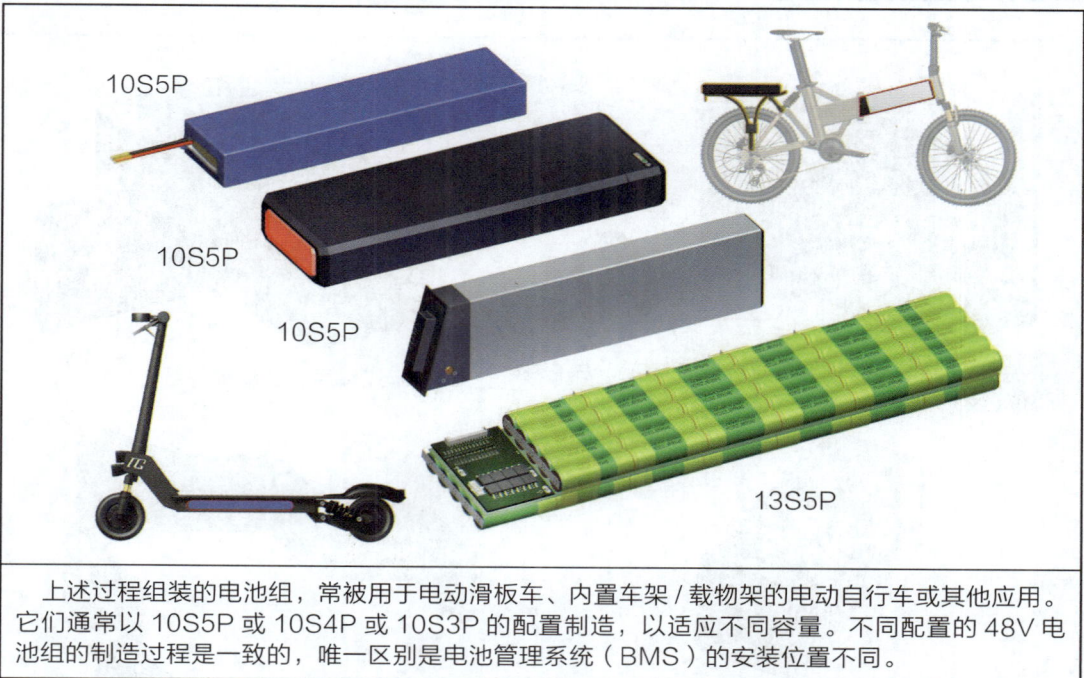

10S5P

10S5P

10S5P

13S5P

　　上述过程组装的电池组,常被用于电动滑板车、内置车架 / 载物架的电动自行车或其他应用。
它们通常以 10S5P 或 10S4P 或 10S3P 的配置制造,以适应不同容量。不同配置的 48V 电
池组的制造过程是一致的,唯一区别是电池管理系统(BMS)的安装位置不同。

1.12 48V 车架内嵌式电池组

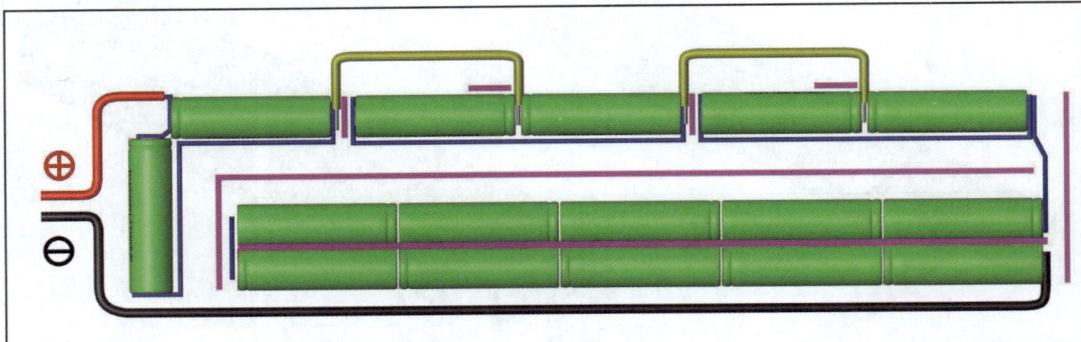

蓝色：镍片连接线 / 黄色：电池串联连接线 / 紫色：绝缘纸

这种方法用于制作框架内集成电池组，特别是将 10S5P 电池组修改为 13S4P 的配置。
这项任务难度较高，请先仔细查看接线图并充分理解它，在制造过程中及时查阅。

① 在进行 10S4P 电池组的点焊任务前，先在中心位置垫一张绝缘纸。

宽65mm
厚0.2mm
绝缘纸带

为焊接均衡线，切掉负极（－）一侧的镍片并进行点焊。

② 点焊后，取出绝缘纸。

③ 将镍片较长的一侧朝上，使电池组侧立。可以预先将镍片向负极（－）方向折叠。

④ 将电池组展开。

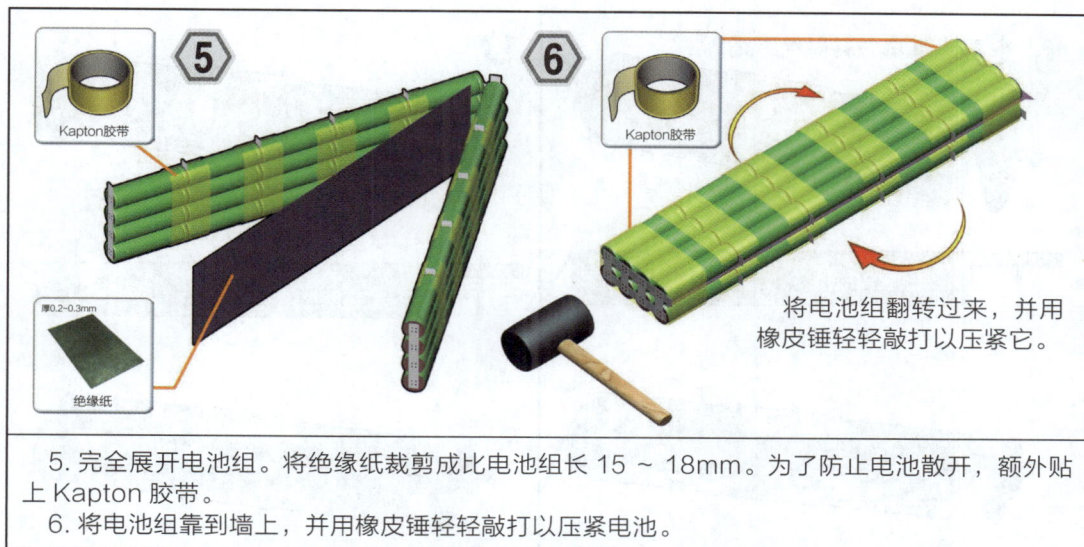

5. 完全展开电池组。将绝缘纸裁剪成比电池组长 15 ~ 18mm。为了防止电池散开，额外贴上 Kapton 胶带。

6. 将电池组靠到墙上，并用橡皮锤轻轻敲打以压紧电池。

⑦ 组装如图所示 ❶ / ❷ / ❸ 类电池组。

对于 ❷ / ❸ 类，焊接电池电源线应尽可能平整。

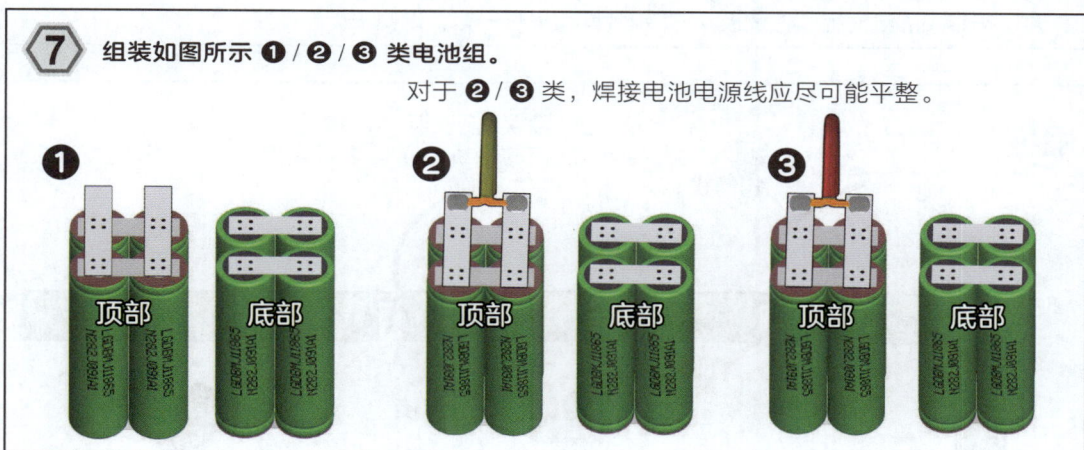

⑧ 将正极（+）镍片弯折。

将镍片剪至所需长度，并点焊。

为了安全起见，在折叠区域贴上两层 Kapton 胶带。

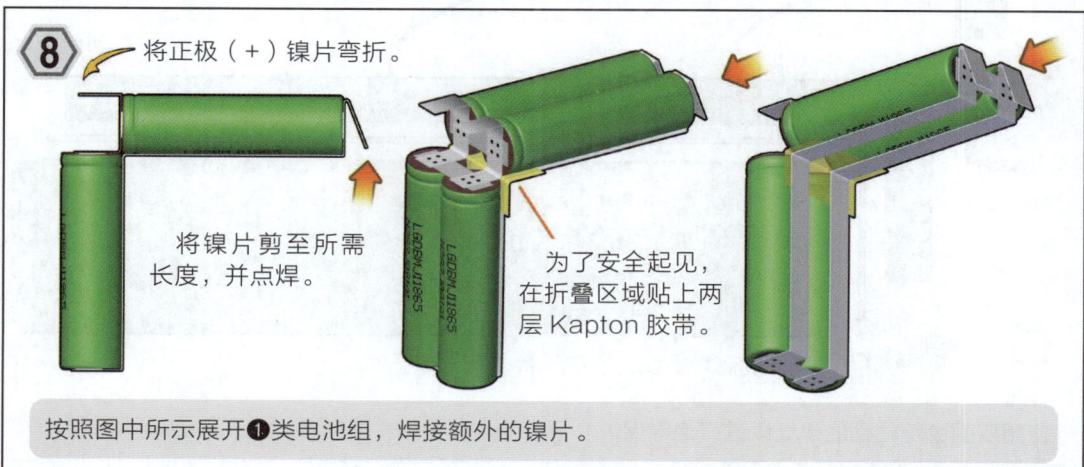

按照图中所示展开❶类电池组，焊接额外的镍片。

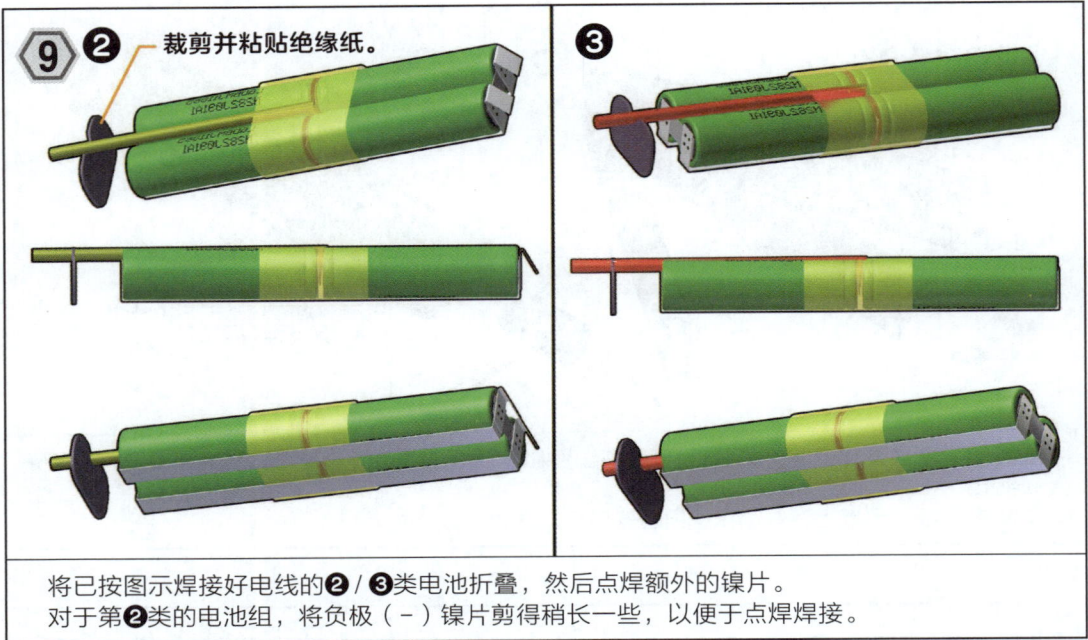

将已按图示焊接好电线的❷/❸类电池折叠，然后点焊额外的镍片。
对于第❷类的电池组，将负极（－）镍片剪得稍长一些，以便于点焊焊接。

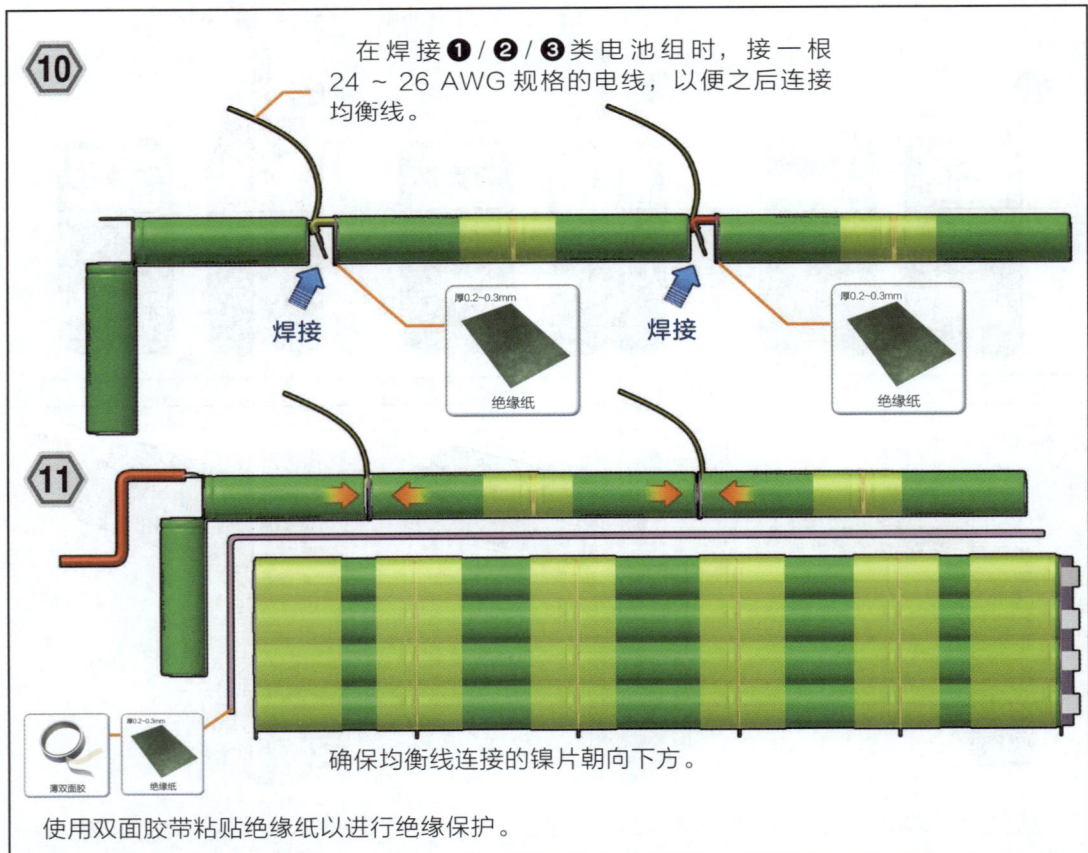

⑩ 在焊接❶/❷/❸类电池组时，接一根24~26 AWG规格的电线，以便之后连接均衡线。

焊接

厚0.2~0.3mm

绝缘纸

焊接

厚0.2~0.3mm

绝缘纸

⑪

确保均衡线连接的镍片朝向下方。

薄双面胶

绝缘纸

使用双面胶带粘贴绝缘纸以进行绝缘保护。

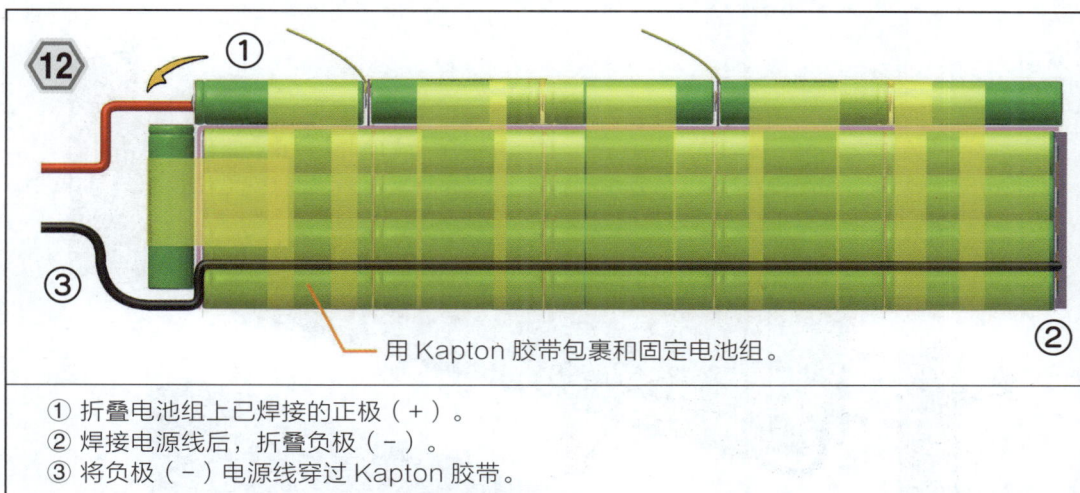

用 Kapton 胶带包裹和固定电池组。

① 折叠电池组上已焊接的正极（＋）。
② 焊接电源线后，折叠负极（－）。
③ 将负极（－）电源线穿过 Kapton 胶带。

1.13 防止出现电流瓶颈现象的点焊

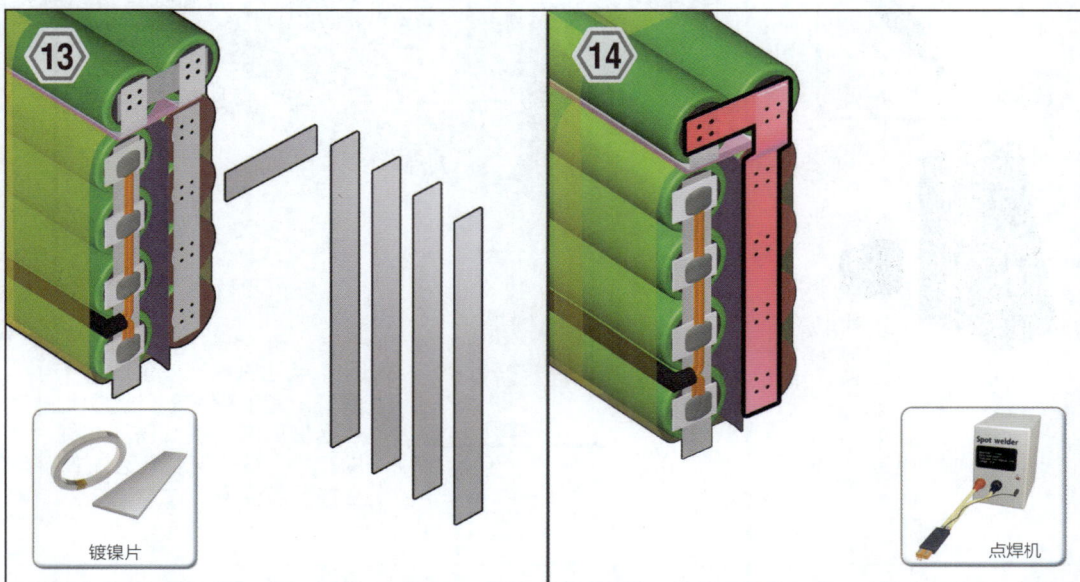

镀镍片

点焊机

为确保电流稳定和安全，至关重要的一点是根据电池数量成比例地增加镍片。通过在同一区域堆叠并焊接多张镍片，可以解决大电流问题。

提示：在组装电池时，建议在设计布局环节最小化任何潜在的电流瓶颈区域。仅用一片镍片焊接可能会导致电流路径不足，使电流集中在特定区域。电流瓶颈现象可能会导致镍片过热，进而引发电池起火。

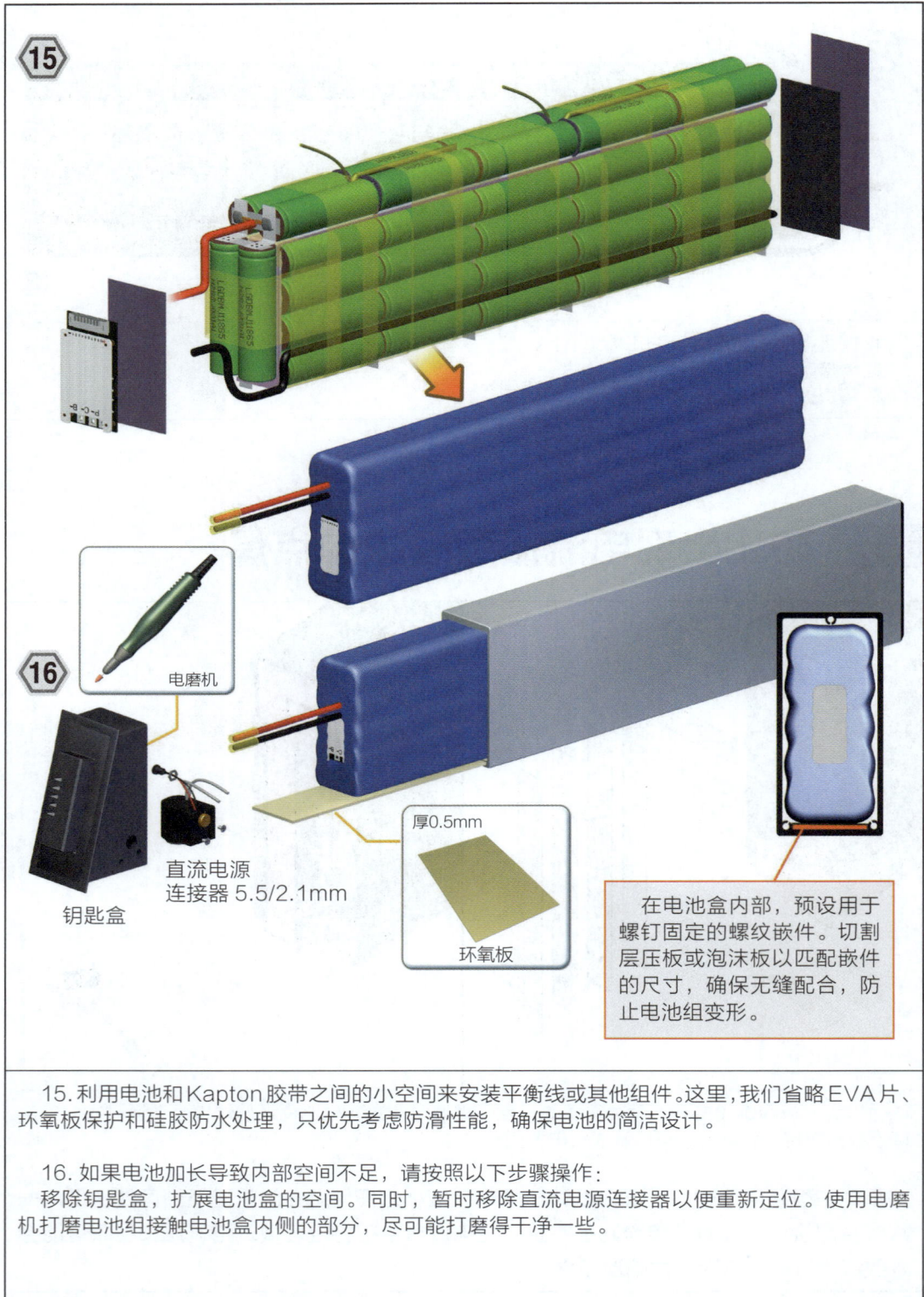

⑮

⑯

电磨机

钥匙盒

直流电源
连接器 5.5/2.1mm

厚0.5mm

环氧板

在电池盒内部，预设用于
螺钉固定的螺纹嵌件。切割
层压板或泡沫板以匹配嵌件
的尺寸，确保无缝配合，防
止电池组变形。

15. 利用电池和 Kapton 胶带之间的小空间来安装平衡线或其他组件。这里，我们省略 EVA 片、环氧板保护和硅胶防水处理，只优先考虑防滑性能，确保电池的简洁设计。

16. 如果电池加长导致内部空间不足，请按照以下步骤操作：
移除钥匙盒，扩展电池盒的空间。同时，暂时移除直流电源连接器以便重新定位。使用电磨机打磨电池组接触电池盒内侧的部分，尽可能打磨得干净一些。

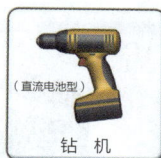

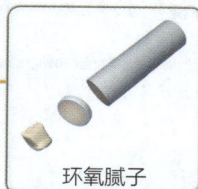

（直流电池型）

钻 机

环氧腻子

使用环氧腻子封住原先
的钥匙盒孔和直流孔。

　　使用钻机钻一个孔，孔的直径应该比拆除下来的 5.5/2.1 mm 直流电源连接器外径稍大，
然后用环氧腻子固定直流电源连接器，防止它突出。

　　这样做是为了确保新孔的防水性能，并允许从自行车上取下电池进行充电。在此过程中
要小心操作，保持环氧腻子层的厚度。

组装一个可以从
自行车外部进行充
电的连接器。

　　如果您像图示使用 XT60 连接器，可以直接给自行车充电，或者并联新的电池组。

1.14 圆柱形 / 塔形电池组设计和组装

顶部

底部
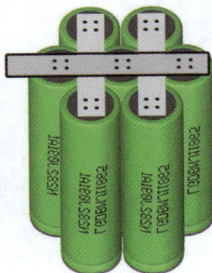

如图所示串联，不会出现电流瓶颈现象。组装好电池组后，在外层使用 PVC 热缩管加固，以防止电池散开。

在组装电池组的过程中，如果内部有空隙，可用 EVA 片或环氧板来缓冲振动和撞击。

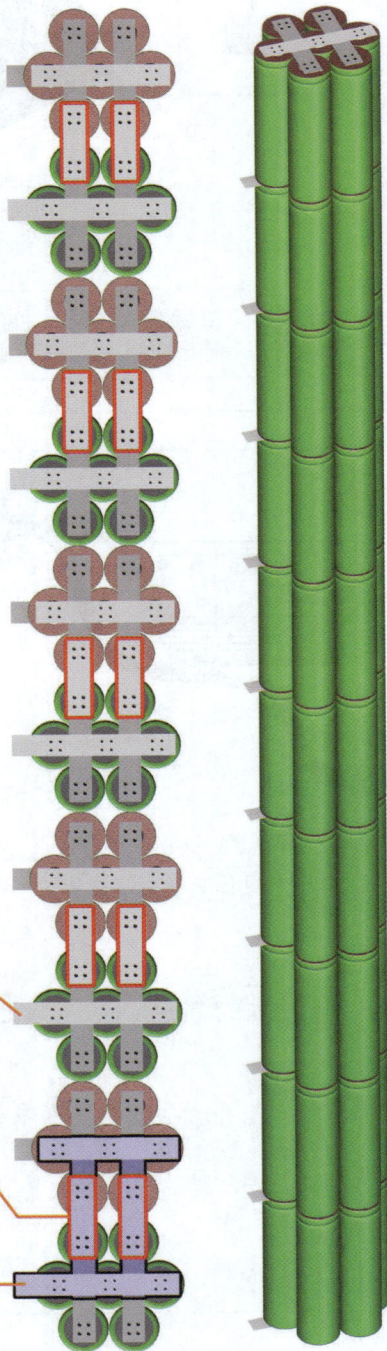

均衡线的焊接位置
点焊后，将镍片向电池柱体的负极（−）方向折叠

电池折叠位置

折叠后的连接点

设计参考：为电动滑板车立管设计圆柱形电池组

此设计旨在匹配电动滑板车的立管，或者匹配折叠式电动滑板车和电动自行车的Ⅹ形折叠架，组装内部集成式电池组。

如图所示，该类电池组能适应各种形状，在市售的电动车产品中常常能发现这样的设计。

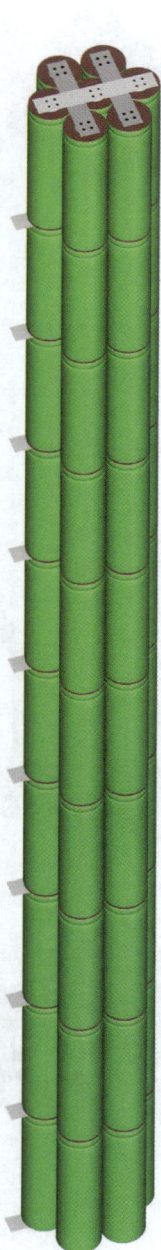

10S7P

10S4P

10S5P

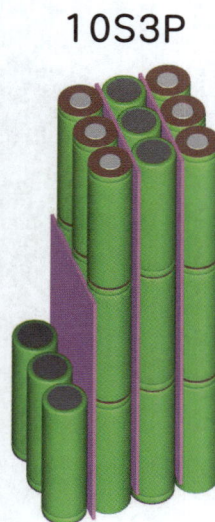

10S3P

绝缘纸颜色

厚0.2~0.3mm

绝缘纸

1.15 使用矩形电池盒组装电池组

组装式电池架

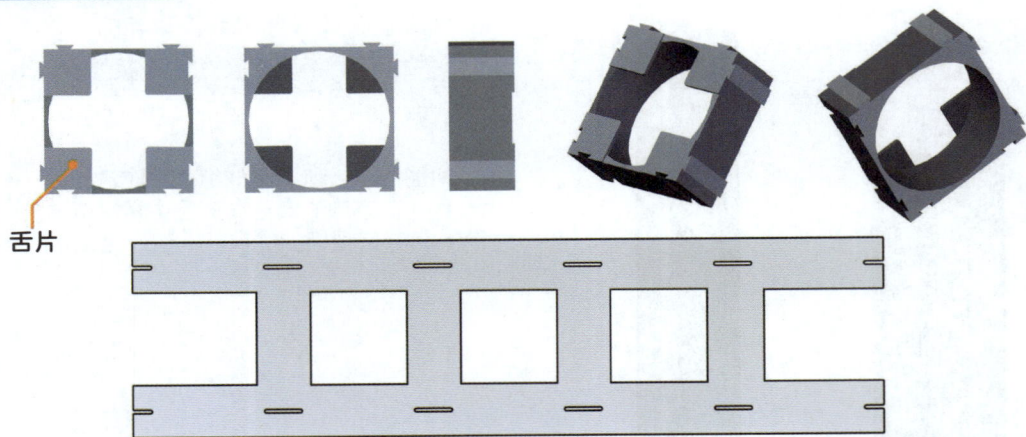

舌片

电池架专用镍片

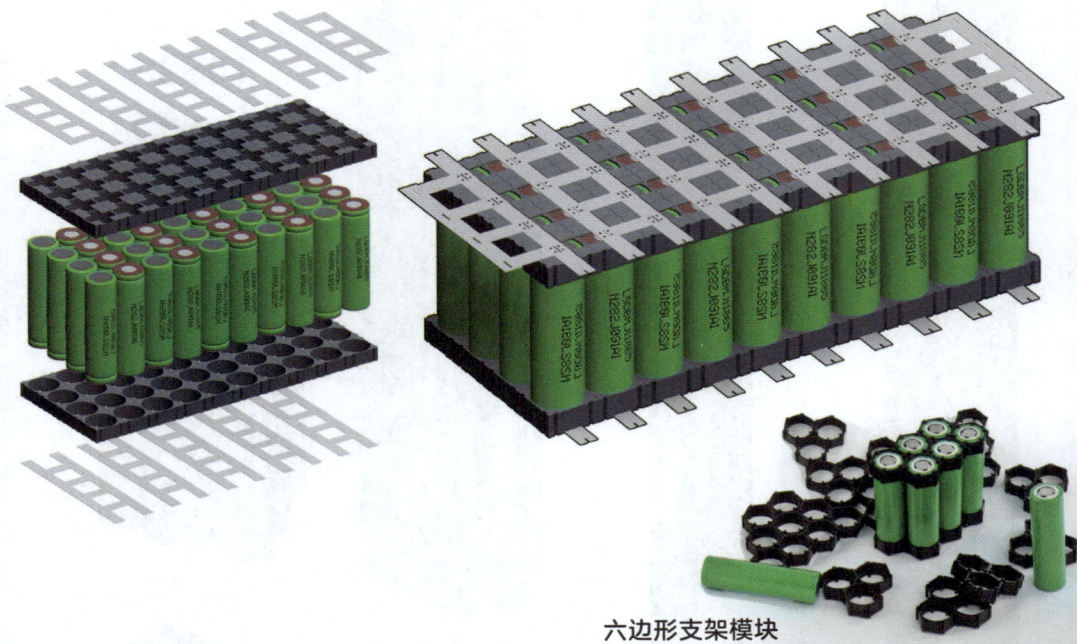

六边形支架模块

这是一种由支架模块组装而成的电池架，配备了专门的镍片，因此，点焊次数较少，使用起来非常方便。通常使用厚 0.15mm 的镀镍片。

由于电池之间留有空隙，不需要绝缘纸。使用普通镍片时，请在使用前检查一下宽度是否匹配。

对于使用此类支架的产品，在移除或修理电池时，只需剪断或剥离舌片，不要触动支架部分，确保电池不会掉落。

1.16 使用外部电池盒组装电池组

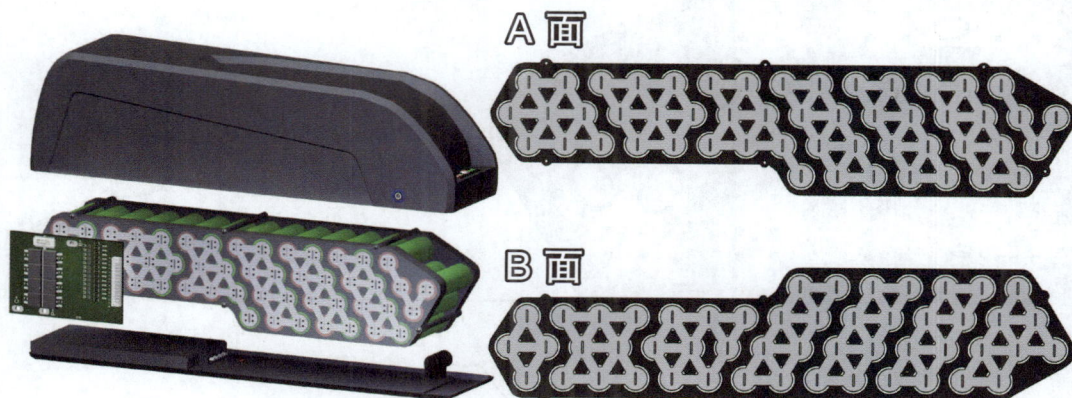

A 面

B 面

这是一个组装完成的 13S4P 电池组，使用专门配套的镍片。您也可以测量镍片安装空间的尺寸（在所示案例中，两个电池的间距是 6 mm），并使用对应的镍片。

一体式支架的使用和操作示例

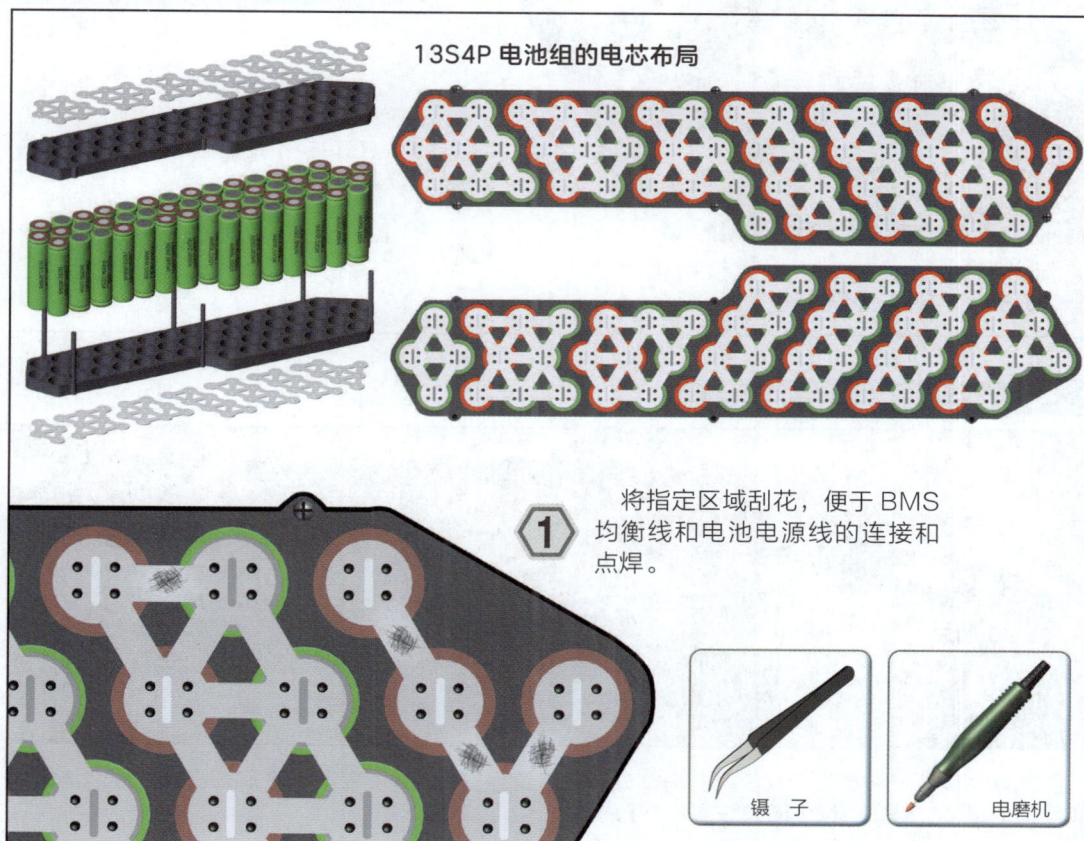

13S4P 电池组的电芯布局

① 将指定区域刮花，便于 BMS 均衡线和电池电源线的连接和点焊。

镊　子　　电磨机

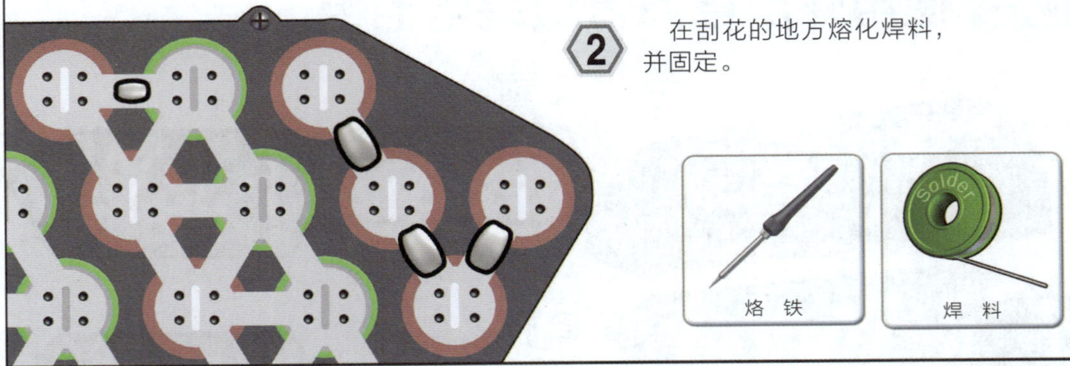

② 在刮花的地方熔化焊料，并固定。

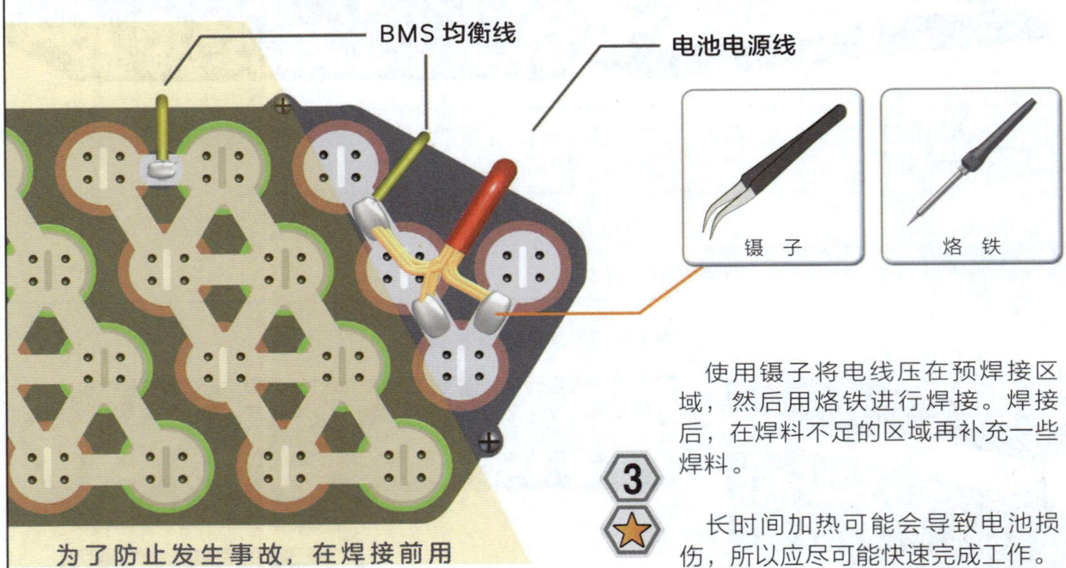

烙 铁

焊 料

BMS 均衡线

电池电源线

镊 子

烙 铁

使用镊子将电线压在预焊接区域，然后用烙铁进行焊接。焊接后，在焊料不足的区域再补充一些焊料。

③ ⭐ 长时间加热可能会导致电池损伤，所以应尽可能快速完成工作。

为了防止发生事故，在焊接前用 Kapton 胶带进行绝缘处理。

对组装后的电池组进行充电测试

图示案例需要把线缆绕 BMS 两侧稍微分开，以腾出安装空间。在 BMS 底部已贴上厚泡沫双面胶带和绝缘纸。选择 BMS 时请注意尺寸和厚度。

1.17 Qulbix 140S 高性能 DIY 自行车电池模板、对角线法则与电池架

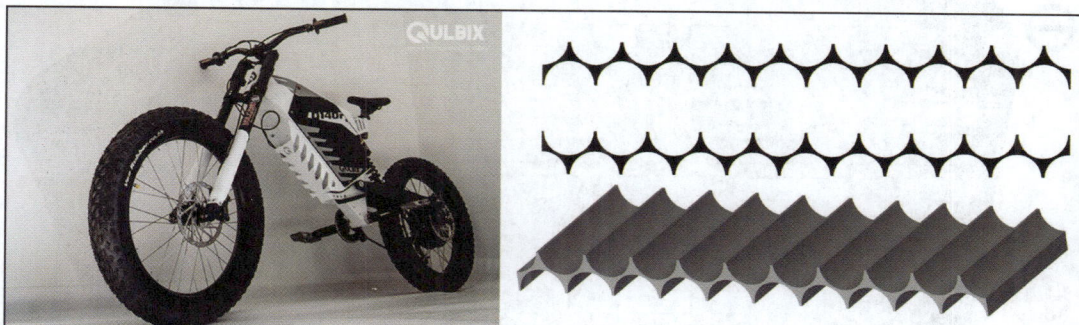

　　在组装含多个电池的超级自行车，如 Qulbix、NYX Carbon、VECTOR 时，通过采用对角线法则，可实现最便捷的后期电池维护和最高的电池密度。但这需要一些额外工序，例如，用台式砂轮机进行切割和打磨等。

　　对角线法则有利于在电池维护期间轻松修理故障的电芯，因为电池并没有完全固定，所以只需按压即可轻松移除故障电芯。

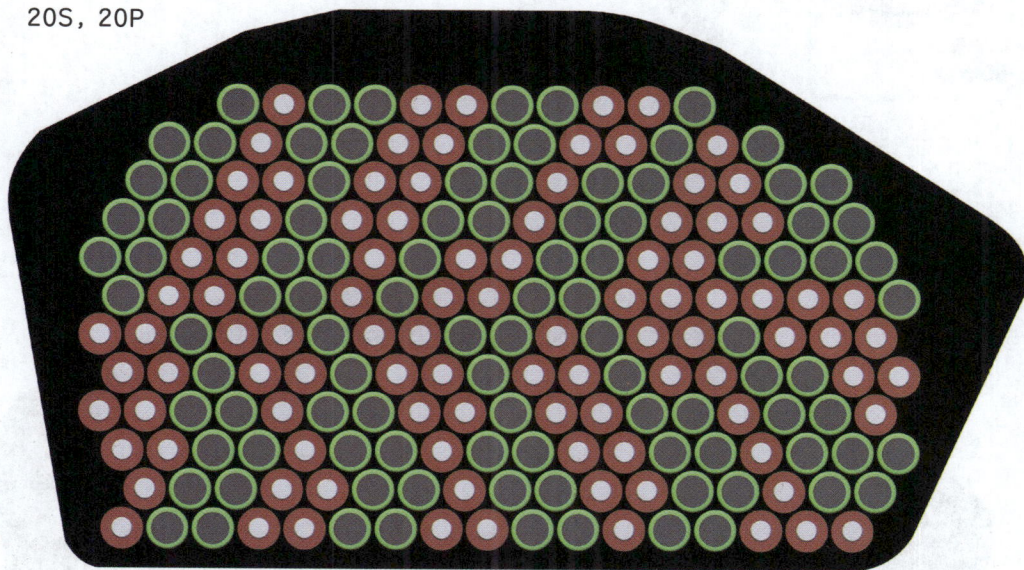

20S，20P

　　基于 18650 电池组装两个电池组，额定电压 72V，配置为 20S20P。以 10A 的放电电流持续放电时，可发挥容量为 3500mA·h。当然，该电池也能以 20A 的高放电电流持续放电（与 3000mA·h、20A 高放电模式相比，3500mA·h、10A 中速放电模式的电池预期寿命更有优势）。

　　为了尽可能避免电流瓶颈问题，请按图示排列电池，并留出额外空间以确保在内部缠绕绝缘胶带固定电池，避免电池移动。

A 面　20S10P

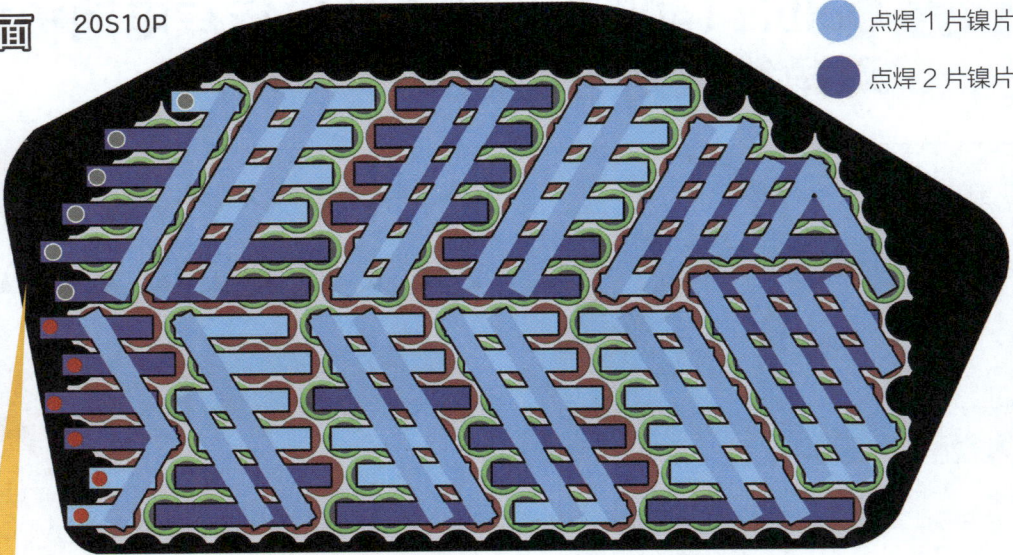

○ 点焊 1 片镍片

● 点焊 2 片镍片

⊖

⊕

硅胶电缆

对于电池组的放电部位，折叠并焊接略长的镍片。

参考 22S7P 电池组的照片。

多次检查电池排列后开始镍片焊接，并在焊接过程中定期反复检查。

完成 A 面后，再对 B 面进行镍焊。

为了防止镍片掉落在电池上造成安全事故，焊接区域周围用 Kapton 胶带进行包覆，确保周围区域的电池得到必要的绝缘保护。

B 面　20S10P

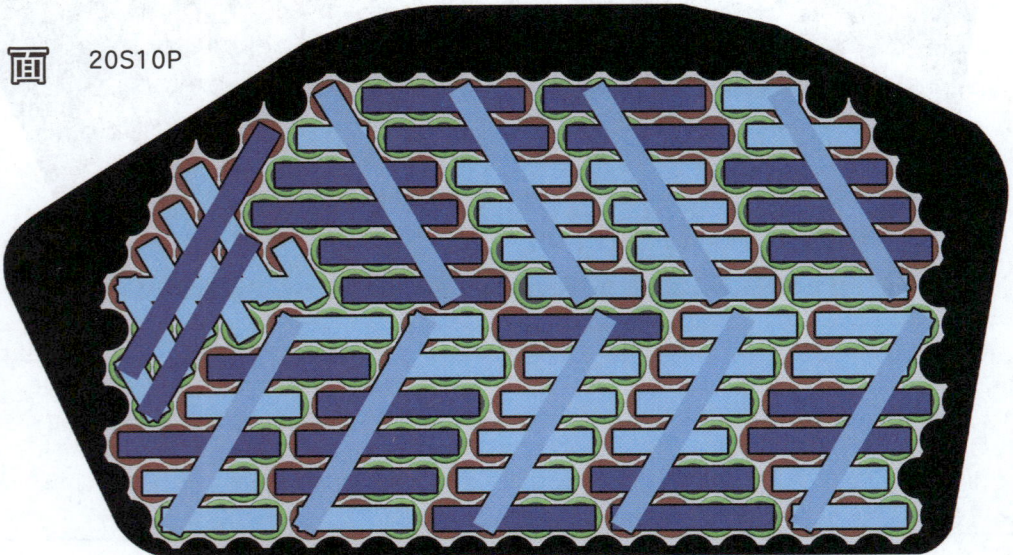

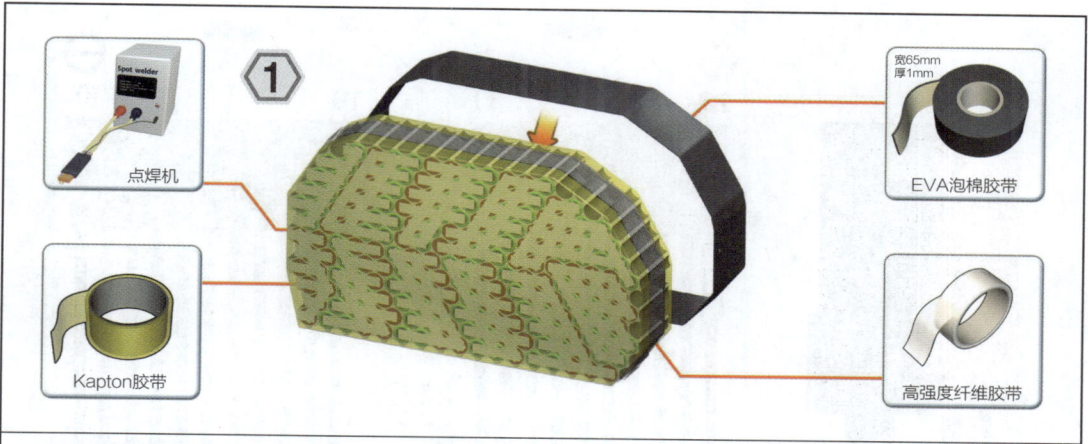

① 点焊机
② Kapton胶带

宽65mm
厚1mm

EVA泡棉胶带

高强度纤维胶带

用纤维胶带捆绑固定。
执行点焊。
在整个电池组表面贴上两层 Kapton 胶带。
为了包裹住锋利的边缘，用 EVA 泡棉胶带缠住四周，如上图所示。

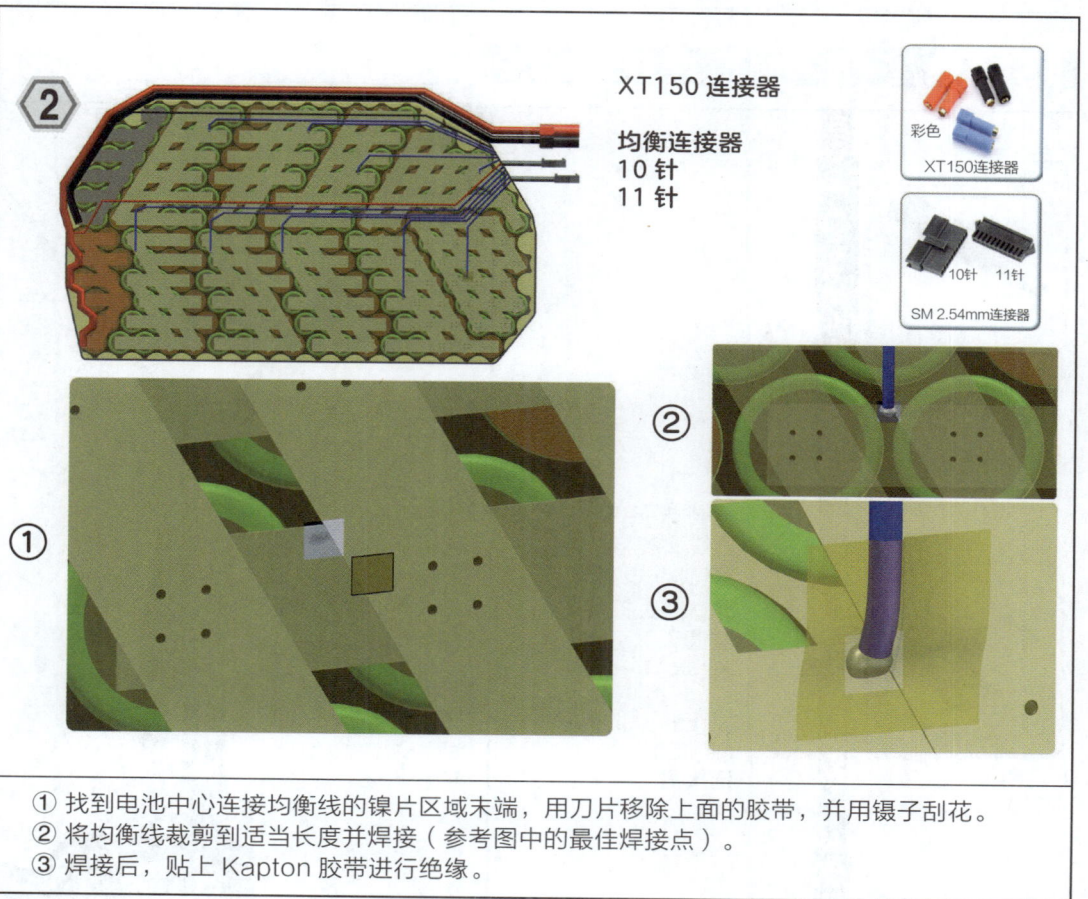

XT150 连接器

均衡连接器
10 针
11 针

彩色
XT150连接器

10针　11针
SM 2.54mm连接器

① 找到电池中心连接均衡线的镍片区域末端，用刀片移除上面的胶带，并用镊子刮花。
② 将均衡线裁剪到适当长度并焊接（参考图中的最佳焊接点）。
③ 焊接后，贴上 Kapton 胶带进行绝缘。

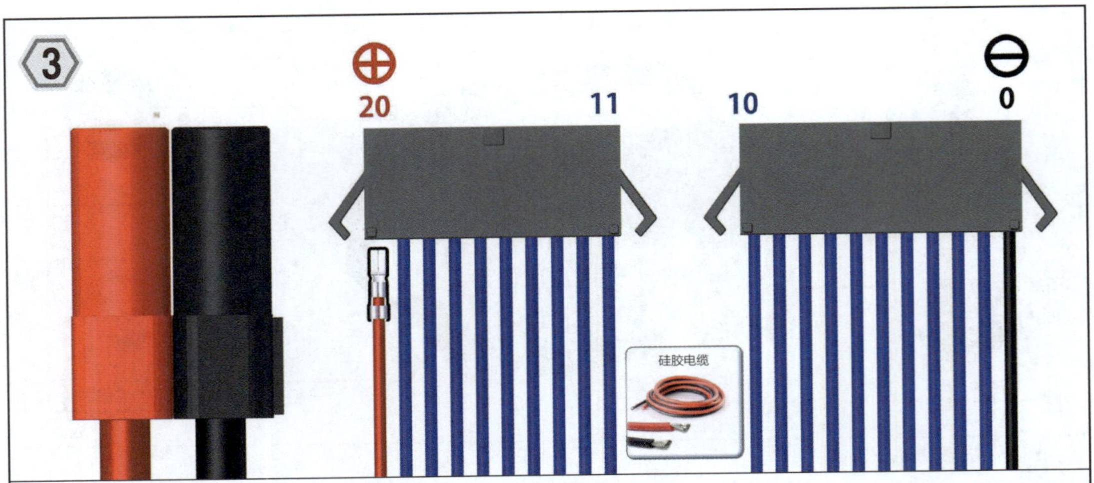

使用两个 JST SM 2.54mm 连接器来组装均衡连接器，一个连接器有 10 个引脚，另一个连接器有 11 个引脚。配套使用 24 AWG 硅胶电缆。

对于电源线，使用 XT150 连接器以及 8 ~ 10AWG 的硅胶电线。如果使用 XT90 连接器，请使用 10 ~ 12AWG 或直径更小的硅胶电缆。

1.17.1 XT150 高输出功率连接器接线

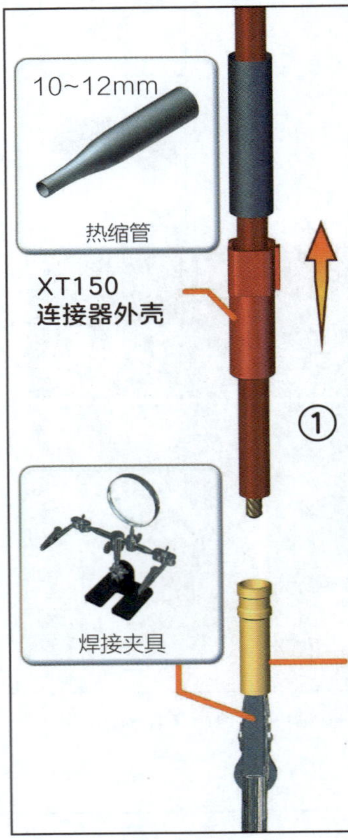

① 剥去硅胶外壳，剥线深度与要焊接的 XT150 焊杯深度相近，然后将其插入热缩管和 XT150 连接器外壳中。

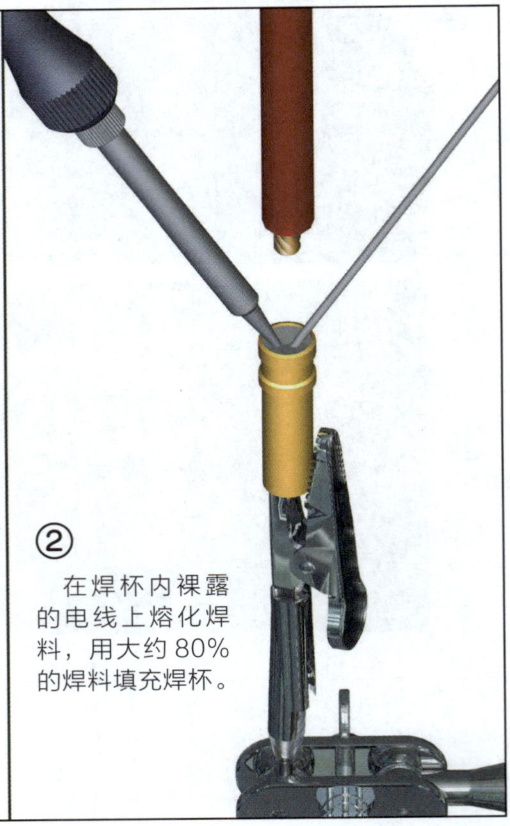

② 在焊杯内裸露的电线上熔化焊料，用大约 80% 的焊料填充焊杯。

④

⑤

"咔嗒"

③

⑥

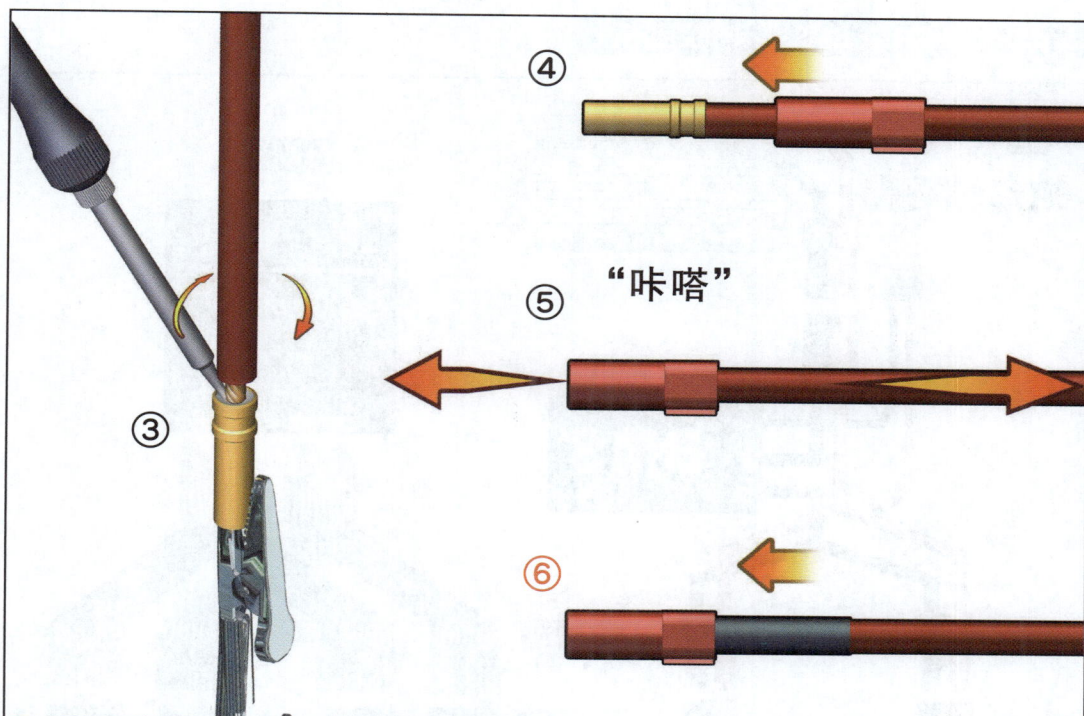

③ 当焊料被烙铁熔化时，缓慢将电线插入端子壳中。
④ 将预先插入的连接器外壳向端子方向移动。
⑤ 双手握住外壳和电线，直到听到"咔嗒"一声。
⑥ 将预先插入的热缩管推入外壳中，并用热风枪或打火机加热，完成整个连接过程。

④

薄双面胶

⑤

热风枪

EVA片

PVC热缩管

4. 确保均衡线没有缠绕，并把电源线布置在电池上方。
5. 使用热风枪或大功率吹风机对 PVC 热缩管进行热收缩。

1.17.2 共享 BMS 的电池组并联

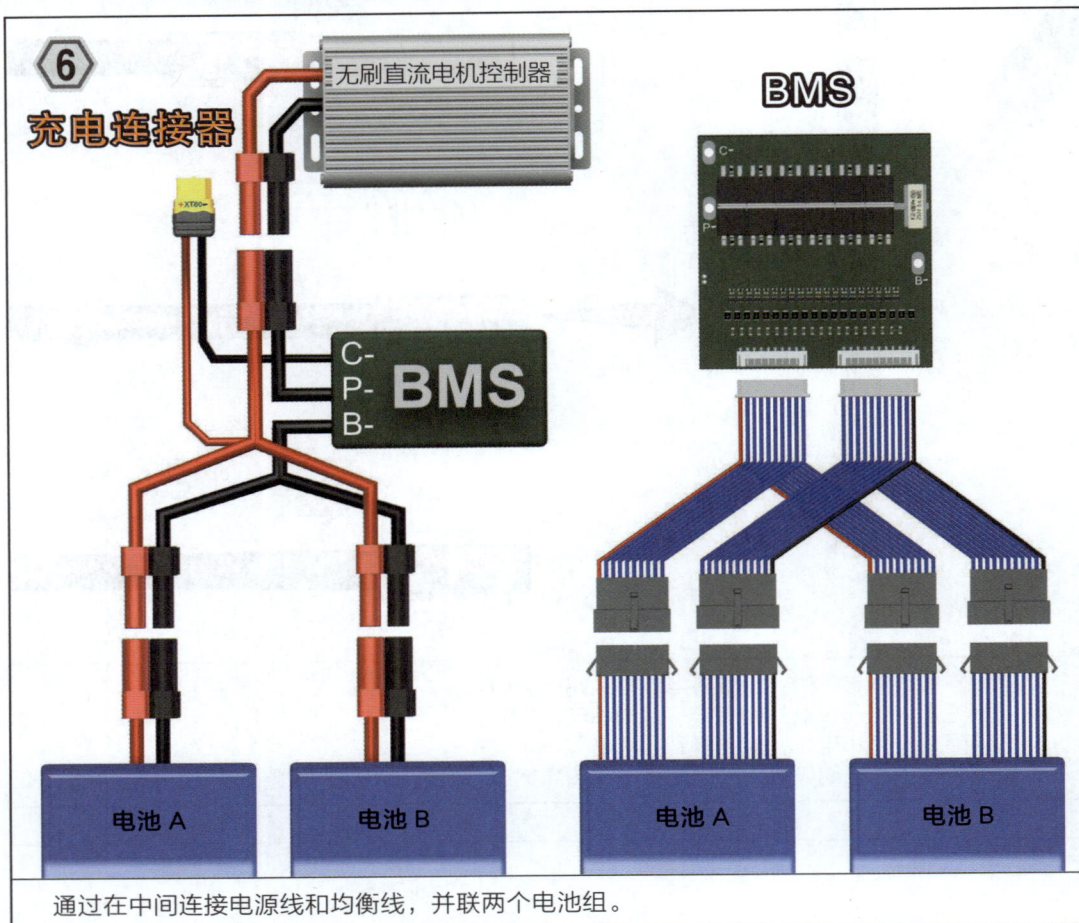

通过在中间连接电源线和均衡线，并联两个电池组。

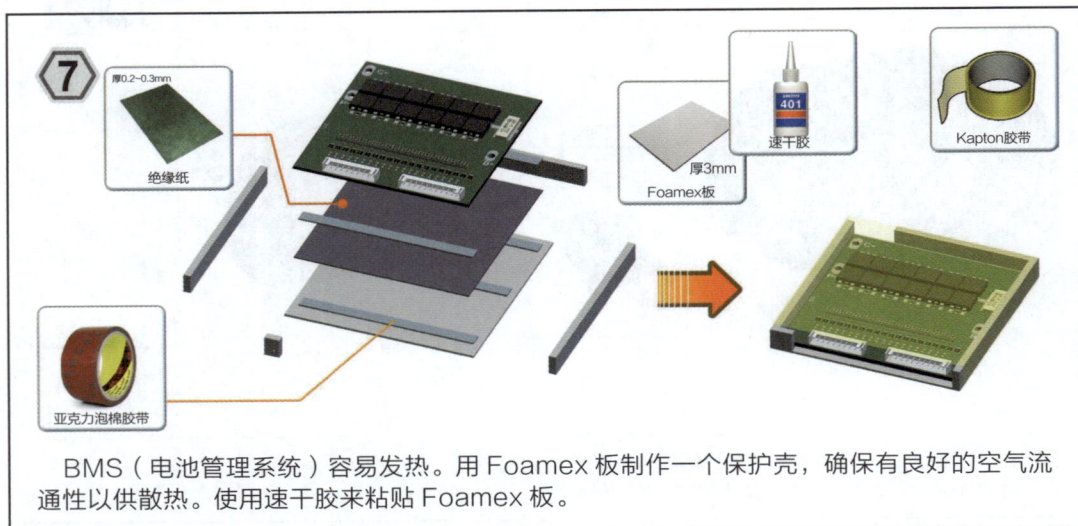

　　BMS（电池管理系统）容易发热。用 Foamex 板制作一个保护壳，确保有良好的空气流通性以供散热。使用速干胶来粘贴 Foamex 板。

8

BMS

薄双面胶

EVA片

锁 扣

在电池上下固定锁扣带

EVA片

薄双面胶

使用 EVA 片和双面胶带将电池固定住，可以保护电池免受振动和撞击影响。

将BMS插入上方的空隙中，连接均衡器、电源线等，并将电线推入空隙中。合上外壳，完成电池组的组装。

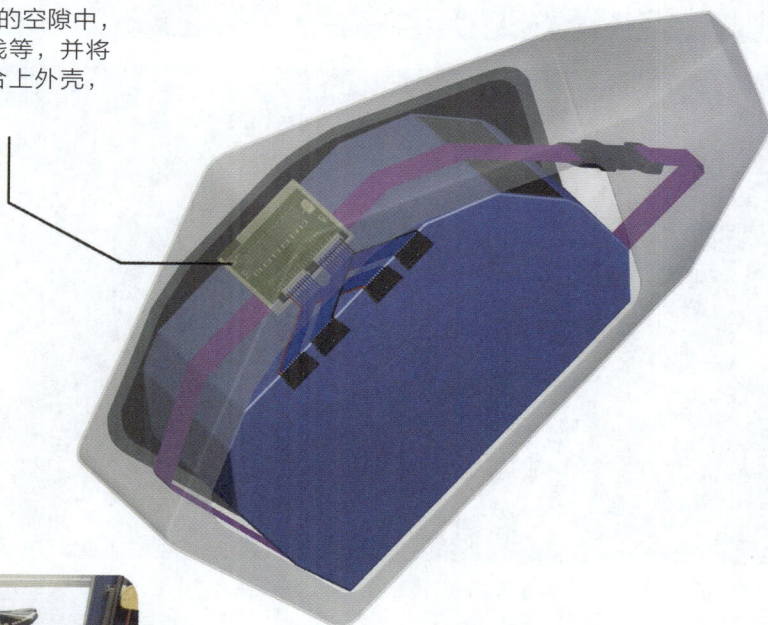

用 EVA 片填充空隙也是防止电池振动的好方法。

1.18 22S11P, 55A · h 高输出功率电池组

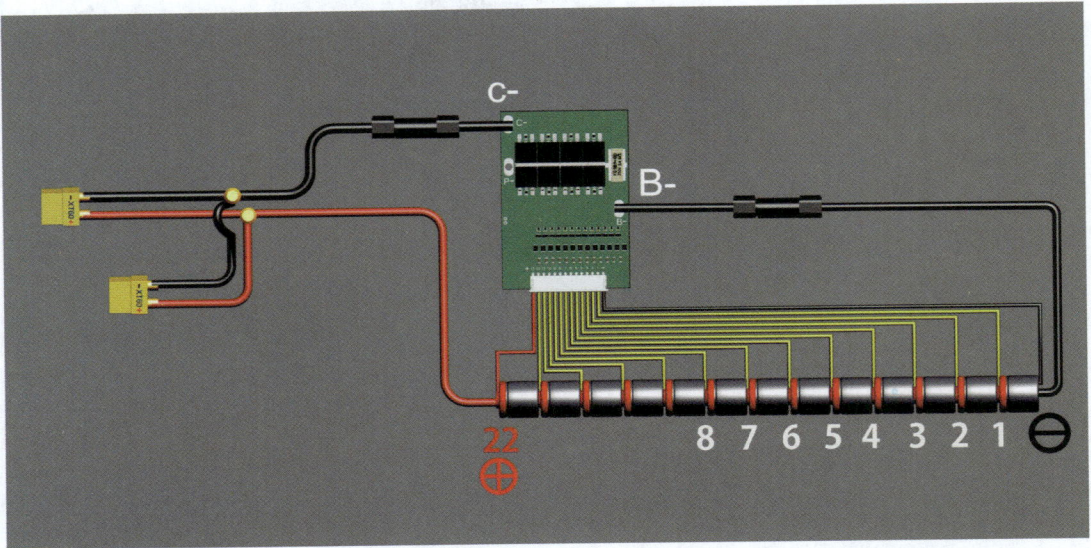

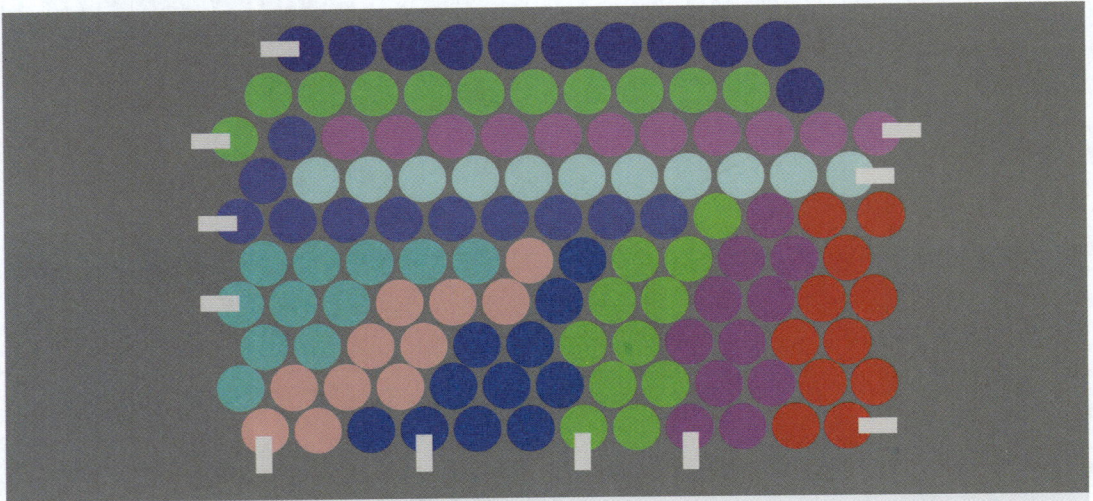

为了折叠电池并连接均衡线，需要将一些镍片点焊在一起以增加长度。该方法常用于组装可折叠电池组、塔形堆叠电池组、长条形电池组，如用于 Surron 电动自行车的电池组。

第 2 章 电池管理系统

13S BMS（串联 13 个电芯的电池组管理系统）

(C) 充电器负极连接端

C-

P-

温度传感器
（可选）

KSD 9700 /F· ⓒⓒⓒ
250V 5A 85℃

(P)
输出负极
连接端

B-

(B)
电池负极
连接端

+ 13 12 11 10 9 8 7 6 5 4 3 2 1 −

430 430 430 430 430 430 430 430 430 430 430 430 430

电池均衡器母头

电池均衡器公头

2.1 电池管理系统简介

2.1.1 BMS 的主要功能

BMS 电池管理系统	
电池过放保护	防止电池过度放电 （检测电池组和电芯的低电压）
电池过充保护	防止电池过度充电 （检测电池组和电芯的高电压）
电芯均衡	在充电过程中通过将多余电压的能量以热能形式耗散，平衡各电芯的电压，确保电池组整体电压一致 （对于锂离子电池和锂聚合物电池，完全充电状态的参考电压通常是 4.2V；对于磷酸铁锂电池，则是 3.6V）

2.1.2 BMS 的基础知识

1. 三元材料体系（NCM）的锂离子电池、锂聚合物电池／磷酸铁锂电池（$LiFePO_4$）

三元（NCM）锂电池管理系统
额定电压 3.6V 或 3.7V（满充电压 4.2V）。
适用于电动自行车，主要类型包括锂离子电池和锂聚合物电池。
购买前请确认满充电压。
磷酸铁锂（$LiFePO_4$）电池管理系统
额定电压 3.2V（满充电压 3.6V）。
主要用于电动滑板车和中国制造的电动公交车。
请注意，它的电压值与三元锂电池不同。

2. 串联电池数量

"S"表示串联的电池数量。
10S 电池表示有 10 个电池串联。
13S 电池表示有 13 个电池串联。
20S 电池表示有 20 个电池串联。

3. 持续电流（A）

如果电机和控制器允许的持续电流为 30A，则应选用额定电流为 35A 或更高的 BMS。否则，在持续大电流输出的情况下，BMS 内的 MOSFET（用于控制电池充放电）会因过热而烧毁。
MOSFET 成本较高，因此对于需要大电流的电钻等设备，可能会使用省略了放电功能的 MOSFET。

4. 分布式／集中式

分布式 BMS
实现充电和放电端口分离，分别通过独立电路运行。
根据用户需求，许多 BMS 模块可以组合使用。在分布式 BMS 中，P 端口可能为空。
集中式 BMS
将充电和放电端口集成，允许同时使用。

2.2 被动均衡和主动均衡

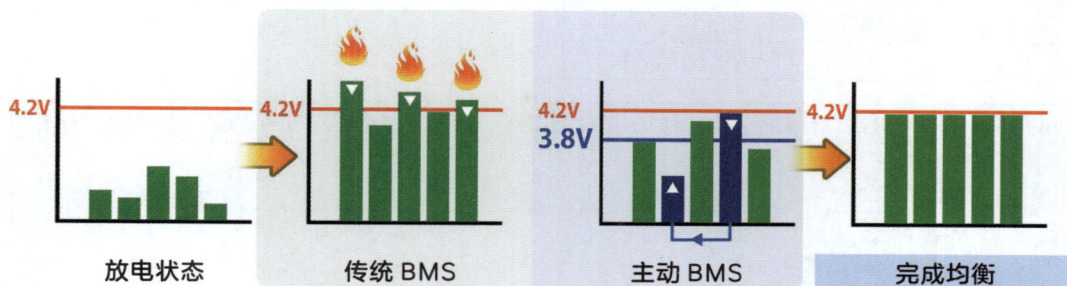

| 放电状态 | 传统 BMS | 主动 BMS | 完成均衡 |

2.2.1 ▶ 被动均衡

　　被动均衡 BMS 通常在电芯电压超过 4.2V（阈值）时，通过电阻或 LED 消耗多余的能量，防止电芯电压超过 4.2V。尺寸小且性价比高。

　　使用被动均衡 BMS 的锂离子电池组可以充电至任意电量。建议偶尔充至全满，这样可以均衡电芯间的电压，并延长电池寿命。

2.2.2 ▶ 主动均衡

　　主动均衡方法大致可以分为以下两类。

1. 直接均衡法

　　这种方法直接在高电压电芯和低电压电芯之间建立电流传输通道。虽然它提供了较高的均衡效率和均衡速度，但在均衡过程中电流会产生热量。

2. 间接均衡法

　　这种方法也能将高压电芯的电压转移到低压电芯上，且产生的热量较少，但是均衡效率低且耗时较长。

　　在选择主动均衡方法时，应考虑电池容量、充电速度和产生的热量等因素。

主动均衡方法优点
维持电芯间的电压均衡以延长电池寿命。
最大化电池容量以增加行驶里程。
防止电池过充和过放，提升电池安全性。

　　因此，主动均衡已成为电动汽车、太阳能发电系统和储能设备中的关键技术。然而，它也存在成本较高和尺寸较大等缺点。

2.2.3 BMS 要点汇总

	使用 BMS 前的检查清单	
	BMS 实际运行使用数据	

序号	13S 锂离子电池 BMS 功能规格	最小值	正常值	最大值	单位
1	**充电电压** 锂离子电池：4.2V（满充电压）× 13 = 54.6V	54.4	54.6	54.8	V
2	**充电电流** 可用于充电的最大电流 支持高达 10A 的快速充电		10	15	A
3	**输出放电电流** **连续放电电流** 提供最大输出功率的持续电流阈值 应该高于电子设备的连续电流		30	35	A
4	**过流放电保护** 在过流放电期间激活保护功能（如跳闸）的电流阈值	85	100	115	A
5	**电流消耗**	10	15	25	μA
6	**均衡电流** 用于均衡各个串联电芯的电流 数值越大表示均衡速度越快	40	45	50	mA
7	**均衡电压** 根据锂离子电池的最大充电电压来确定	4.18	4.20	4.22	V
8	**过充保护电压** 在串联电芯过充情况下切断电源的电压阈值	4.18	4.25	4.30	V
9	**过充保护释放电压** 电压必须从 4.25V（过充）下降到 4.15V 才能重新充电	4.15	4.15	4.20	V
10	**过充保护电压延迟时间**	1.0	1.5	2.0	s
11	**过放保护电压** 当电压下降到 2.75V 时切断输出 建议将其设置得略高于电芯终止电压	2.67	2.75	2.83	V
12	**过放保护释放电压** 过放后，电芯电压必须恢复到 3.0V 才能恢复输出	2.9	3.0	3.1	V
13	**过放保护电压延迟时间**	1.0	1.5	2.0	s
14	**短路保护释放** 因短路产生大电流时，通过切断电源来保护电路或设备	**移除负载** 充电后再次工作			
15	**阻 抗**		8	15	mΩ
16	**工作温度**	−15	+25	+60	℃
17	**存储温度**	−20	+25	+70	℃

2.3 BMS 的类型

2.3.1 分布式 BMS

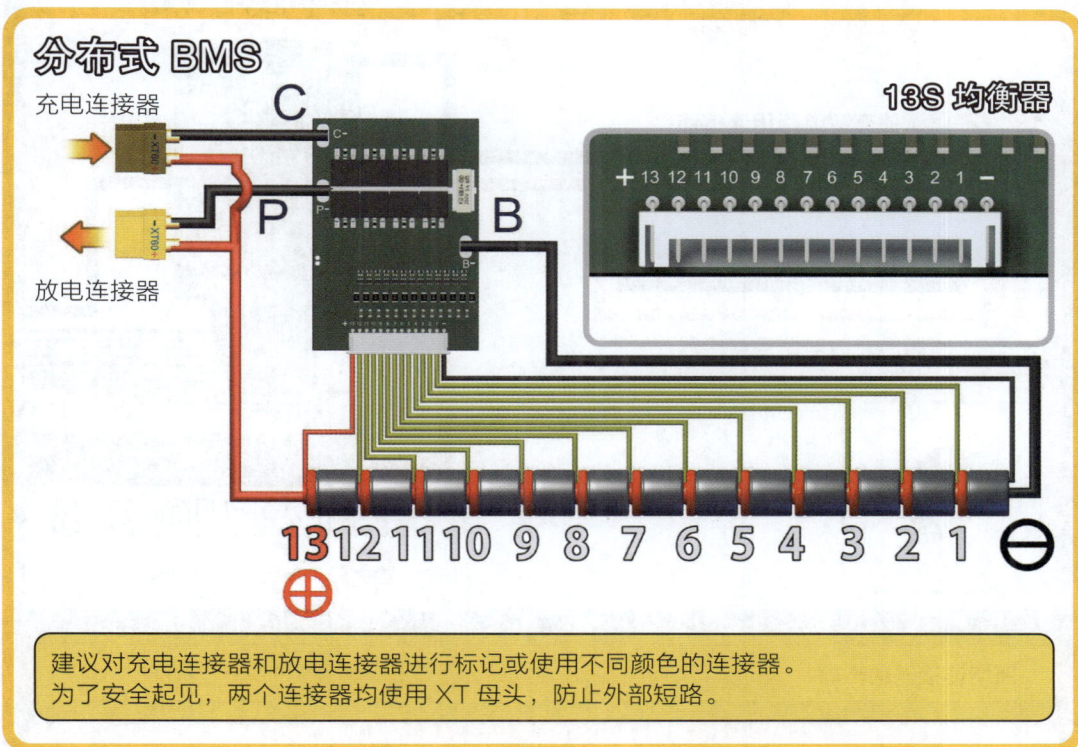

分布式 BMS

充电连接器

放电连接器

C

P

B

13S 均衡器

13 12 11 10 9 8 7 6 5 4 3 2 1

13 12 11 10 9 8 7 6 5 4 3 2 1

建议对充电连接器和放电连接器进行标记或使用不同颜色的连接器。
为了安全起见，两个连接器均使用 XT 母头，防止外部短路。

2.3.2 集中式 BMS

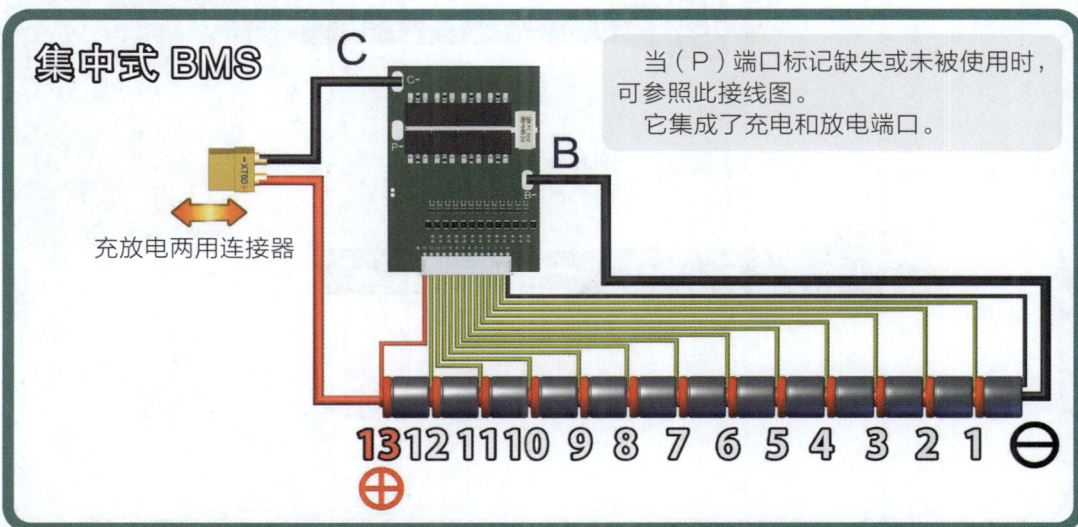

集中式 BMS

C

B

充放电两用连接器

当（P）端口标记缺失或未被使用时，
可参照此接线图。
它集成了充电和放电端口。

13 12 11 10 9 8 7 6 5 4 3 2 1

在集中式 BMS 上新增一个 XT 连接器

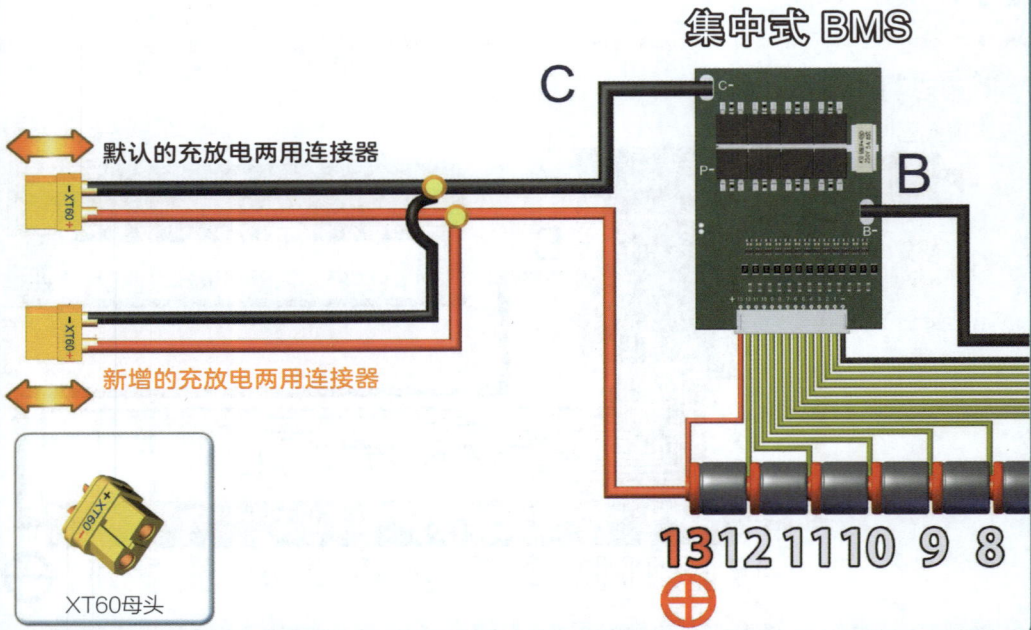

集中式 BMS

C

B

默认的充放电两用连接器

新增的充放电两用连接器

XT60母头

13 12 11 10 9 8

⊕

新增连接器的步骤

① 准备要新增连接器的电池组。

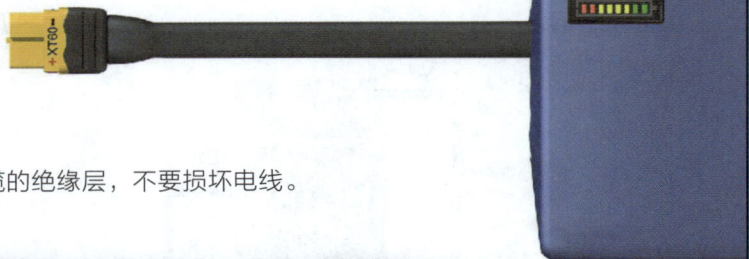

电池

② 小心地剥去电缆的绝缘层，不要损坏电线。

钢丝钳

③

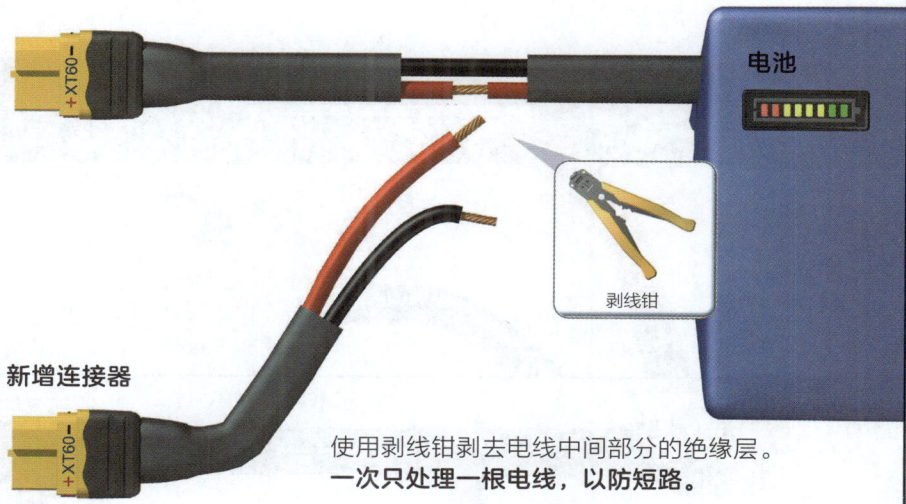

新增连接器

使用剥线钳剥去电线中间部分的绝缘层。
一次只处理一根电线，以防短路。

④

将新增的连接器电线与电池组电线
拧在一起。

⑤

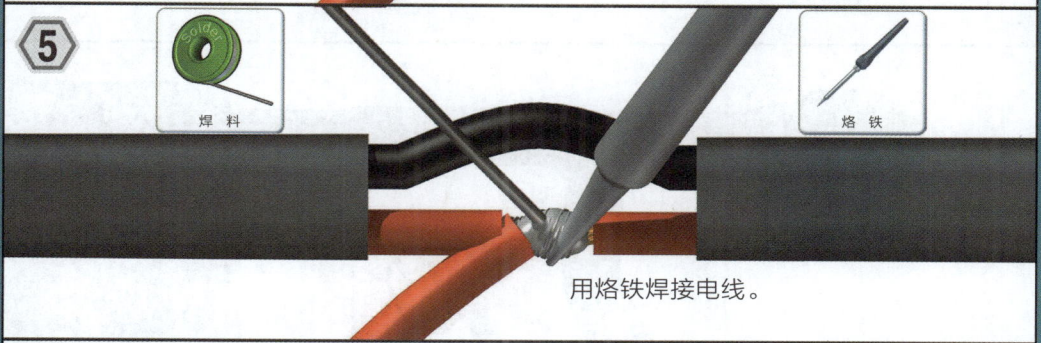

用烙铁焊接电线。

⑥

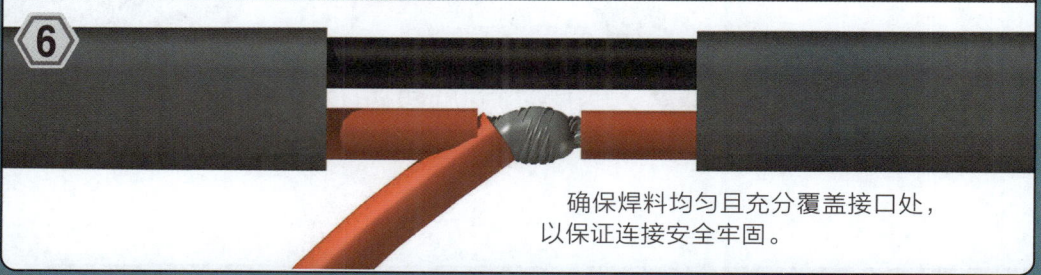

确保焊料均匀且充分覆盖接口处，
以保证连接安全牢固。

⑦

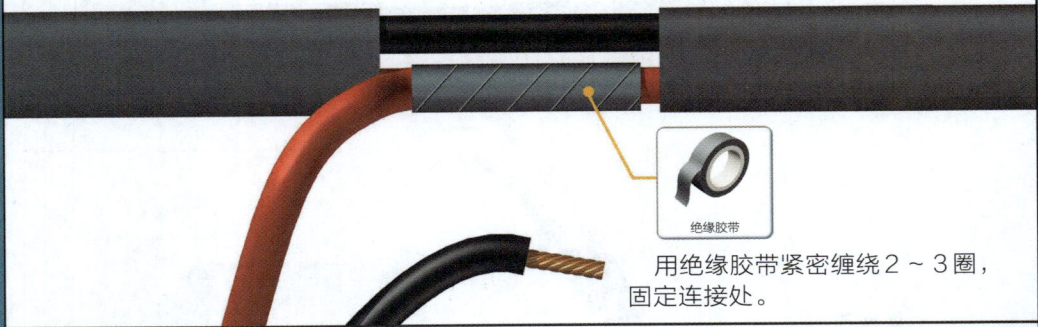

绝缘胶带

用绝缘胶带紧密缠绕2～3圈，固定连接处。

⑧

电池

对于电池组的负极（−），采用相同的焊接方法，并用绝缘胶带缠绕。

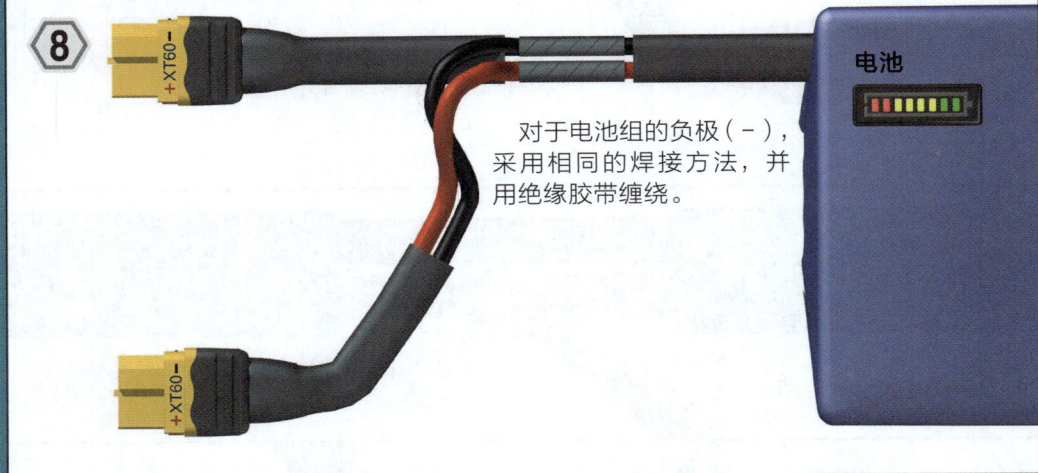

⑨ ⭐

电池

绝缘胶带

按照图中所示方式，外层用绝缘胶带缠绕。

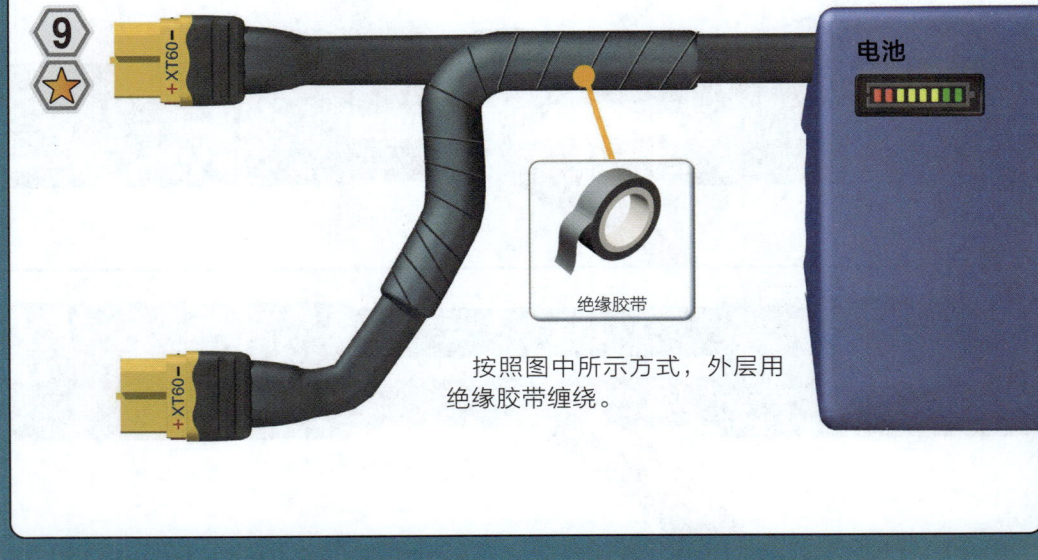

2.3.3 ▷ 延长电池组电缆

① 准备一个电缆较短的电池组。

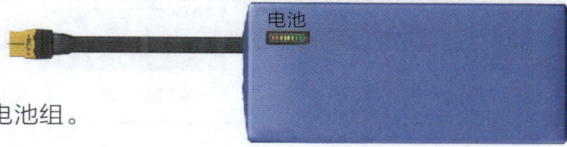

电池

② 分别处理电池组的正极（＋）和负极（－），防止短路。

① 小心地剥去电缆的绝缘层，不要损坏内部电线。

准备的电缆长度比图示更长一些。

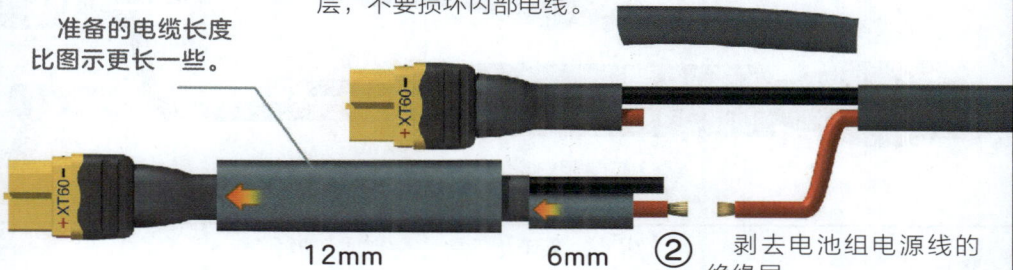

12mm　　　6mm

② 剥去电池组电源线的绝缘层。

热缩管

③ 将热缩管移动至电线接口处。参考值：XT60 连接器的标准尺寸为 12mm 和 6mm。

③ 将延长电缆的电线与电池组电线交叉。

④ 将电线拧在一起。

注意：戴上手套以免被刺伤。

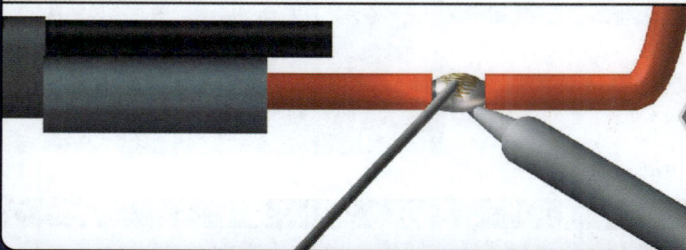

⑤ 焊接电线。

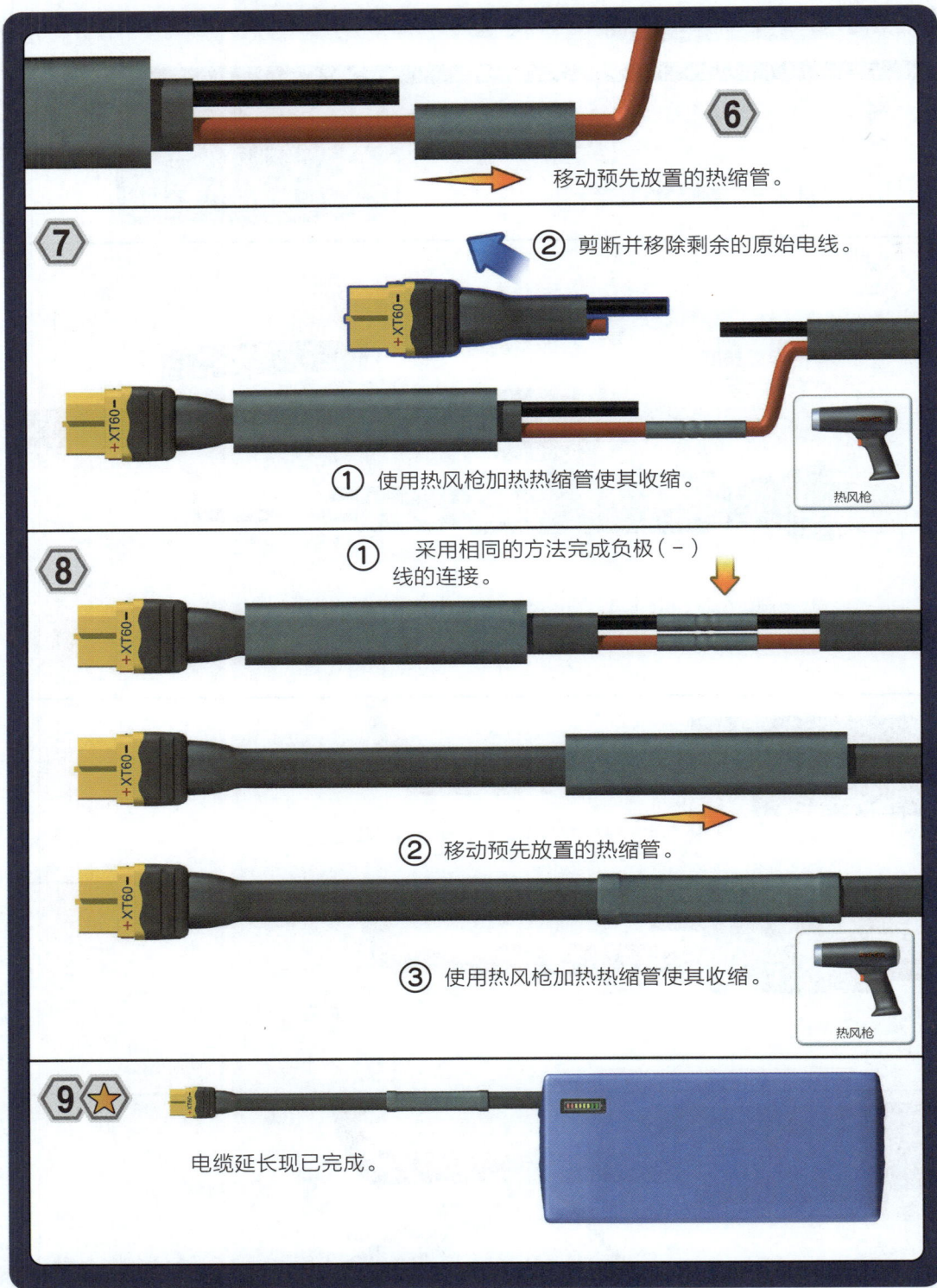

⑥ 移动预先放置的热缩管。

⑦ ② 剪断并移除剩余的原始电线。

① 使用热风枪加热热缩管使其收缩。

热风枪

⑧ ① 采用相同的方法完成负极（-）线的连接。

② 移动预先放置的热缩管。

③ 使用热风枪加热热缩管使其收缩。

热风枪

⑨⭐ 电缆延长现已完成。

2.4 BMS 连接和电池组检查程序

连接顺序

① P（放电）电源线。
① C（充电）线。
② B（电池）线。
③ 将均衡器插入 BMS 主板。

连接后的启动类型

　A. 接上均衡器后，BMS 自动开始工作。
　B. 接上均衡器后，只有充电时 BMS 才开始工作。

2.4.1 从连接 P 线开始

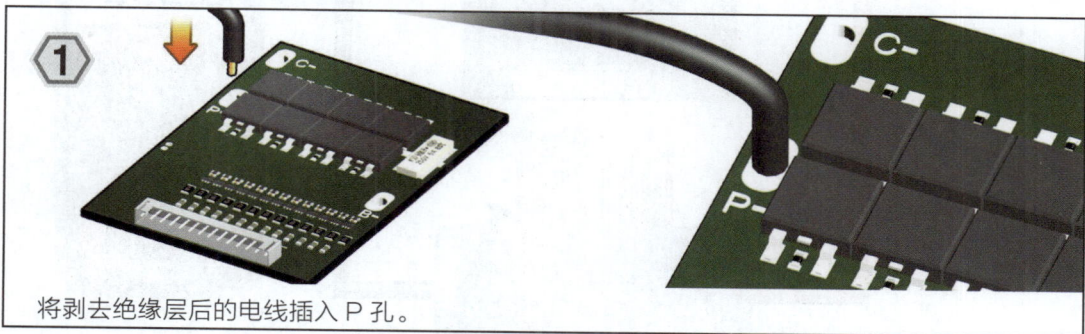

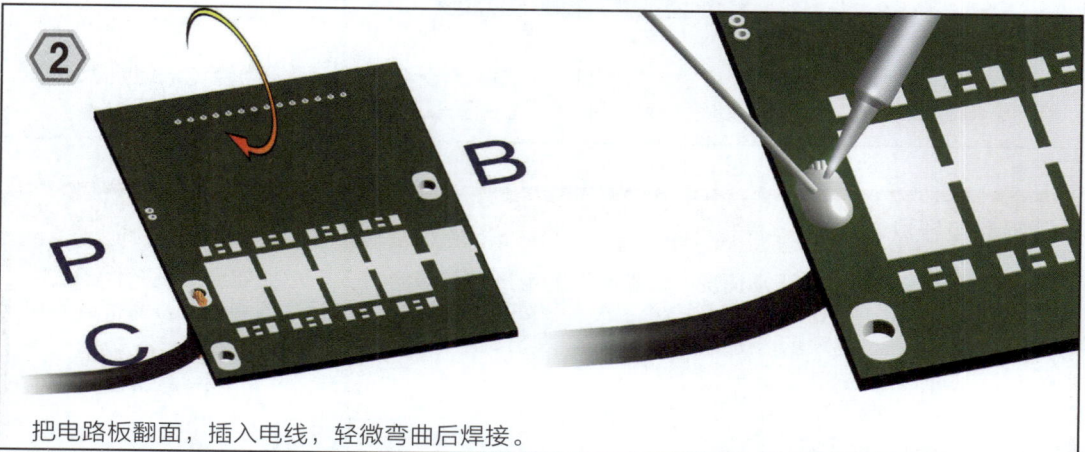

将剥去绝缘层后的电线插入 P 孔。

把电路板翻面，插入电线，轻微弯曲后焊接。

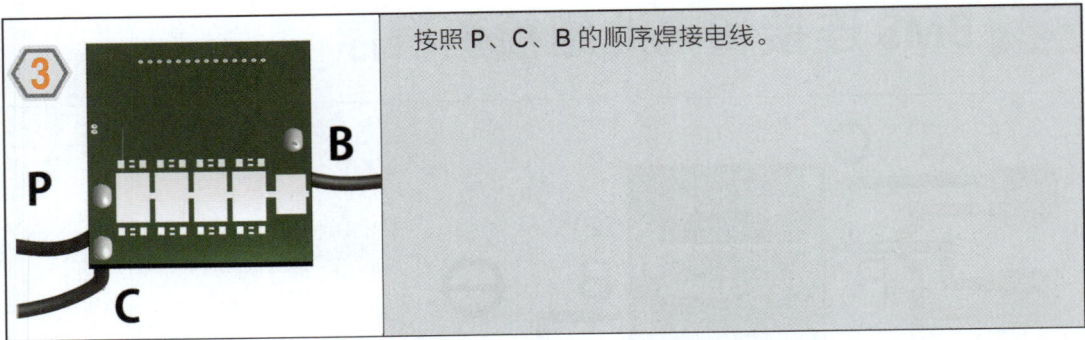

按照 P、C、B 的顺序焊接电线。

2.4.2 BMS 均衡器连接前检查

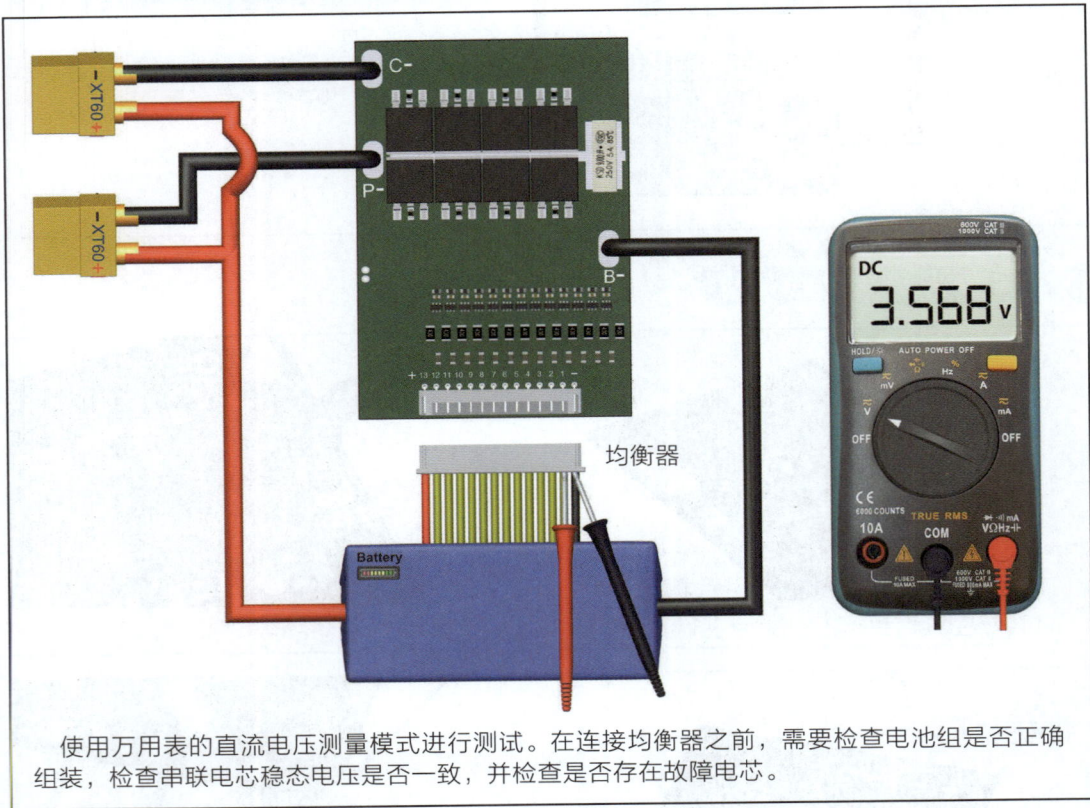

均衡器

使用万用表的直流电压测量模式进行测试。在连接均衡器之前，需要检查电池组是否正确组装，检查串联电芯稳态电压是否一致，并检查是否存在故障电芯。

锂电池电压测试

对于锂离子电池，在正常情况下，新电池的电压测量值约为 3.65V。如果是满充状态，正常测量值为 4.2V 或略低（4.18 ~ 4.20V）。如果在测试期间没有检测到电压，或者检测到超过 6V 的电压，则表示均衡线与电池组的连接方式不正确。

* 磷酸铁锂电池的额定电压为 3.2V，满充电压为 3.6V。

检查串联电芯的方法

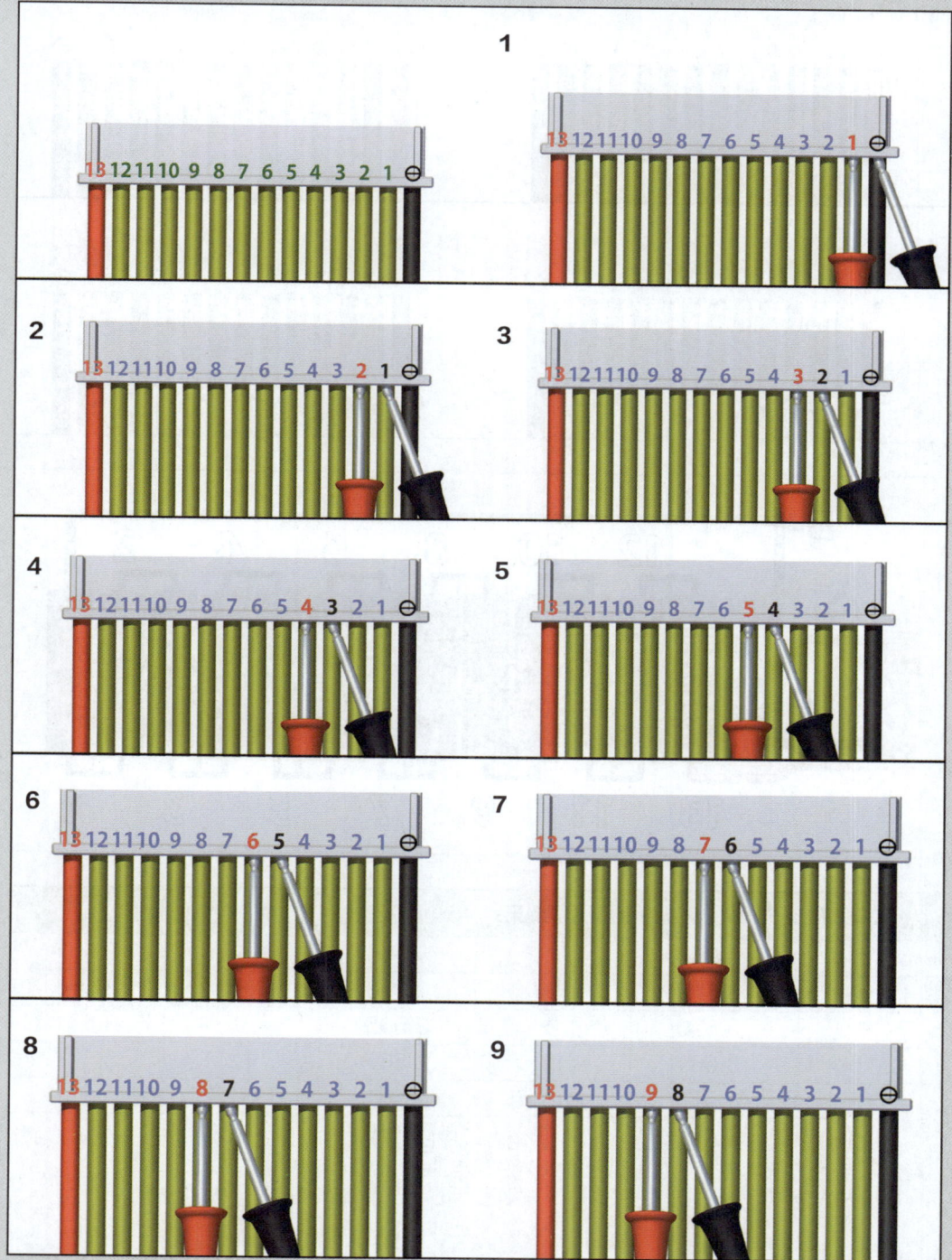

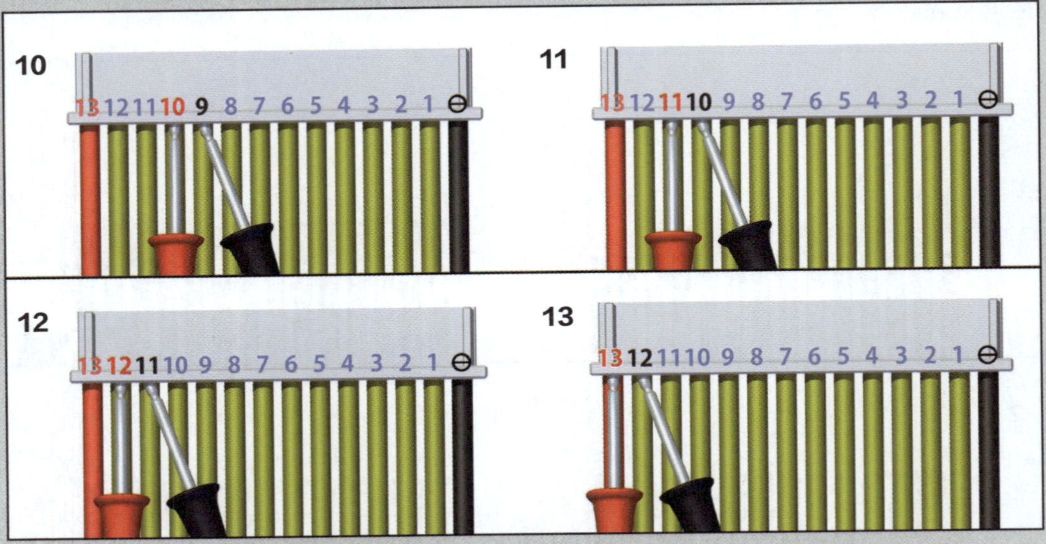

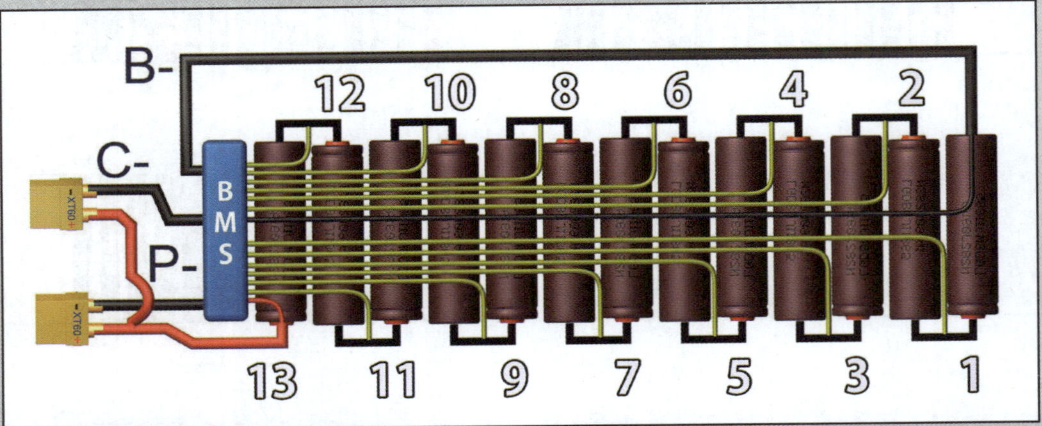

在笔记本上记录串联电芯的电压测量结果。					
1	3.568	2	3.565	3	3.567
4	3.569	5	3.568	6	3.564
7	3.570	8	3.565	9	3.561
10	3.561	11	3.567	12	3.572
13	3.573	最小值	3.561	最大值	3.573

　　13 个串联电芯的电压都已成功测试。电芯电压偏差最大为 0.012V，表明电压分布均匀，是优质电池的典型特征。电压偏差越大，说明电池品质或状态参差不齐。

　　如果在充满电后 1 ～ 2h 内完成均衡，则显示的电压值应在 4.19 ～ 4.20V。

电池组故障诊断参考

1. 均衡线上没有测量到电芯电压

均衡线连接不正确，请检查电池均衡线的连接状态。

2. 均衡线上电芯的电压测量值为 6V 或更高

均衡线连接顺序存在问题，请检查均衡线的连接顺序。

3. 串联电芯之间电压差超过 0.1V

随着电池使用时间增加，串联电芯之间的电压偏差会增大。使用二手电芯组装电池组时，如果电芯电压与平均值相差超过 0.08V，说明电芯品质不均。

如果电压差异超过 0.1V，建议更换故障电芯。

已使用超过 2 年的电池组，经常过放或接近电池循环寿命的电池组，电压偏差也会增大。此时建议更换电池组。

（请参阅 3.1 节"检查和更换故障电池"）

4. 在满充期间检查串联电芯电压，预期电压应在 4.25V 或略高

如果电池电压在满充后立即异常升高到 4.25V 或更高，表明串联电芯可能存在问题。或者可能是其他电芯电压过低所致。

如果在满充 3 ～ 4 小时后，电压仍未达到或接近 4.20V，可能是电池管理系统（BMS）存在故障，建议更换。

5. 还剩一半电量时，控制开关就切换状态

检查串联电芯时，如果某个特定电芯的电压为 3.2V，并且与其他电芯的平均电压相差超过 0.15V，则表明该电芯存在异常。

电池的特性决定了在电压降至较低水平时可能出现一定的电压偏差。如果在满充期间 BMS 均衡后的截止电压为 4.2V ～ 4.19V，属于正常情况。

如果在测试时各串联电芯电压一致，表明 BMS 发生故障，需要更换 BMS。

满充后电压在 4.2V ± 0.06V，而电池快速放电，则表明电池寿命接近终点，应更换整个电池组。

6. 其他需要更换 BMS 的情况

电池可以充电，但不能放电。
如果在充电后进行电压测试没有显示电压值，请更换 BMS。
有电压，但电机不工作，或控制电源打不开。
A. 检查放电连接器焊接区域是否出现腐蚀或电线断裂；这类问题可能持续存在或逐渐恶化。
B. 如果焊接区域没有异常，可能是 BMS 故障，请更换 BMS。
电池可以放电，但不能充电。
A. 检查充电连接器焊接区域是否出现腐蚀或电线断裂。
B. 如果电线或连接器没有问题，请验证均衡连接器处是否能测得电芯的电压。
充电期间，系统反复切换开关。
可能是电池中的电芯故障或 BMS 故障。
如果电芯的电压保持一致，则是 BMS 故障。

7. 检测内阻值

在电动机电池组中，锂电池通常采用串联／并联组合，很难准确测量内阻值。

如果内阻超过或接近 100mΩ，则应丢弃该电芯。准确测量内阻值需要把整个电池组拆开，逐个检查每个电芯。

电芯的内阻值间接反映了电池的寿命。内阻的测量结果会随电压状态不同而有显著差异，建议在 3.6V 的状态下进行测量。请注意，内阻测量值受接触状态影响较大，结果仅供参考。

XH 2.54mm / XH 2.0mm 检查电芯电压的方法

XH 2.54mm / XH 2.0mm 迷你开放式连接器测试方法

XH 2.54mm 和 XH 2.0mm 迷你连接器的测试方法相同。

只需将引脚轻轻插入连接器后端的引脚销即可。

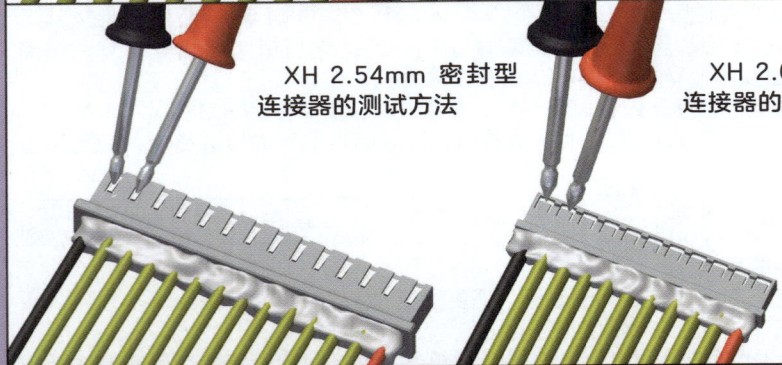

XH 2.54mm 密封型连接器的测试方法

XH 2.0mm 密封型连接器的测试方法

由于间隙较窄，请小心操作，避免短路，并确保准确插入。

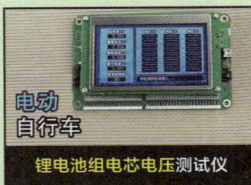

电动自行车

锂电池组电芯电压测试仪

电芯检测设备

此工具可利用均衡线安全可靠地检查电芯，主要功能是显示每个电芯的信息。优点在于能够检测电池均衡线连接顺序中的关键错误。如果从事锂电池组的生产工作，那么此工具是确保准确、安全检测的必备工具。

BMS 尺寸

13S 标准 BMS 尺寸

58mm

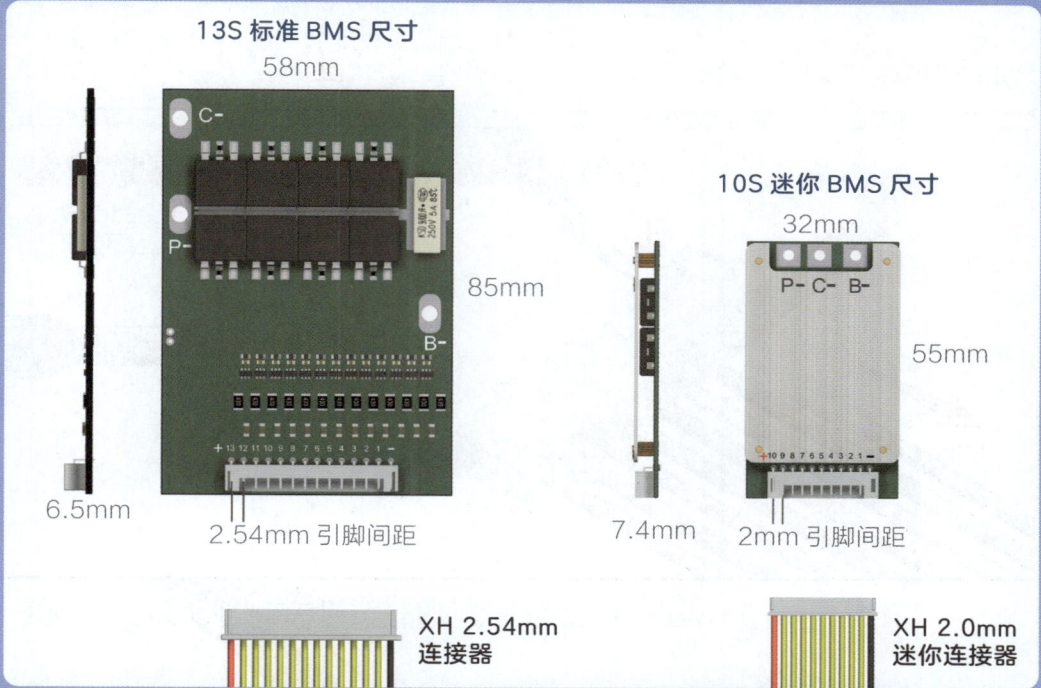

85mm

6.5mm

2.54mm 引脚间距

10S 迷你 BMS 尺寸

32mm

P- C- B-

55mm

7.4mm

2mm 引脚间距

XH 2.54mm
连接器

XH 2.0mm
迷你连接器

这是 BMS 的常规尺寸型号，可在组装电池组时作为参考。随着 BMS 尺寸减小，连接器的尺寸也会减小。随着电池数量增加，BMS 的尺寸也会相应增大。MOSFET 的数量与通过电流的大小成正比。

安装 4 组 MOSFET 模块的 BMS 支持的持续放电电流为 15 ~ 25A。

安装 8 组 MOSFET 模块的 BMS 支持的持续放电电流为 35 ~ 45A。

蓝牙 BMS ／ 智能手机集成式 BMS

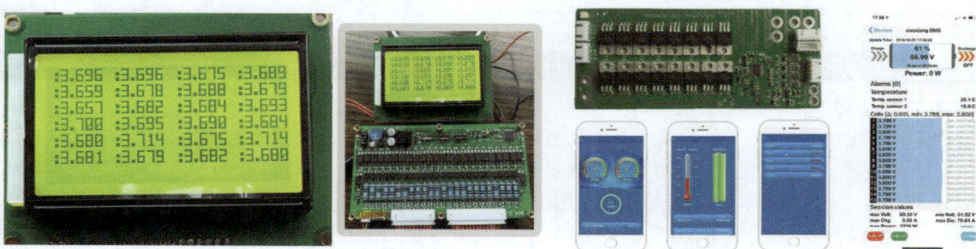

一些高级的 BMS 型号支持使用智能手机蓝牙连接，便于监控和选择 BMS 选项。提供了诸如电池锁定、显示串联电芯电压、温度监控、精确显示电池剩余容量等功能。

当组装高输出功率电池组或串联多个电芯时，上述 BMS 选项尤其有用。

XH 2.54mm，XH 2.0mm 迷你连接器引脚移除方法

如果在电池组装过程中均衡线连接顺序有误，或者电线长度不合适，手边有可更换的备用引脚电线，可以通过移除和更换开放式连接器中的引脚来纠正。

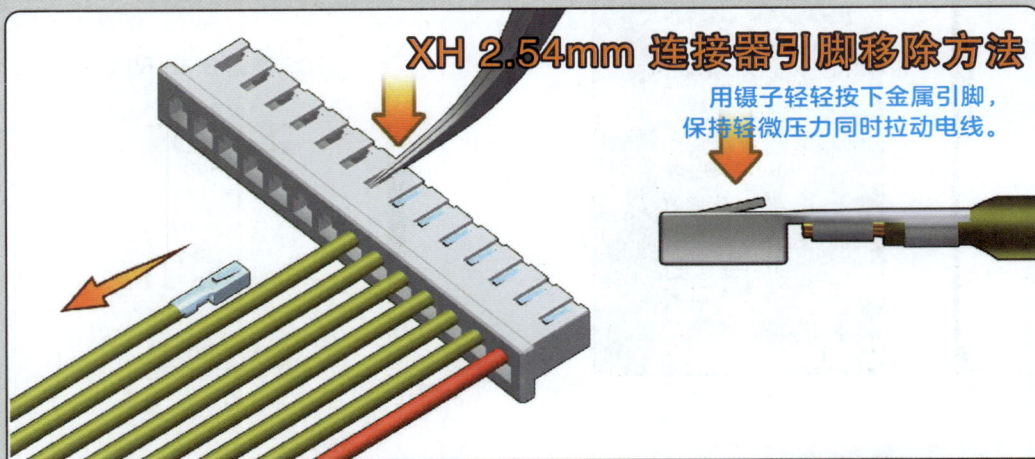

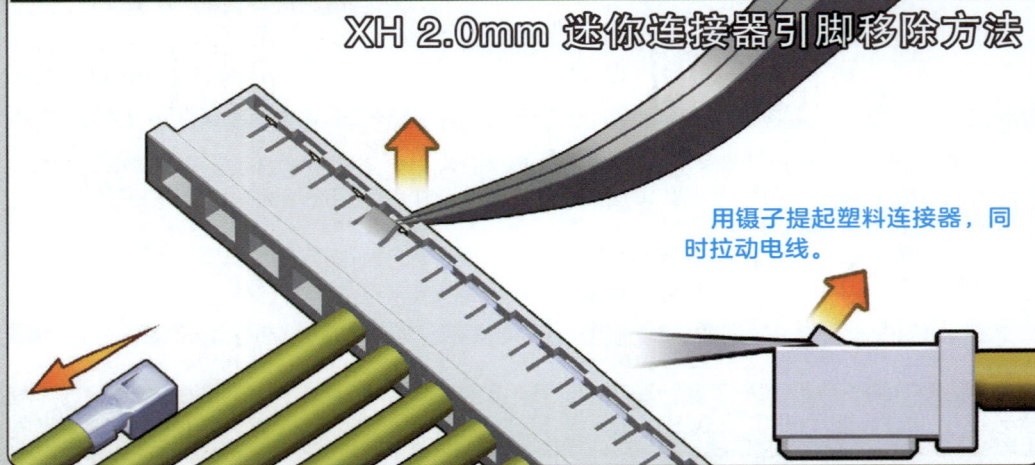

XH 2.54mm 连接器引脚移除方法

用镊子轻轻按下金属引脚，保持轻微压力同时拉动电线。

XH 2.0mm 迷你连接器引脚移除方法

用镊子提起塑料连接器，同时拉动电线。

锂电池组主动型均衡器

安装在锂电池组内部的均衡器可以测量和监控电池串联电压。虽然它在电动自行车中不常见，但在储能系统（ESS）、电动汽车、高级电动摩托车或电动滑板车等的高容量电池组中较常见。也适用于电压偏差现象显著的磷酸铁锂电池。

通过与智能手机蓝牙的无线通信，锂电池组均衡器可适用于各种场景。尽管大多数标准电池管理系统会在接近满充时调整电芯电压以使其相等，主动型均衡器可以更方便地将电流转换为热能，以用户设定的电压值或最低电芯电压值来校准实际电压。

2.4.3 ▶ BMS 安装完成和检查

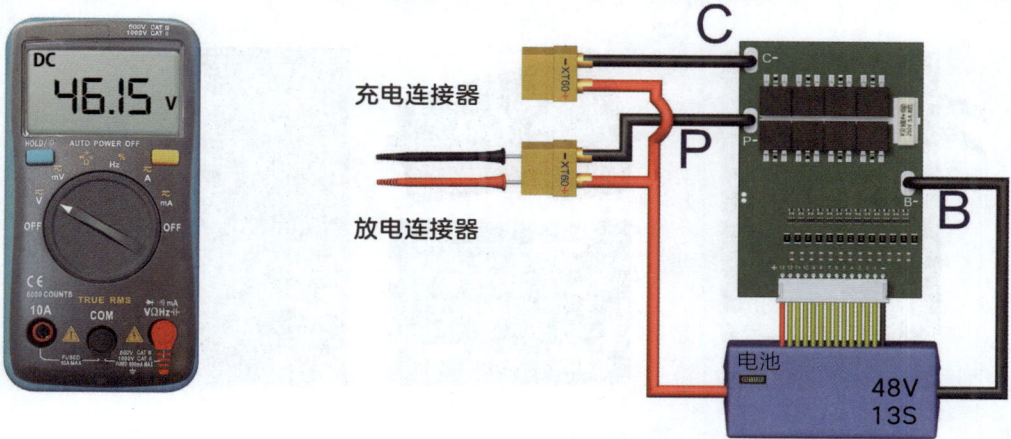

充电连接器

放电连接器

C

P

B

电池
48V
13S

　　BMS 安装完成后，将均衡线连接到充电连接器或放电连接器上，然后用万用表检查电压。此时，万用表应显示电池组的串联电压。

　　大多数情况下，连接均衡器后 BMS 会立即运行。

　　但有些 BMS 系统只在连接充电器后才会启动。

⚠ **安装 BMS 后电池组未供电时的测试流程**

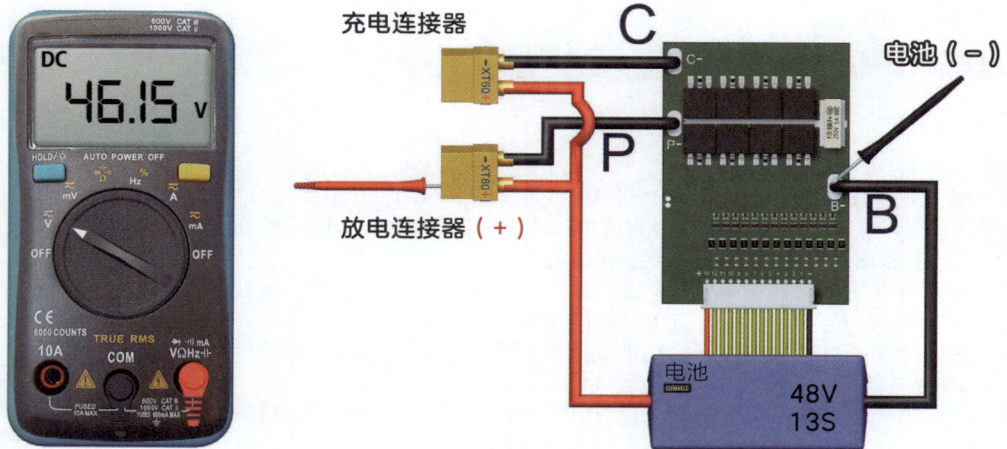

充电连接器

C

P

电池（-）

放电连接器（+）

B

电池
48V
13S

　　如果用万用表进行测试时测出了上图所示电压，则表明 BMS 有故障。对于新组装的电池，应在均衡器处单独检查每个电芯的电压，以确保电池均衡线连接正确。

　　注意：如果均衡线连接顺序不正确，可能导致 BMS 故障，此时需要更换 BMS。

小贴士： JK 主动型 BMS 基础

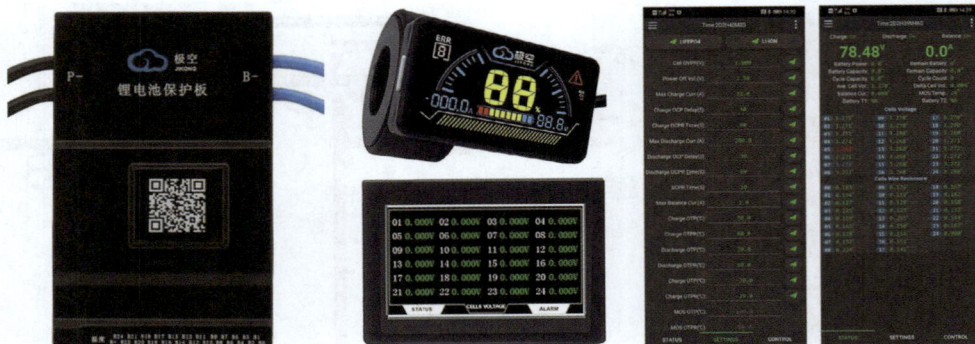

这种 BMS 支持通过蓝牙应用程序进行电池监测和详细设置。
该 BMS 兼容 2.2 英寸显示器，可以安装在自行车或摩托车把手上。显示参数包括 SOC（剩余容量）、电流、电压和警告（错误代码）。
若搭配 4.3 英寸显示器，可以监测每个电芯的电压，非常适用于家用太阳能等储能系统。

JK 主动型 BMS 的直接均衡方法
BMS 测量每个电芯的电压。
将高压电芯与低压电芯配对。
引导电流从高压电芯流向低压电芯。
执行均衡，直到两个电芯的电压相等。

JK 主动型 BMS 菜单缩写
OCP 代表过流保护，表示在电流过大时提供保护。这是电池管理系统（BMS）中的常用术语，当电池电流超过允许范围时，就会启动保护机制。
OCPR 代表过流保护继电器，是 BMS 中的一个组件，用于检测电池过流并触发保护。
OPT 代表过温保护，用于防止电池温度过高。
OPTR 代表过温保护恢复，指电池因过热而暂停充放电后，当温度降至设定水平以下时，恢复充放电功能。
SCPR 代表短路保护继电器，是 BMS 中的一个组件，用于检测电池短路并触发保护。
UTPR 代表低温保护恢复，指在电池因过冷而停止充放电后，当电池温度回升至设定水平以上时，恢复充电的功能。

第3章 电池组修理和循环利用

3.1 检查和更换故障电池

在相同的满电状态，出现续航里程和电压下降的情况，往往是电池老化或故障的迹象。电池充放电频次越多，或使用时间越长，会给电池健康状况和电池管理系统（BMS）带来双重压力。对于使用时间较短的电池组，如果出现问题，只需要更换其中有故障的电芯。

对于频繁充放电的电池组，建议将健康状况较差的电芯统一更换。

① 当电池达到满充电压时，取下充电器。

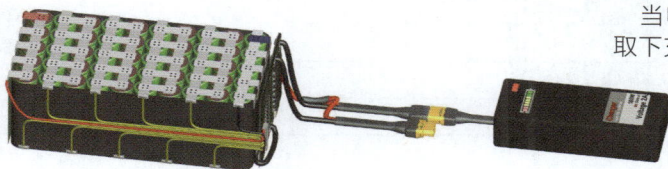

②

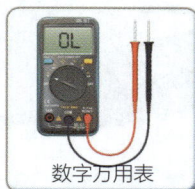

数字万用表

充电后，按照图示对电池组进行串联模块测试。也可以使用均衡器接口进行测试。

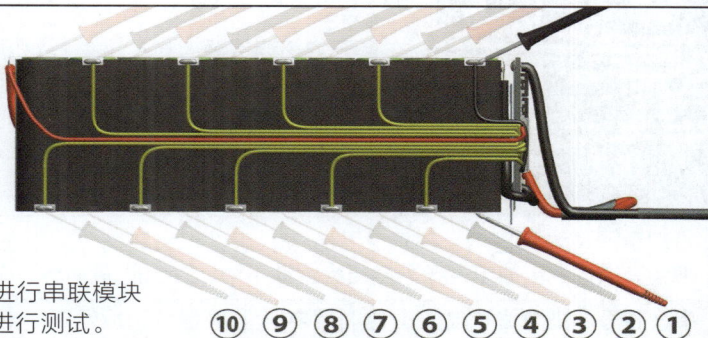

⑩ ⑨ ⑧ ⑦ ⑥ ⑤ ④ ③ ② ①

串联序号	充电终止电压	均衡后电压	静置3天后电压
1	4.196	—	—
2	4.195	—	—
3	4.204	—	—
4	4.218	—	—
5	4.248	—	—
6	4.196	—	—
7	4.217	—	—
8	4.206	—	—
9	4.191	—	—

记录电池组中每个串联模块的电压。

测量电压最高或最低的串联模块可能存在问题。

故障电芯在充电时通常表现出电压快速上升的特征。

③ 🕕 6 小时

在电池充电超过 6 小时后，利用 BMS 将串联模块的电压均衡至 4.2V。
之后再次检查电池组的串联模块电压。

串联序号	充电终止电压	均衡后电压	静置 3 天后电压
1	4.199	4.200	—
2	4.195	4.195	—
3	4.204	4.199	—
4	4.218	4.200	—
5	4.248	4.200	—
6	4.196	4.198	—
7	4.217	4.197	—
8	4.206	4.211	—
9	4.191	4.121	—
10	4.210	4.198	—

记录均衡后电压值（绿色背景）。

移除充电器并静置一段时间后，如果电压没有下降至接近 4.2V，则表明 BMS 故障。

如果各串联模块之间存在超过 ±0.1V 的电压差异，表明 BMS 均衡功能缺失或该功能故障。

④ BMS 断开均衡连接器 ⏰ 2 ~ 5天

移除均衡连接器后，静置 2 ~ 5 天，再进行串联模块的电压检测。电池在室温（环境温度）下会有微弱的自放电现象，电压会逐渐下降。存放时间越长，检测结果的准确性越高。

串联序号	充电终止电压	均衡后电压	静置 3 天后电压	电压下降
1	4.199	4.200	4.192	0.008
2	4.195	4.195	4.185	0.010
3	4.204	4.199	4.192	0.007
4	4.218	4.200	4.188	0.012
5	4.248	4.200	4.125	0.075
6	4.196	4.198	4.185	0.013
7	4.217	4.197	4.189	0.008
8	4.206	4.211	4.180	0.013
9	4.191	4.184	4.180	0.004
10	4.210	4.198	4.191	0.007

找出静置若干天后电压下降最显著的组别。在示例中，5 号模块的电压下降最明显（−0.075V）。

示例标明 5 号模块可能存在问题。

使用充电器为电池充电大约 2 小时。确保该串联模块的电压达到约 4.2 V。

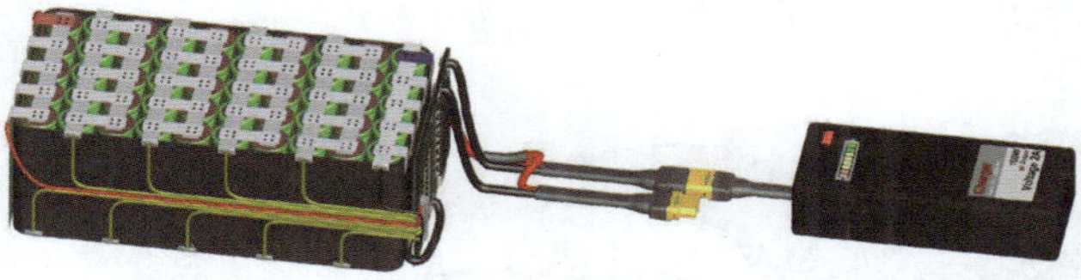

2 小时

串联序号	重新充电后的均衡电压（V）
5	此举是为了在满充至 4.2V 后，移除并检查有问题的 5 号串联模块。然而，实操中很难达到目标电压，此步骤可视具体情况而定。

镊子

钢丝钳

断开 BMS 均衡连接器后，移除 5 号串联模块。为了安全起见，请避免四周的电池与移除的镍片接触。建议在移除区域贴上 Kapton 胶带进行绝缘保护。

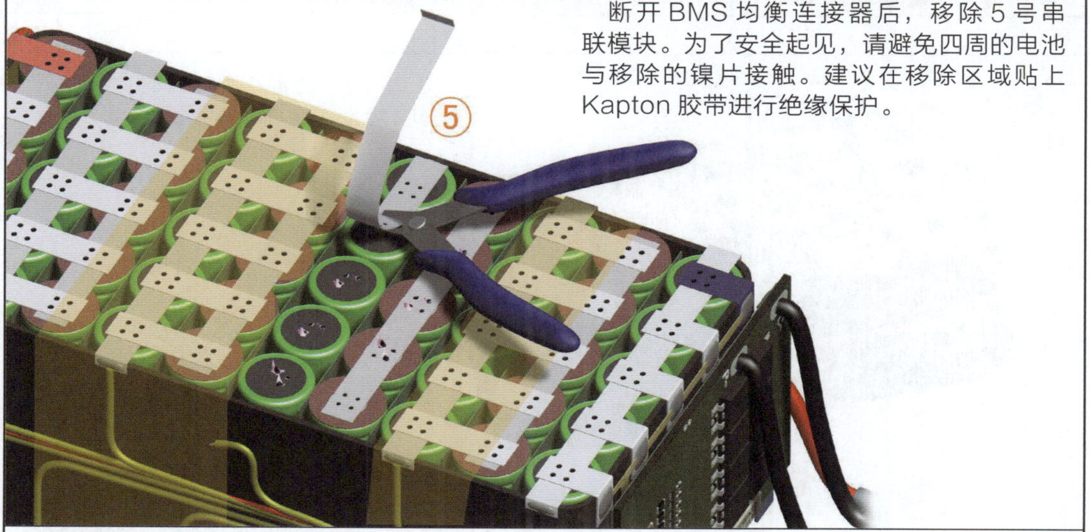

小心拆下 5 号串联模块的全部负极（-）。
镍片非常锋利，在执行此操作时务必要戴上手套。

⑦ 将表笔连接到 5 号串联模块的正极（+）。

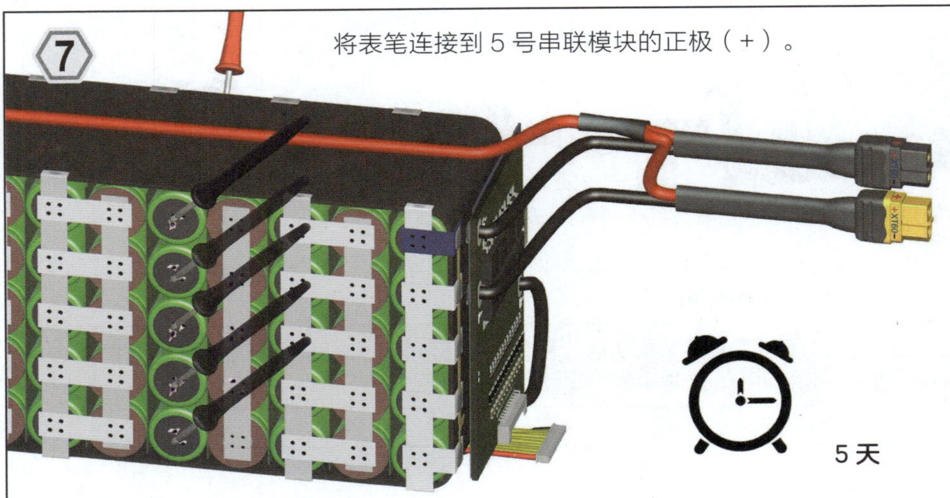

5 天

移除了 5 号串联模块的负极（-）镍片后，测量并记录其中并联电芯的电压。

并联电池编号	镍片移除后的即时电压	移除镍片 2 ～ 5 天后的电压	自放电程度
1P	4.197	4.191	0.006
2P	4.190	4.125	0.075
3P	4.195	4.190	0.005
4P	4.194	4.189	0.005
5P	4.193	4.185	0.008

并联的第二个电芯电压下降值与其他电芯相比明显偏高。表明该电芯就是故障源。为了精确诊断，静置 5 天后再次测量电压值会更准确。

⑧

从正极（+）位置移除镍片时，要注意不要损坏电池涂层，以防短路。

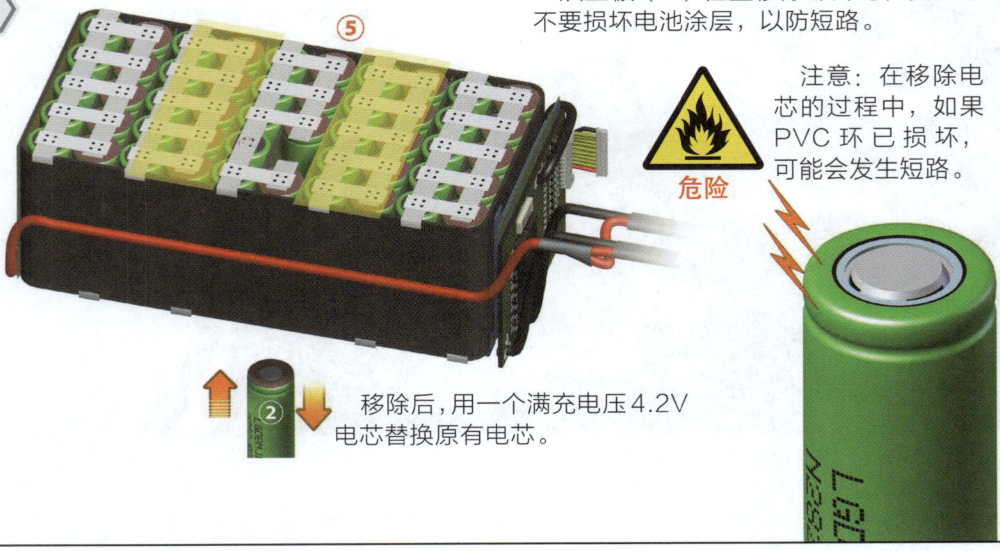

注意：在移除电芯的过程中，如果 PVC 环已损坏，可能会发生短路。

危险

移除后，用一个满充电压 4.2V 电芯替换原有电芯。

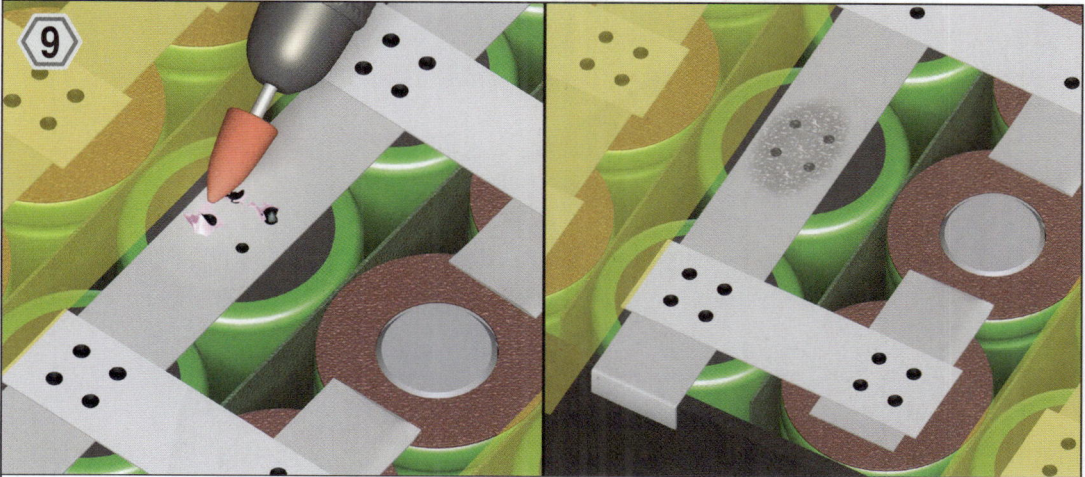

电磨机

　　在移除镍片时，镍碎片可能会脱落
并残留在电池表面。
　　使用 Dremel（一种小型电磨机）
来移除残留的镍碎片。如果打磨后的
表面不平整，可以用塑料螺丝刀轻轻
敲打电池组背面以平整凹陷。进行此
操作时，务必佩戴护目镜和手套。

螺丝刀

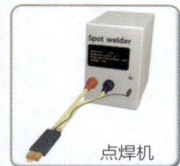

点焊机

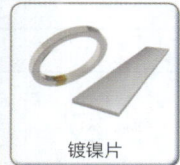

镀镍片

如图所示，叠放并点焊镍片

⑪

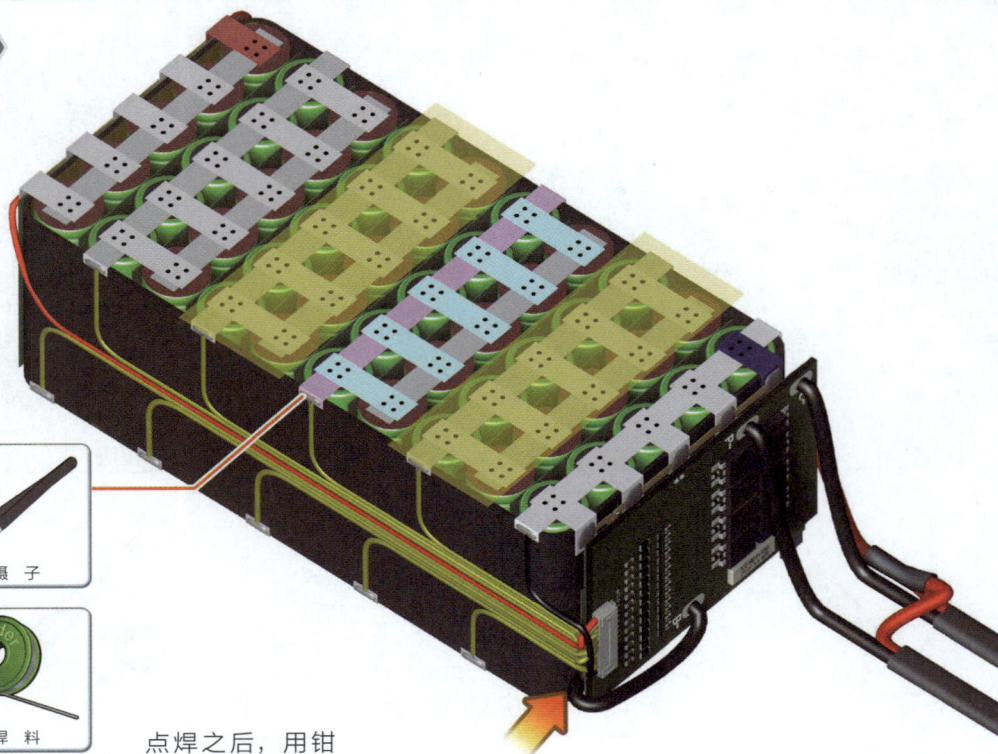

镊 子

焊 料

烙 铁

　　点焊之后，用钳子将镍片末端刮花，并重新焊接之前移除的均衡线。

重新连接 BMS 均衡连接器。

均衡连接器应该在最后一步连接。

⑫⭐

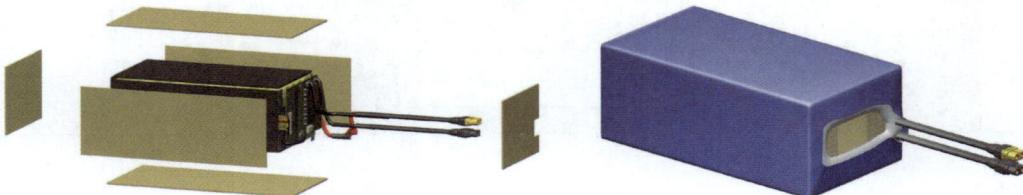

重装封装电池组。

3.1.1 将锂离子电池充电至 4.2V

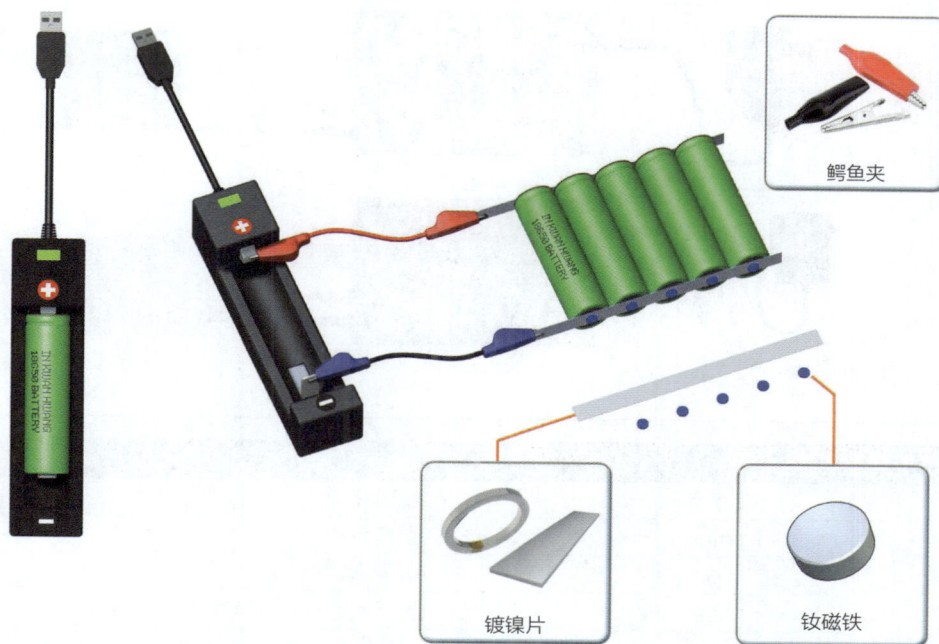

鳄鱼夹

镀镍片

钕磁铁

18650 锂离子电池的满充截止电压为 4.2V，充电电流范围在 500mA ～ 2A。如果需要同时为多个电芯充电，可以使用鳄鱼夹、镍片和钕磁铁进行并联充电，如图所示。

该方法也可用于电池维修。如果电池组内电压差异较大，可以将电压不足的电芯充电至 4.2V。

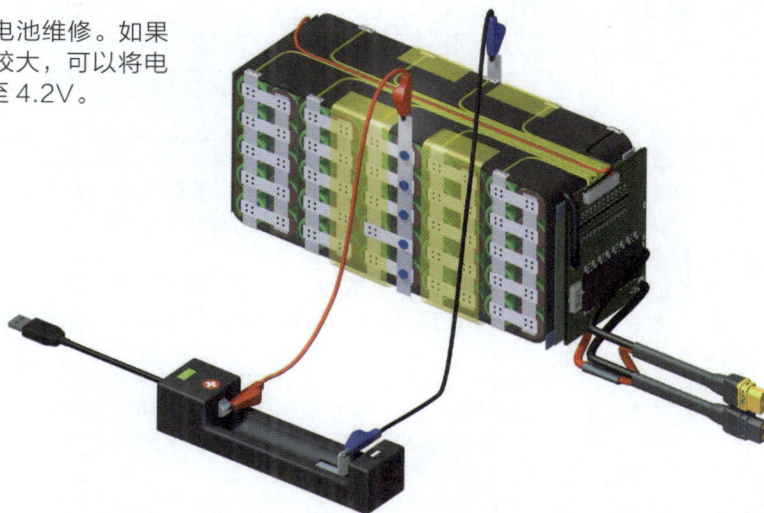

3.1.2　使用 *RC* 充电器对锂电池充电

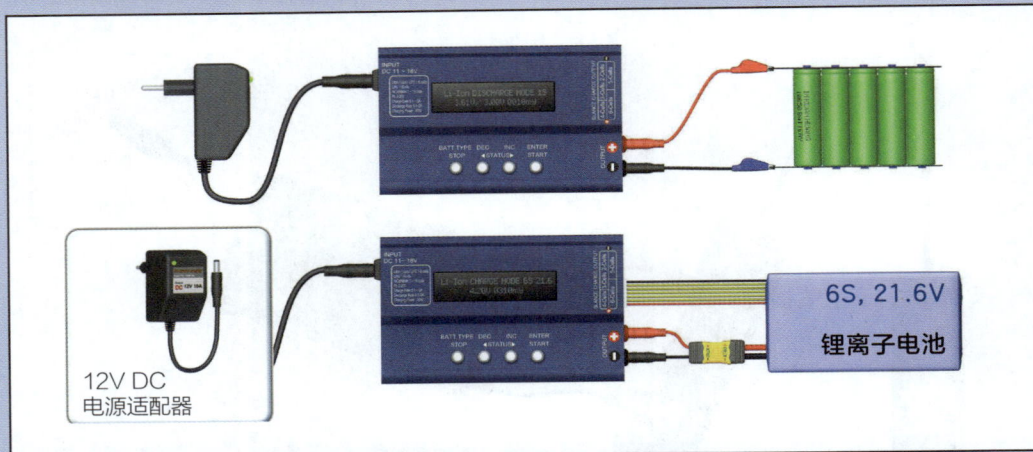

12V DC
电源适配器

6S, 21.6V
锂离子电池

RC 充电器规格	
LiIon 1 ~ 6 cells	支持 1 ~ 6 个锂离子电芯
Lipo 1 ~ 6 cells	支持 1 ~ 6 个锂聚合物电芯
LiFe 1 ~ 6 cells	支持 1 ~ 6 个磷酸铁锂电芯
LiHV 1 ~ 6cells	支持 1 ~ 6 个高压电芯（满充电压 4.3V）
NiCd/NiMH 1 ~ 15 cells	支持 1 ~ 15 个镍镉 / 镍氢电芯（主要用于玩具，不需要均衡连接器）
Pb 2 ~ 20V	支持 2 ~ 20V 铅酸蓄电池（主要用于 12V、24V 汽车和摩托车电池） 当以 12V 充电时，适配 6 个电芯；当以 24V 充电时，适配 12 个电芯
Charge Rate 0.1 ~ 6A	充电电流范围
Discharge Rate 0.1 ~ 2A	放电电流范围
Charging Power : 80W	充电器最大功率 80W（适配器需选用 12V×8A =96W 或更高规格）

　　在为无线遥控汽车、无人机等电池充电时，充电器需要与电池的充放电模式、充电电压（V）、充电电流（A），以及电池类型（如锂电池和车用铅酸电池）相匹配。
　　建议选用电流上限高于 *RC* 充电器的电源适配器。
　　充电器支持对 1 ~ 6 个电芯进行充放电，并提供电池存储模式。即使没有电池管理系统（BMS），也可以使用均衡连接器进行电压均衡。这是因为超低自放电 *RC* 充电器不需要 BMS。
　　一些高端款型还支持多达 13 组串联。
　　充电器还有测量电池内阻的功能，用以预判电池寿命，但帮助有限。如果检测到 100mΩ 或更高的内阻，只能作为更换电池的参考项之一，因为内阻的测量结果会因电池电量和接地状态的不同而有显著差异。

3.1.3　放电容量测试是发现故障电池的最佳方式

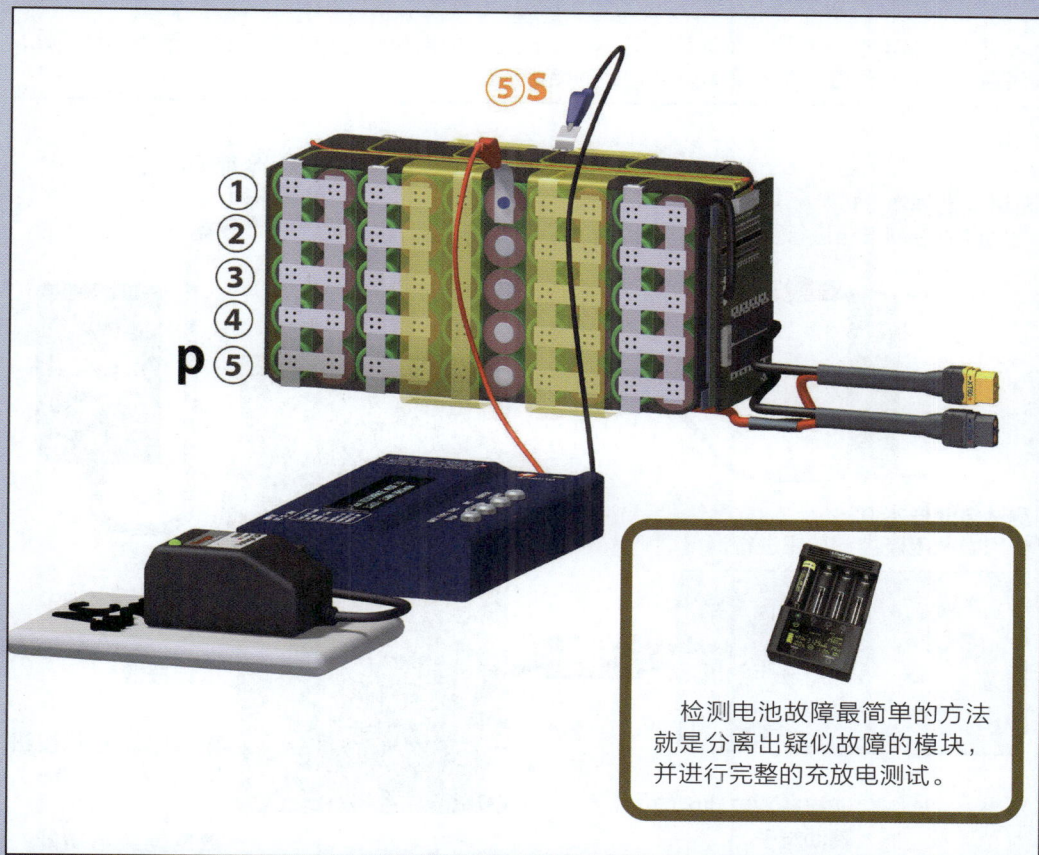

检测电池故障最简单的方法就是分离出疑似故障的模块，并进行完整的充放电测试。

使用 *RC* 充电器 / 放电器

待测锂电池的参数：满充电压为 4.2V，额定容量为 3000 mA·h。

并联编号	并联充电至 4.2V 的即时电压 /V	单独放电至 3.0V 时的容量 /（mA·h）	单独充电至 4.2V 时的容量 /（mA·h）
1P	4.195	2800	2810
2P	4.195	2832	2846
3P	4.196	2823	2884
4P	4.197	2630	2654
5P	4.196	2875	2879

　测试方法包括逐个放电每个并联电芯。前文中，在 5 号串联模块中测得最大电压降。上表显示 5 号串联模块中并联的 4P 电芯存在严重问题。

3.2 使用放电仪测量电池组的真实容量

要精准测量电池组的放电（输出）容量，必须使用放电仪。可以使用下图所示的高性价比简便装置。这些设备通常能承受高达 200V 的电源电压。

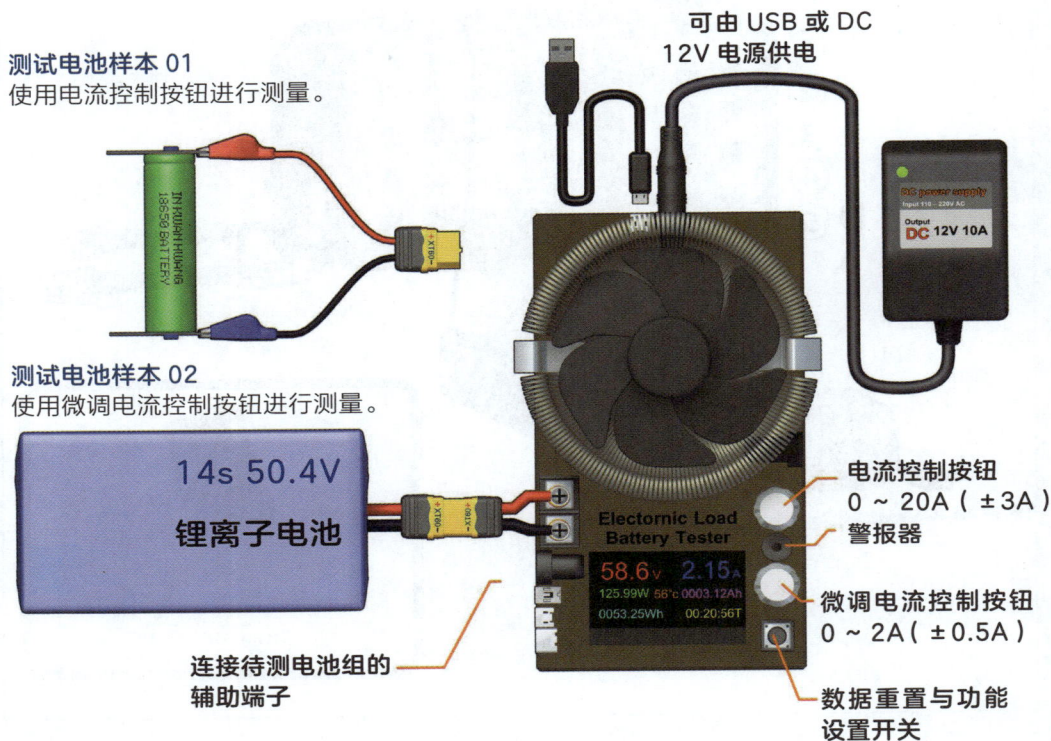

可由 USB 或 DC 12V 电源供电

测试电池样本 01
使用电流控制按钮进行测量。

测试电池样本 02
使用微调电流控制按钮进行测量。

14s 50.4V
锂离子电池

连接待测电池组的辅助端子

Electronic Load Battery Tester

58.6 v 2.15 A
125.99W 56°c 0003.12Ah
0053.25Wh 00:20:56T

电流控制按钮
0 ~ 20A（±3A）
警报器

微调电流控制按钮
0 ~ 2A（±0.5A）

数据重置与功能设置开关

上图是放电仪的一种类型。

市面上有很多种类似产品，提供不同的显示方式，如彩色液晶屏、黑白液晶屏，且部分型号配备了更高放电测试能力的冷却器。

虽然额定功率为 150W，但建议使用功率不超过 120W，以确保长期使用后不会因过热引起故障。

测试电池样本 01 模式（低压电池测试模式）
如果对电池进行 4.2V / 8A 的放电测试，则放电功率为 33.60W。
通过常规的电流控制按钮调节放电电流。

测试电池样本 02 模式（高压电池测试模式）
如果对电池进行 58.6V / 2.0A 的放电测试，则放电功率为 117.2W。
通过微调电流控制按钮调节放电电流。

颜色	测量值	单位	参数简介
	58.6	V	测得的电压值
	2.15	A	测得的电流值
	125.99	W	测得的功率值
	56	℃	探头温度
	0003.12	A·h	本次测量期间累计已完成测量的电池容量值
	0053.25	W·h	本次测量期间累计已完成测量的电池能量值
	00:20:56	T	本次测量时长，时：分：秒

DL24 蓝牙彩色数控曲线负载检测仪

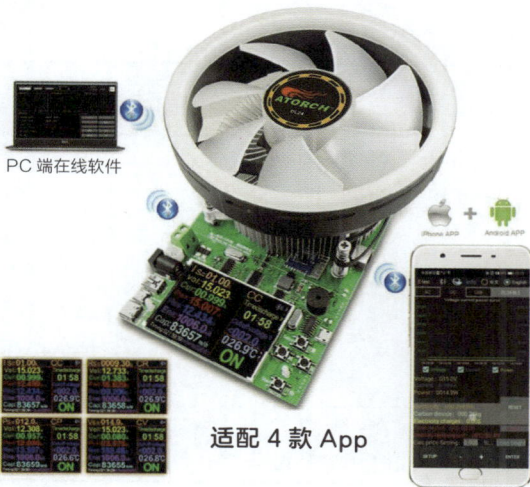

PC 端在线软件

适配 4 款 App

　"该装置可以检测虚标容量的假冒电池，并准确评估电池的使用寿命和容量。有助于用户了解最近购买的电池的状况。在购买或出售二手电池时，这些信息是非常有用的。此外，可视化的电池状态也有助于进行电池管理。"

3.2.1 ▶ 使用 50.4V，14.5A·h 的放电仪对电池组进行放电测试

过压警告设置	> 58.8V	14（14 组串联模块）×4.2V（1 节电芯的满充电压）= 58.8V（实际测试中设置为 60V）
欠压警告设置	< 38.5V	14×2.75V（1 节电芯的 BMS 放电截止电压）= 38.5V
过流设置	>1.60A	58.8V×1.60A = 94.08W 设置为 1.60A，功率不超过 100W，防止放电仪发生故障
功率过载设置	>100W	设置为 100W，防止放电仪发生故障

对于带有感叹号 (!) 显示项的产品，可以设置警报功能，在感叹号 (!) 出现时鸣响。

58.8V（满充电压）或 730.8W·h [额定能量，14×3.6V = 50.4V（额定电压），50.4V×14.5A·h = 730.8W·h]

3.2.2 ▶ 使用 50.4V，14.5A·h 的放电仪对电池组进行放电测试的结果分析

计算的新电池组额定能量为 730.8W·h。
误差按 5% 来计算：730.8W·h× ±0.05 = ±36.54W·h。
如果实测能量为 694.26W·h 或更高，则接近于新电池组。

计算的新电池组额定容量为 14.5A·h。
误差按 5% 来计算：14.5A·h× ±0.05 = ±0.725A·h。
如果实测容量为 13.775A·h 或更高，则可以启用。

完成各项参数的测量后，均可考虑 5% 的误差或损耗范围。当电池组容量衰减至 70% ~ 80% 时，可认为电池组到达寿命终点。
尽管容量逐渐衰减，但电池组仍然可以继续使用。

过度放电对电池寿命不利，因此，建议将低电压警告设置为 14×3.0V = 42V。

对精通电池的专家而言，高端款式的放电仪更有利于电池维护和保修数据管理，因为它可以通过蓝牙或 USB 连接到 PC/ 智能手机，保存测量数据日志并进行展示。

小贴士： 修复因过流而出现故障的放电仪

如果放电仪因为大电流导致过热而发生故障，大多数情况下可以通过更换 MOSFET IRFP264 来进行修复。更换后，应在与散热器接触的表面涂抹少量散热膏，然后重新组装。

3.3 重复使用的电池组

可用的锂电池分类

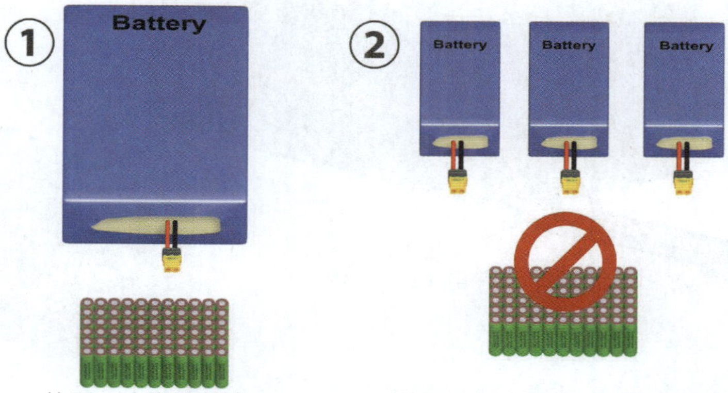

从同一个电池组中拆分出来的电芯

从不同电池组中拆分出来的旧电芯，但属于相同类型

像①中那样，选用从同个电池组拆分出来的电芯是最好的选择。

像②那样把来自多个电池组的电芯混用时，每个电芯都需要单独测试，并按相同的放电容量进行分类，这可能是一项非常困难的任务。

在使用二手电池时，电芯的质量和状况应该一致。因为二手电池中可能混有状况不佳的电芯。

拆分出来的电池需要进行容量测试

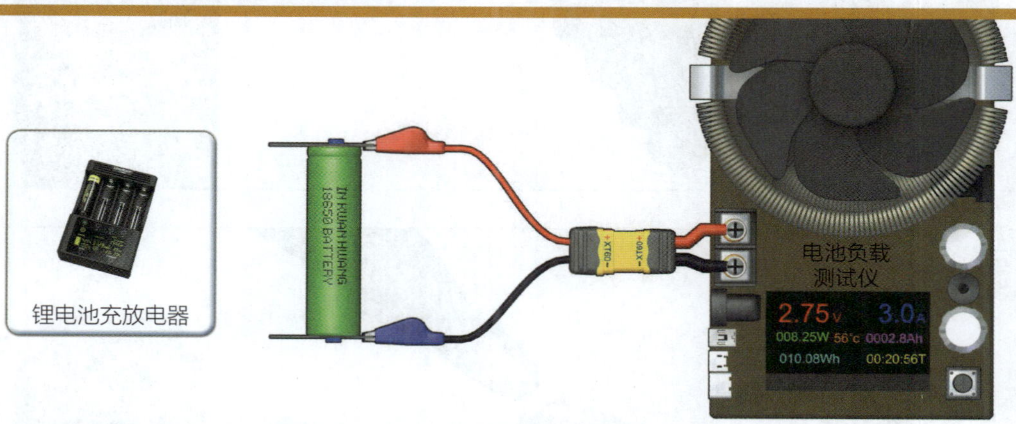

二手电池存在较高的风险隐患。不推荐将其用于需要串联多个模块的电池组中，因为长期使用的电池之间有明显的电压差。完全充电后，实测容量需达到 85% 或更高时才能用于电池组中。

3.3.1 电池组的拆解和分类

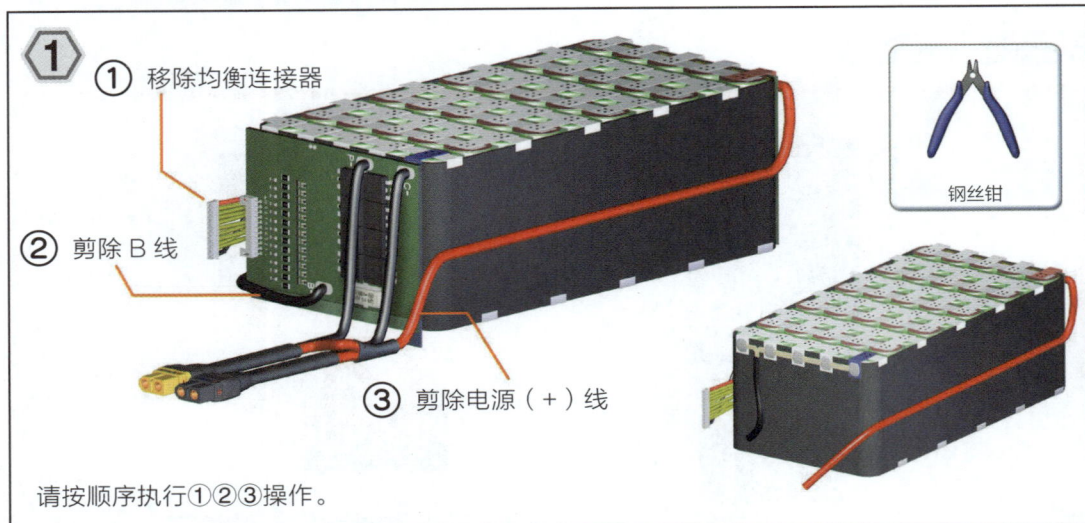

① 移除均衡连接器

② 剪除 B 线

③ 剪除电源（＋）线

钢丝钳

请按顺序执行①②③操作。

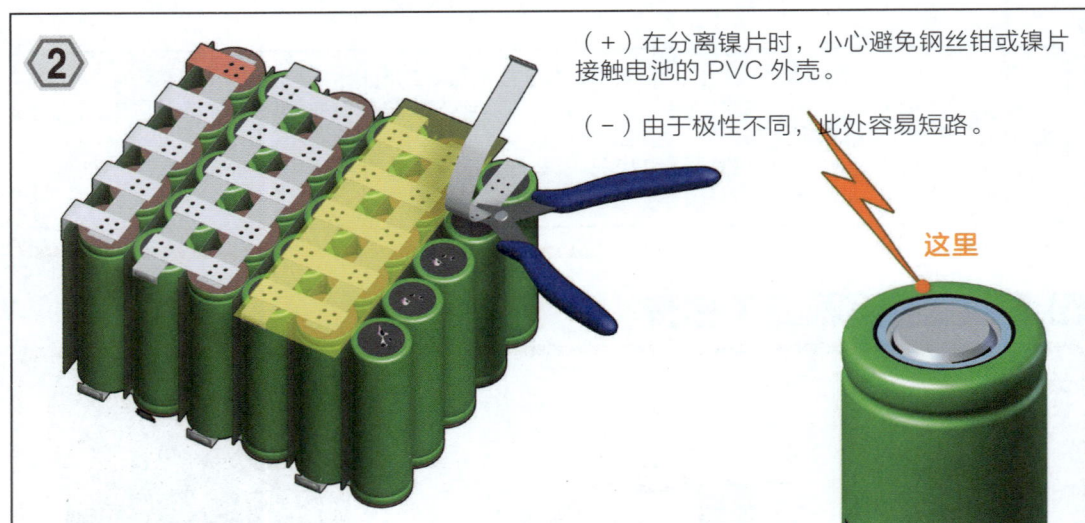

（＋）在分离镍片时，小心避免钢丝钳或镍片接触电池的 PVC 外壳。

（－）由于极性不同，此处容易短路。

这里

戴上护目镜和手套后，使用电磨机去除锋利的镍片碎片。

电磨机

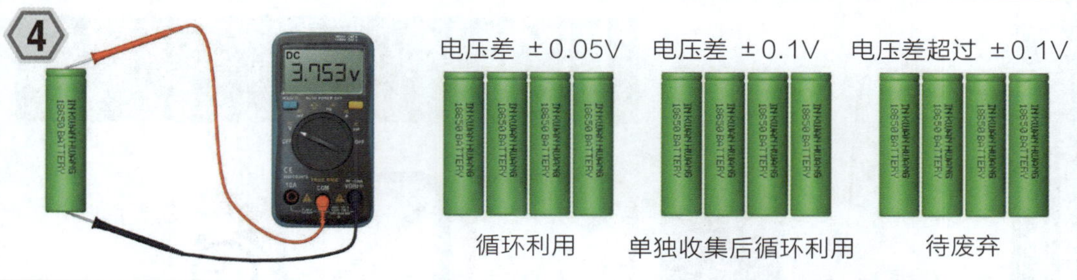

④

电压差 ±0.05V　　电压差 ±0.1V　　电压差超过 ±0.1V

循环利用　　　　单独收集后循环利用　　　　待废弃

　　拆分后，用万用表检测电芯电压，并按照图示对电芯进行分类。被归类为"循环利用"的电芯在容量测试或自放电测试期间，会接受更加严格的电压监控。

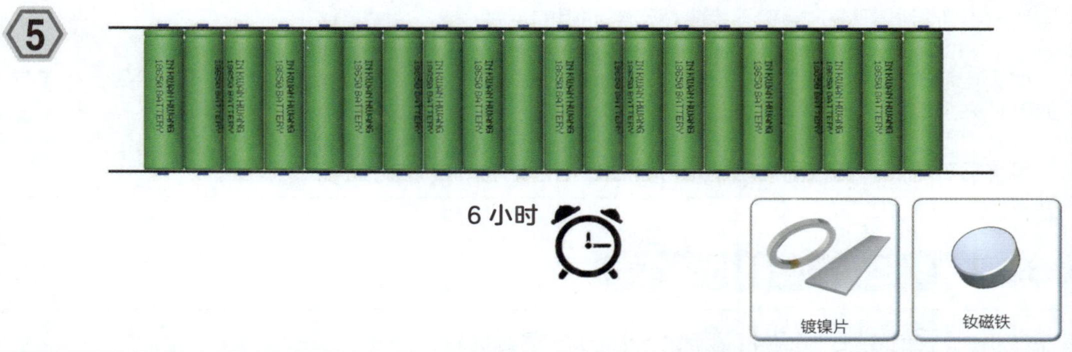

⑤

6 小时

镀镍片　　钕磁铁

　　只能循环使用电压差在 ±0.1V 以内的电芯。将这些电芯全部并联，可以调整并适配它们之间的电压。

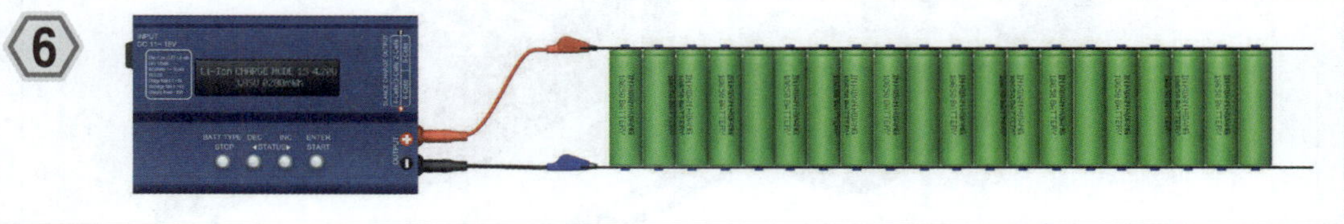

⑥

　　若要将电芯满充，可以按图示并联。推荐的锂离子电池满充电压是 4.2V。为了避免由于容量过大而导致的充电时间过长，建议使用 *RC* 充电器。

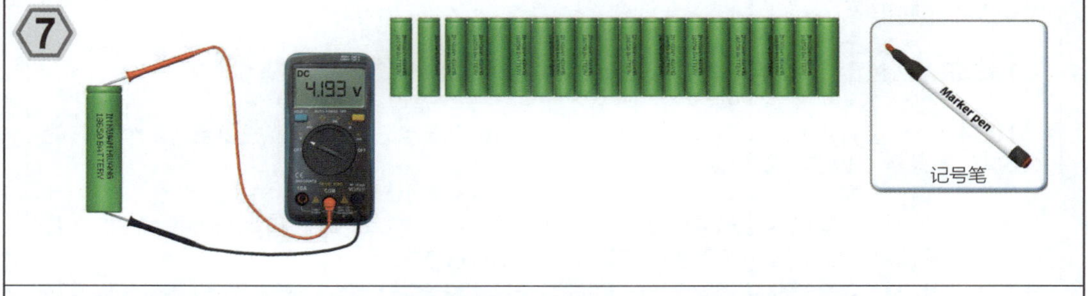

⑦

记号笔

　　将电芯满充至 4.2V 后，使用万用表分别检测并记录每个电芯的电压值。

将电芯在室温下存放 2 ~ 5 天后，再次测量电压并使用不同颜色的记号笔记录每个电芯的新读数。电压显著下降的电芯不能应用于电池组的组装。

如果电芯之间的电压差约为 0.05V，BMS 的均衡时间将会更长。因此，建议不要使用这样的电芯来组装同一个串联模块。

具有显著电压降和较高内阻的电芯往往是不合格的，应该报废。

3.3.2 电池组的修复和再利用

拆卸后的电池组可以通过翻新进行修复和再利用。

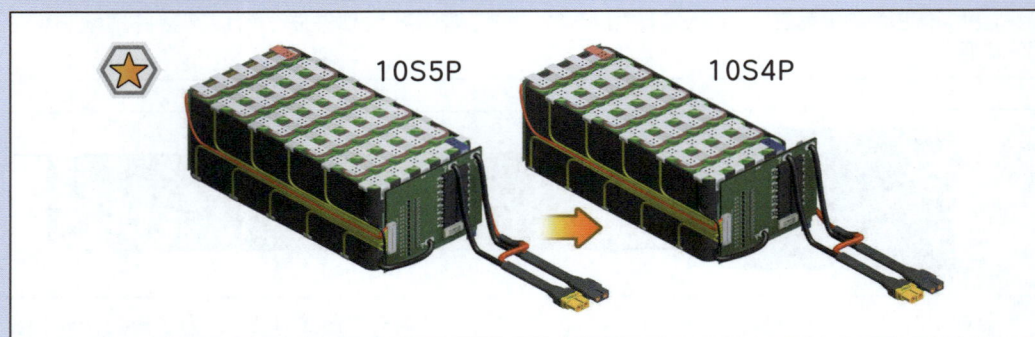

如果这是一种很难在市面上买到的电芯，由于使用时间超过 2 年或频繁充放电，其寿命已经缩短，此时难以通过更换电芯来解决电池组性能显著降低的问题，那么可以移除故障电芯，再重新组装。

10S5P：从包含 50 个电芯的 10S5P 电池组中分离出故障电芯。

10S4P：尽管容量和功率可能会下降，但剩余的健康电芯可以组装成包含 40 个电芯的 10S4P 电池组，以实现重复使用。

建议将分离出的电芯存储起来以备后续维修。电压略有差异的电芯可以与便携式 USB 移动电源组装使用。但电压下降过多或容量不足的电芯应该丢弃。

在便携式 USB 移动电源中实现循环利用。

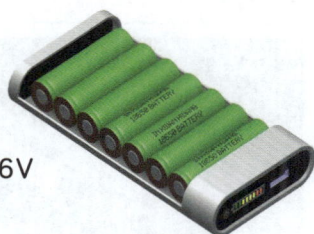
1S7P，3.6V

　　在诸如 AliExpress 之类的网店上搜索 18650 充电宝，可以找到只需插入若干颗独立电芯即可组装成便携式 USB 移动电源的产品。

　　这类产品用途广泛，例如，可用来给智能手机充电。由于使用 1S+ 并联的组装形式，即使是状况稍差的电芯也可以混用。

通过户外电源进行翻新再利用变得越来越流行。

　　大多数用于电动机的锂离子电池都使用高性能、高容量、高放电倍率的电池型号。

　　废旧的电动自行车电池非常适合作为户外移动电源进行回收利用。

　　事实上，这就类似于把废旧电动车的电池用于电网储能系统（ESS），这是工业领域很常见的回收利用方式。

4S5P，14.4V

12V 移动电源

为了适应车载电器，组装一个户外移动电源来提供 12V 的输出电压。

　　该产品配备了 4S BMS（电池管理系统）、带 USB 插座的 12V 转 5V DC-DC 降压模块、各种尺寸的 DC 插座、用于充电的航空插座、用于汽车电池充电和启动的 XT90 连接器，以及一个 12V 的点烟器插座。

　　该户外移动电源需使用 4S 专用充电器（锂离子电池的额定电压为 14.4V，满充电压为16.8V）进行充电。可以将 *RC* 充电器设置为 4S 模式，但不能使用带均衡连接器的充电模式。也可以使用常规充电模式进行充电。

3.4 Shimano 和 Bosch 电池

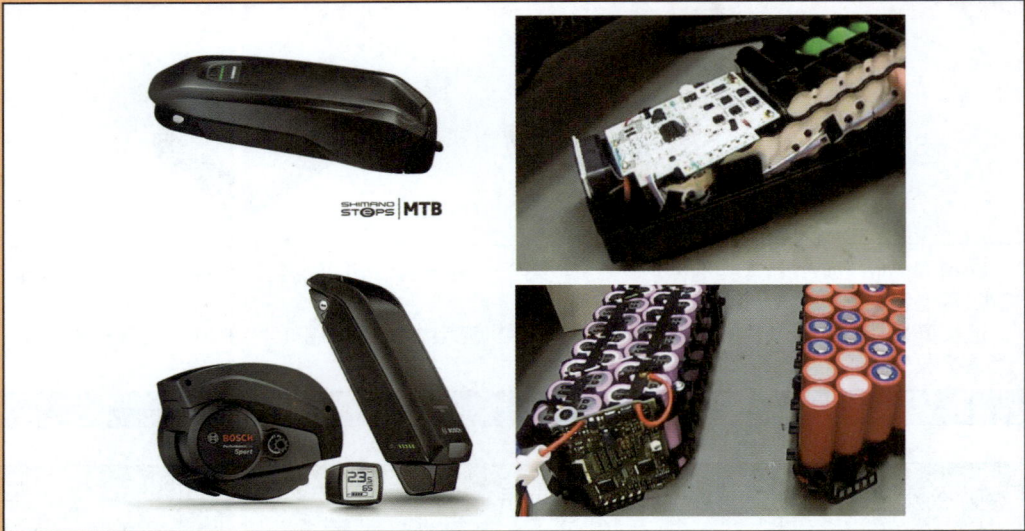

　　一些供应电动自行车电池的大品牌，如禧玛诺（Shimano）和博世（Bosch），会在电池管理系统（BMS）中使用 TX RX 加密通信功能，以确保只与自家电池适配。如果电池寿命将近，虽然可以移除旧电池并更换新电池来重复利用，但由于电池制造坚固，很难将其拆分。禧玛诺的产品则需要执行重置程序。对于这些高端产品，BMS 故障比电池本身的问题更常见。

　　如果 BMS 出现故障，像禧玛诺这样的产品将无法继续使用，因为 BMS 并不单独出售。

对多个电池组进行并联

　　既不想购买昂贵的原装电池，又想增加容量和续航里程，可以将额外的外部电池组与现有电池组并联（出于安全考虑，只有在两个电池组的电压相差不超过 2V 时，才允许并联使用）。

　　推荐使用双电池放电转换器。

更换 BMS 和增加电池组步骤相同
1. 断开 BMS 均衡连接器。
2. 断开电池组上现有的均衡线。
3. 连接新的 BMS 均衡连接器。
4. 测试 BMS 均衡连接器的电压。
5. 将 BMS 均衡连接器接到 BMS 上。

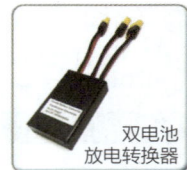
双电池放电转换器

3.5 锂聚合物软包电池

锂聚合物软包电池
20A·h
100A

锂聚合物软包电池　40A·h
200A

软包电池中每个电芯的容量更大，电芯数量更少，所以均衡干扰较小。
放电倍率通常较高，电压下降不明显，在电压较低时仍能保持良好的动力表现。
有各种尺寸和设计可供灵活选用，因此没有特定的尺寸规格。
软包电池主要用于动力需求更强劲的电动机，如电动汽车。
有许多产品的预期寿命可超过 2000 个充放电循环。
尽管按尺寸计算的容量密度小于锂离子圆柱电池，但其寿命和放电倍率更高。

ALMIT 焊料

小贴士：ALMIT 焊料

　锂聚合物软包电池的极耳主要由铝制成。即使高温加热，普通焊料也很难黏附在上面。

　要焊接铝极耳，需要使用特制的 ALMIT 焊料和高功率烙铁。这类焊料中掺杂了铝或不锈钢。

　长时间加热极耳可能会损坏电芯。为了尽量缩短点焊时长，应使用高功率烙铁。

3.5.1 在使用软包电池之前，检查正负极

　将万用表的表笔放在电池极耳上测试电压，如果连接了相反的极性，将显示负电压。

3.5.2 软包电池布置

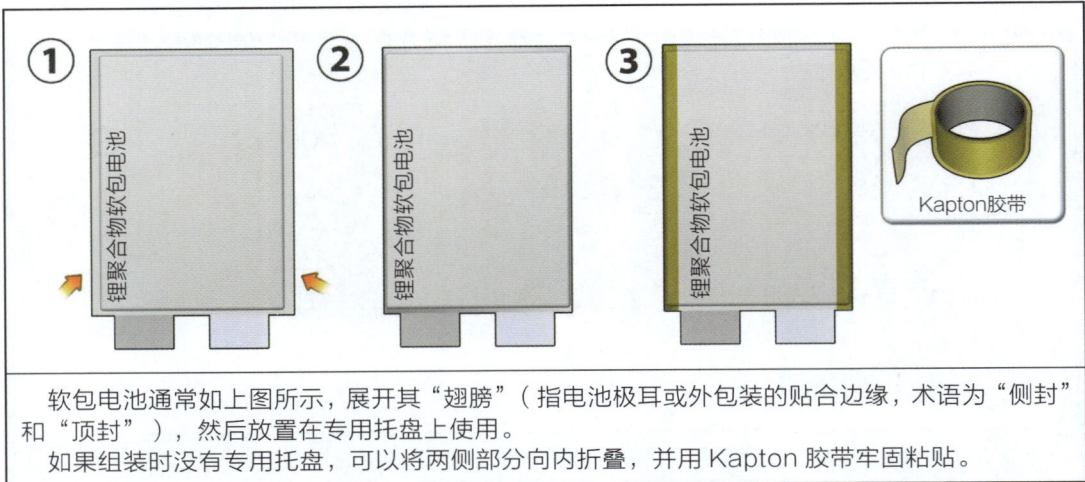

① 锂聚合物软包电池
② 锂聚合物软包电池
③ 锂聚合物软包电池

Kapton胶带

软包电池通常如上图所示，展开其"翅膀"（指电池极耳或外包装的贴合边缘，术语为"侧封"和"顶封"），然后放置在专用托盘上使用。

如果组装时没有专用托盘，可以将两侧部分向内折叠，并用 Kapton 胶带牢固粘贴。

没有托盘时，软包电池的布置

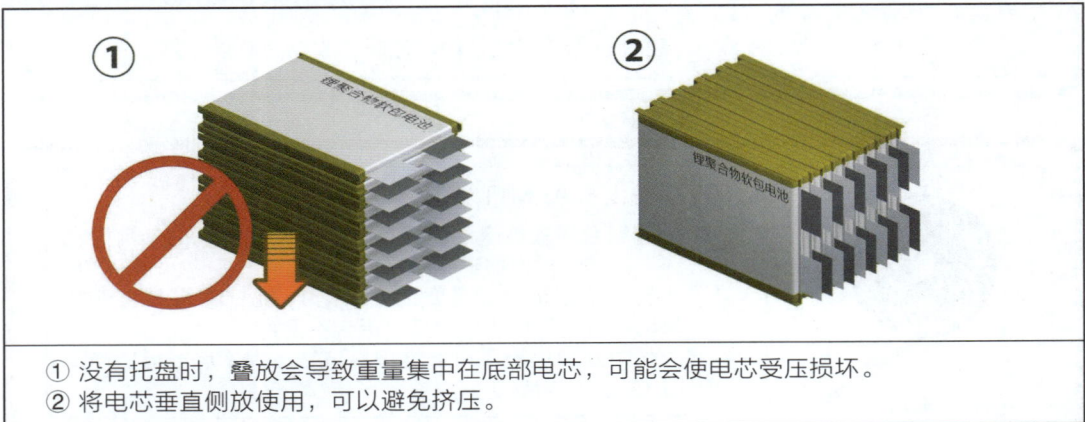

① 没有托盘时，叠放会导致重量集中在底部电芯，可能会使电芯受压损坏。
② 将电芯垂直侧放使用，可以避免挤压。

使用托盘时，软包电池的布置

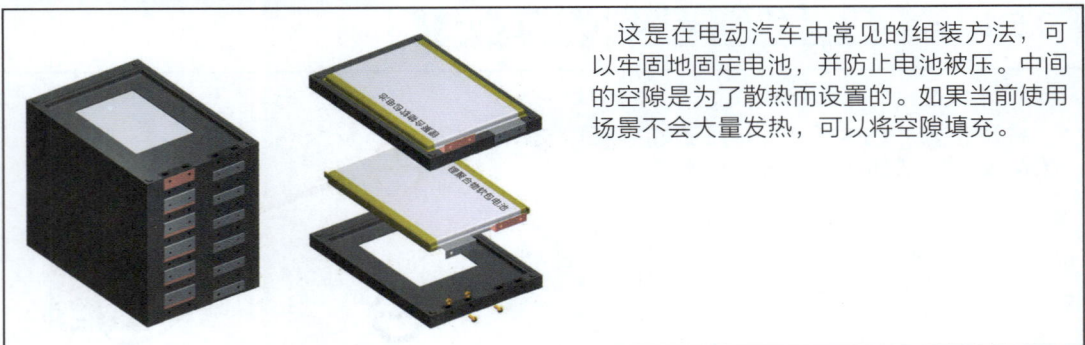

这是在电动汽车中常见的组装方法，可以牢固地固定电池，并防止电池被压。中间的空隙是为了散热而设置的。如果当前使用场景不会大量发热，可以将空隙填充。

案例 1：使用 3D 打印机制作一个软包电池托盘。

使用类似尖头冲或打孔器的工具在极耳上打孔。

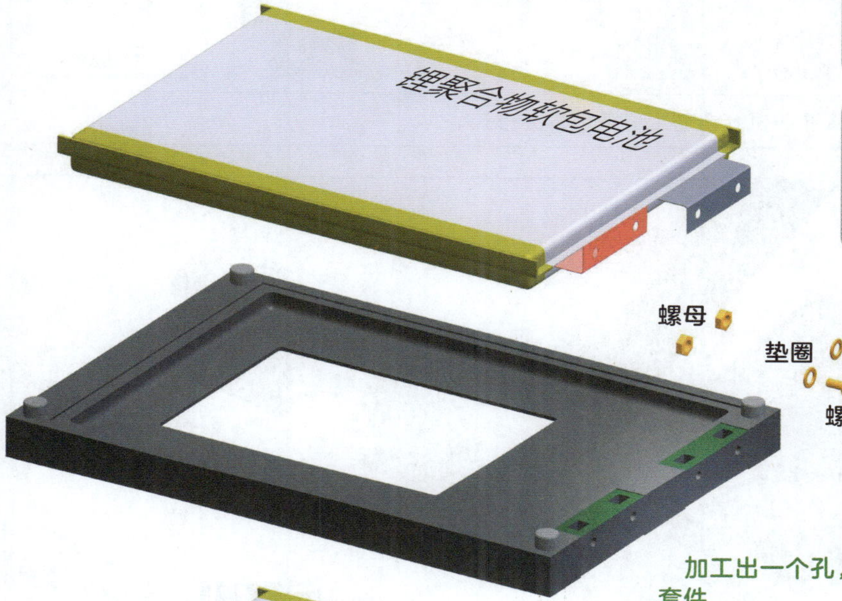

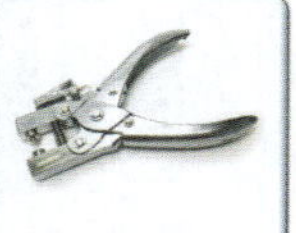

打孔器

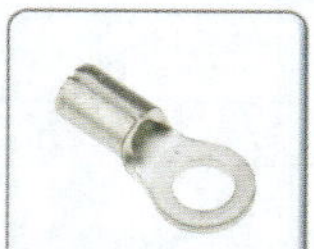

环形压接端子

锂聚合物软包电池

螺母

垫圈

BMS 均衡线

螺栓

加工出一个孔，插入螺母套件。

锂聚合物软包电池

折叠电池的极耳。

在四角设计类似于乐高玩具积木上的凸起，防止托盘扭曲。

如果您有 3D 打印机，可参考图片所示设计托盘。

案例 2：无托盘的软包电池排列方案。

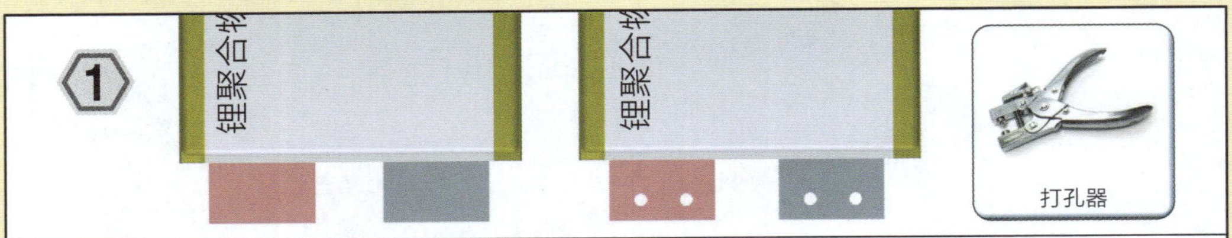

①

锂聚合物

锂聚合物

打孔器

使用类似尖头冲或打孔器的工具在极耳上打孔。

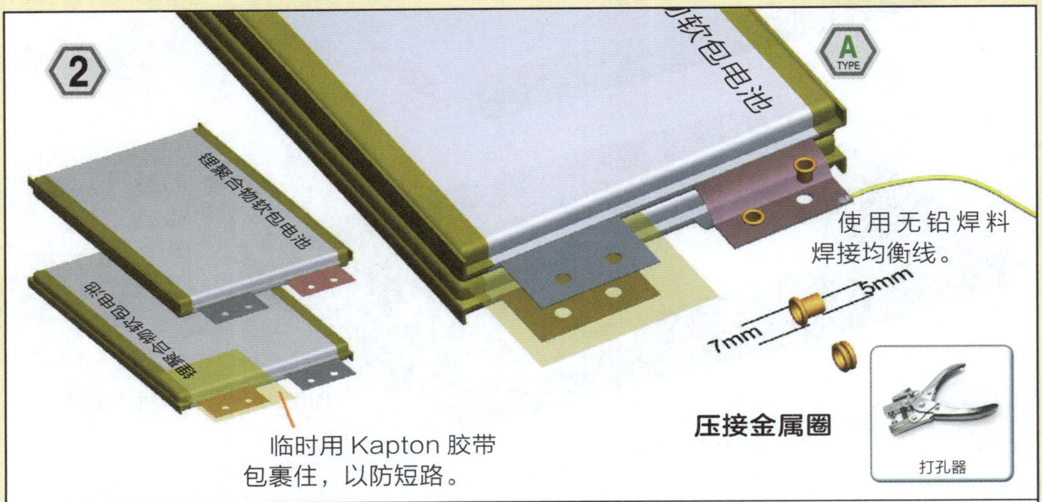

②

A TYPE

锂聚合物软包电池

软包电池

使用无铅焊料焊接均衡线。

临时用 Kapton 胶带包裹住，以防短路。

5mm
7mm

压接金属圈

打孔器

TYPE A：金属圈压接法
　将电池串联，将金属圈插入孔中，然后使用打孔器压接极耳。虽然这种连接方法不可重复使用，但是非常薄且轻便。

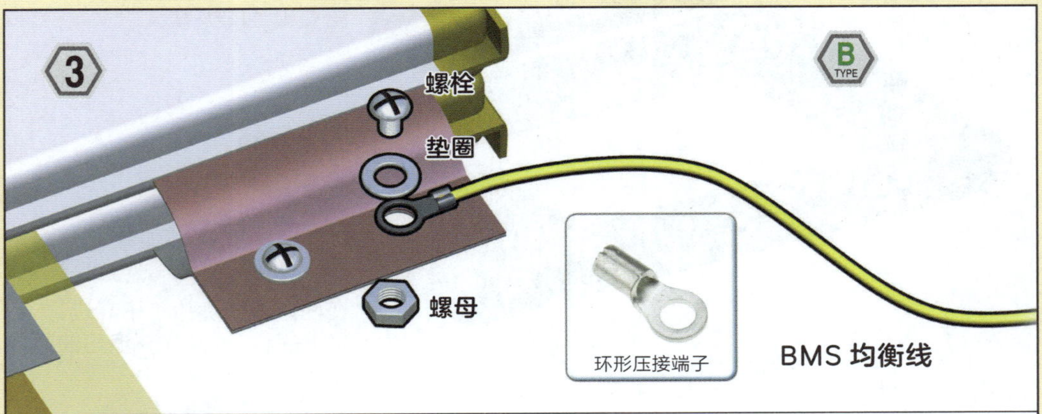

③

B TYPE

螺栓

垫圈

＋

螺母

环形压接端子

BMS 均衡线

TYPE B：螺栓固定法
　使用 M4 或 M5 螺栓、垫圈、环形压接端子和螺母。
　优点是可重复使用，缺点是增厚。

④

将已连接的电池极耳
末端折叠起来，可以改
善电极接触效果。

Kapton胶带

⑤ 缠绕两层 Kapton 胶带
对极耳处进行绝缘处理。

6 ★

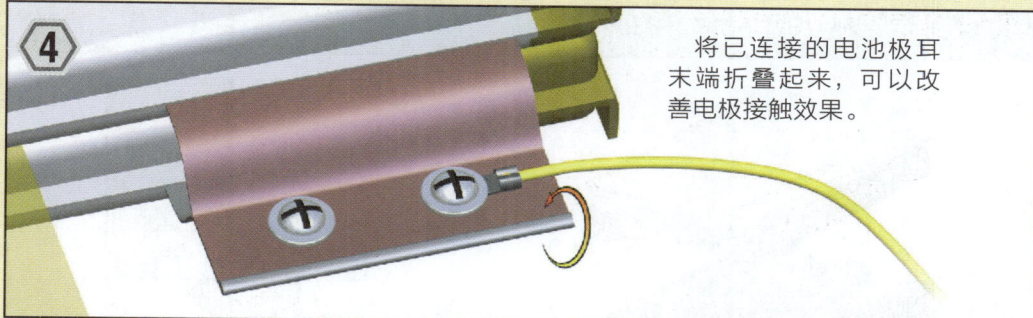

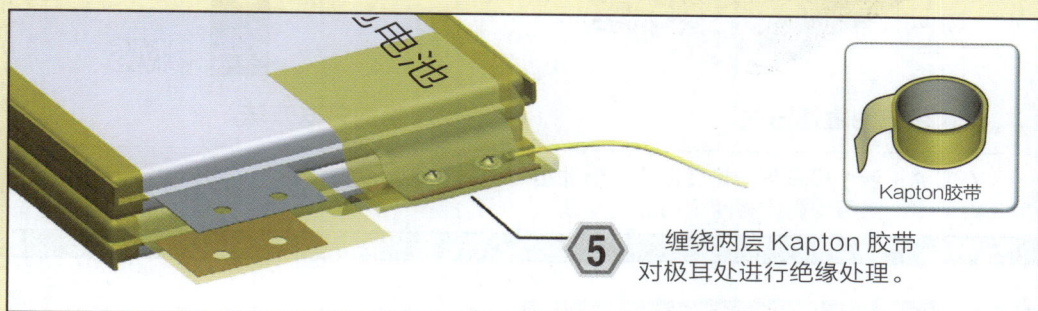

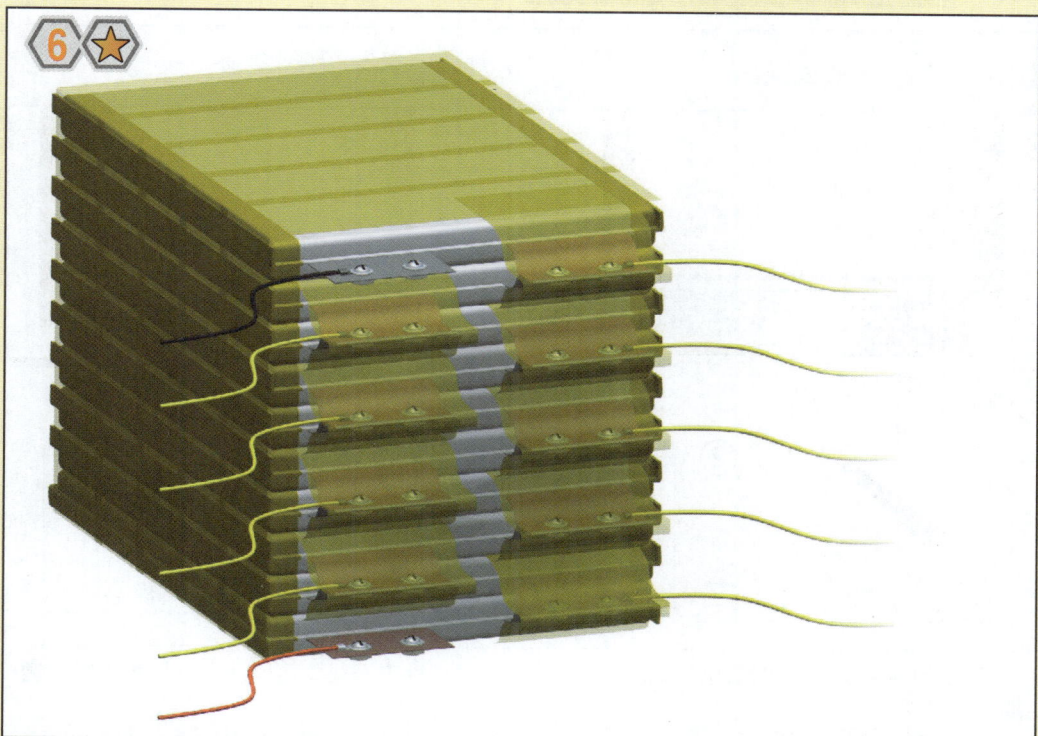

一个 10S1P 电池组制作完成。
制作软包电池组时，建议参考上述模式。

案例 3：软包电池组的并联。

软包电池直连方法

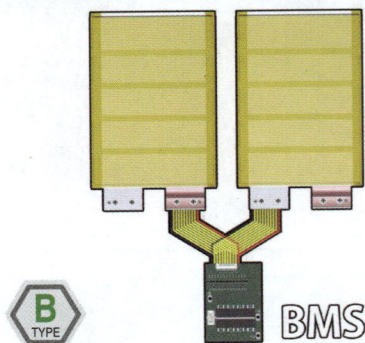

软包电池并联方法

TYPE A：两个极耳平行堆叠以连接电池组
TYPE B：使用均衡线将两个电池组并联

3.5.3 连接或焊接软包电池的极耳

案例 1：焊接电池电源线。

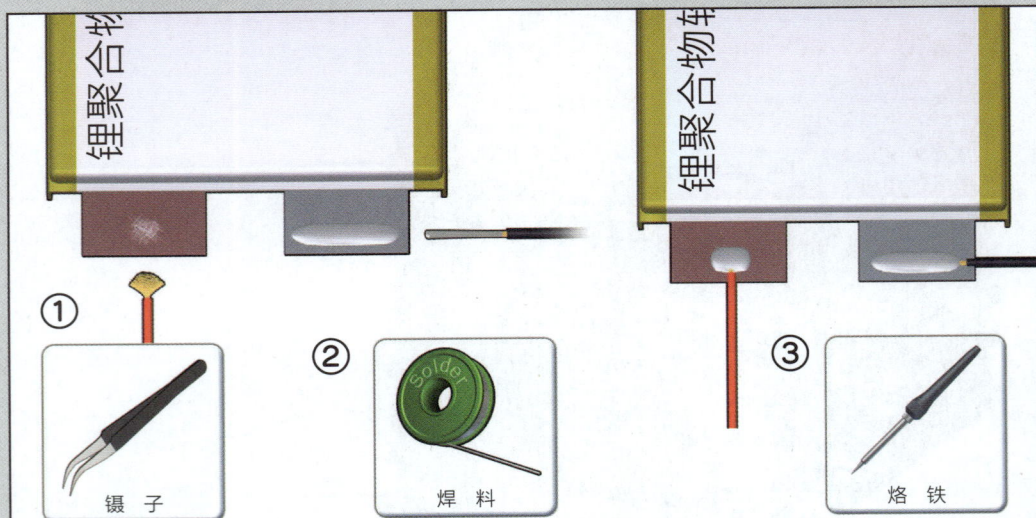

① 镊子

② 焊料

③ 烙铁

① 使用尖头镊子将极耳的待焊接区域刮花。如果焊接电源线，可以压平并拉长电线以增加接触面积。
② 在铝极耳和电源线上涂抹 ALMIT 焊料。
③ 用烙铁焊接电源线并固定。

案例 2：使用环形压接端子连接电池电源线。

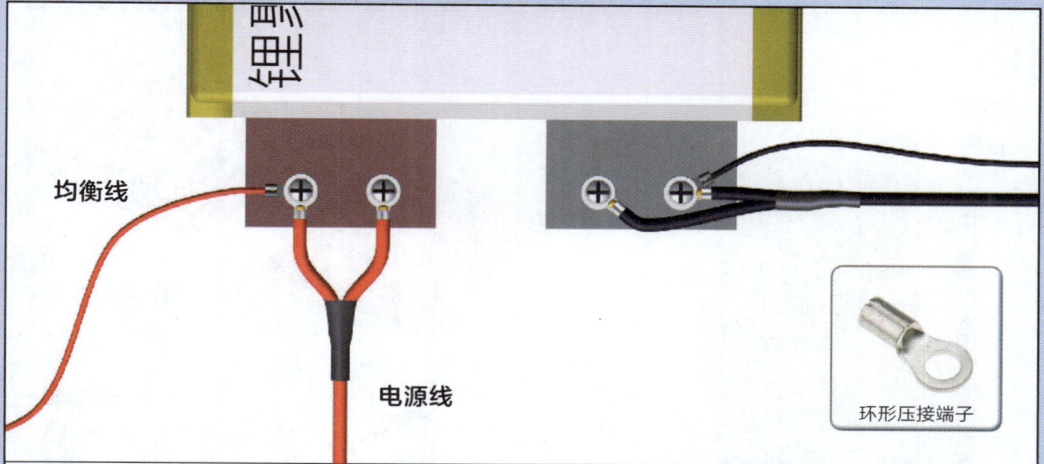

均衡线

电源线

环形压接端子

使用环形压接端子更容易调整布线角度和位置。根据电源线连接模式，在连接处添加均衡线。BMS 均衡线也可以不焊接，而是使用环形压接端子来连接。

（直流电池型）**钻机**

禁止在极耳上钻孔。
　极耳很薄，钻孔可能会导致破裂。务必使用类似尖头冲或打孔器的工具。

小贴士： 制作电池盒的推荐工具

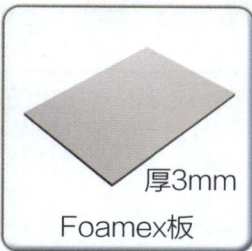

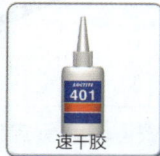

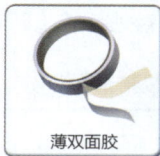

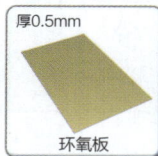

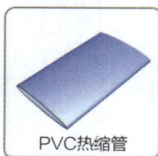

厚3mm
Foamex板

速干胶

高强度纤维胶带

EVA片

亚克力泡棉胶带

薄双面胶

Kapton胶带

厚0.5mm
环氧板

PVC热缩管

建议使用 Foamex 板和速干胶，用工具刀切割出定制的电池盒。

3.6 磷酸铁锂（LiFePO$_4$）方形锂电池

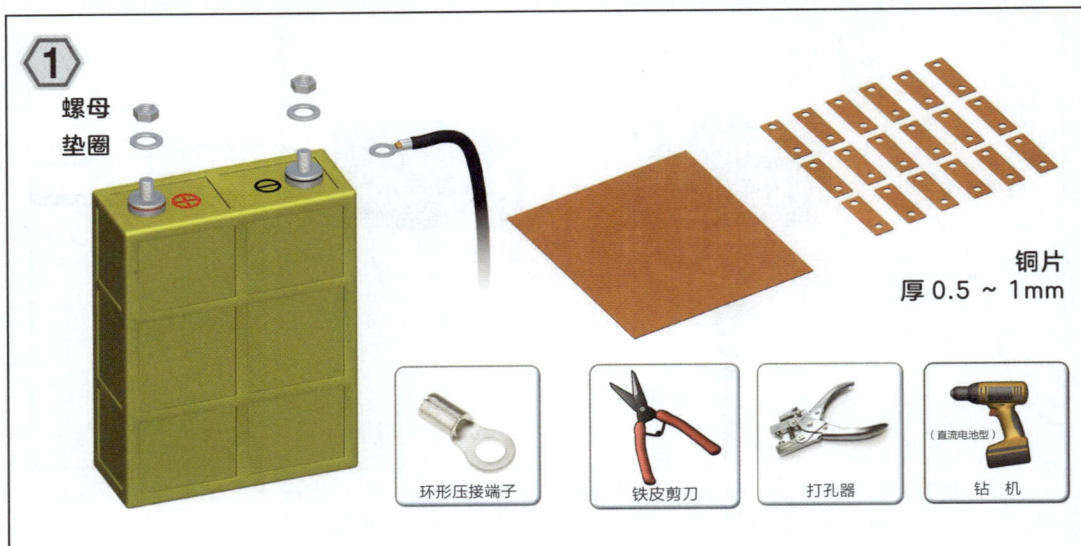

① 螺母
  垫圈

  铜片
  厚 0.5 ~ 1mm

环形压接端子　铁皮剪刀　打孔器　钻 机（直流电池型）

大容量的方形锂电池通常用于户外电源或露营车，通过螺栓连接。如果没有专用夹具，可以使用厚 0.5 ~ 1mm 的铜片连接。铜片可用铁皮剪刀剪切，并用打孔器或钻机造孔。

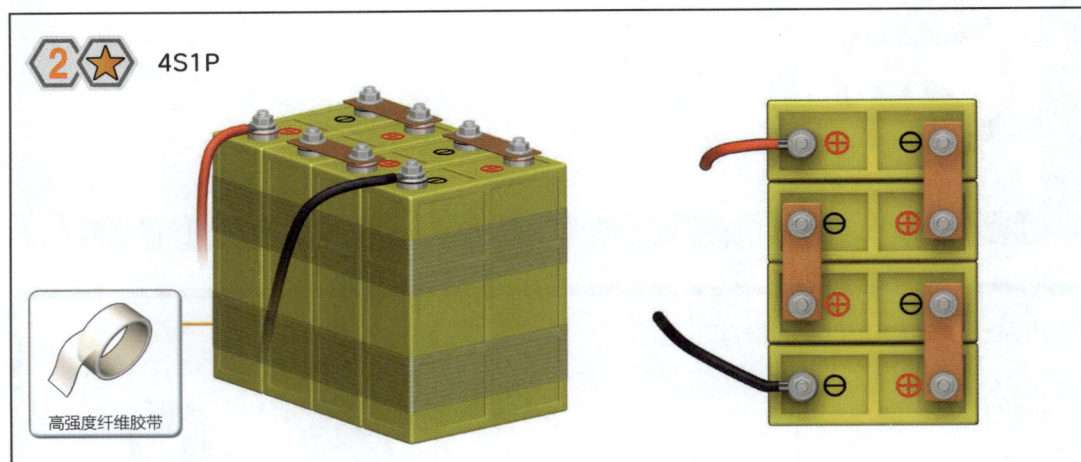

② ★ 4S1P

高强度纤维胶带

用铜片连接制作一个 4S1P 的电池组。4S 的磷酸铁锂电池额定电压为 12.8V，满充电压为 14.4V。无论是磷酸铁锂还是锂离子 12V 户外电源，都以 4S 串联方式制造。对于磷酸铁锂电池，需要使用额定电压为 3.2V、满充电压为 3.6V 的电池管理系统（BMS）。

最终制作完成的电池组非常重，需要用高强度纤维胶带进行固定。

3.7 增程电池组

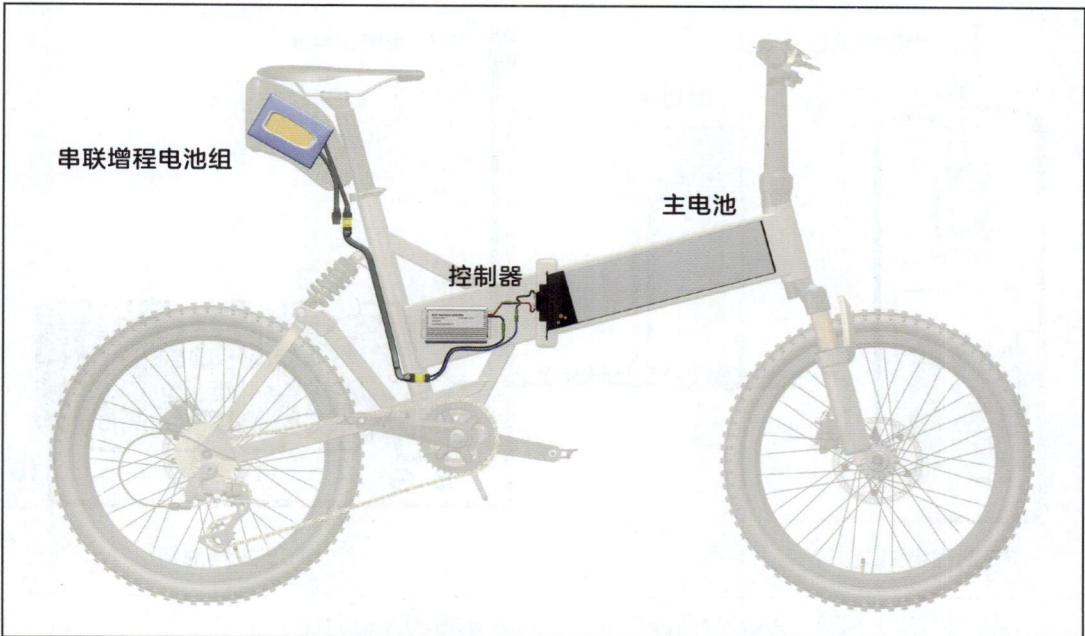

串联增程电池组

主电池

控制器

　　将两个电池组串联，目的是使续航增加 20% ~ 30%，这种方法不仅适用于电动自行车，还可用于电动滑板车和电动踏板车。注意：过量串联电池组可能会导致控制器或电机过载，从而损坏设备。

　　笔者不推荐使用增程电池组，这会使充电管理变得复杂。

3.7.1 为增程电池组选择 BMS

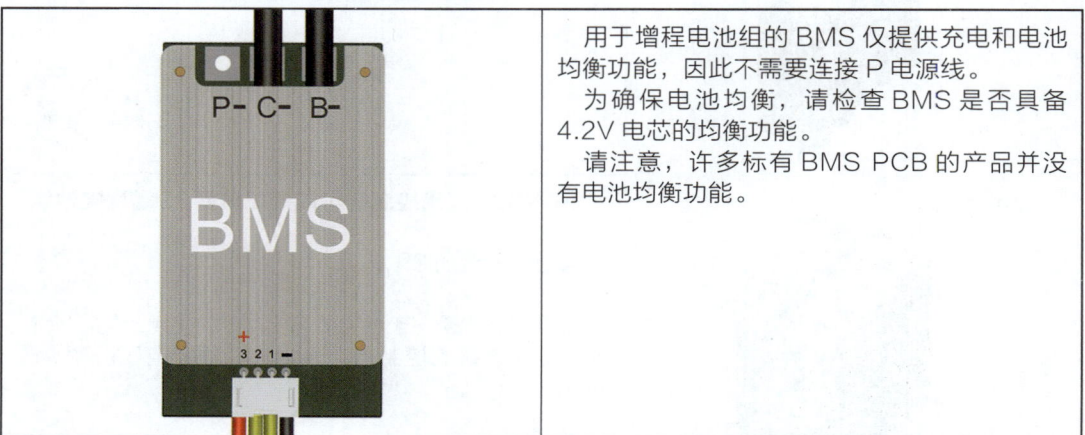

P- C- B-

BMS

3 2 1 -

用于增程电池组的 BMS 仅提供充电和电池均衡功能，因此不需要连接 P 电源线。
　　为确保电池均衡，请检查 BMS 是否具备 4.2V 电芯的均衡功能。
　　请注意，许多标有 BMS PCB 的产品并没有电池均衡功能。

3.7.2 > 3S 增程电池组接线示意图

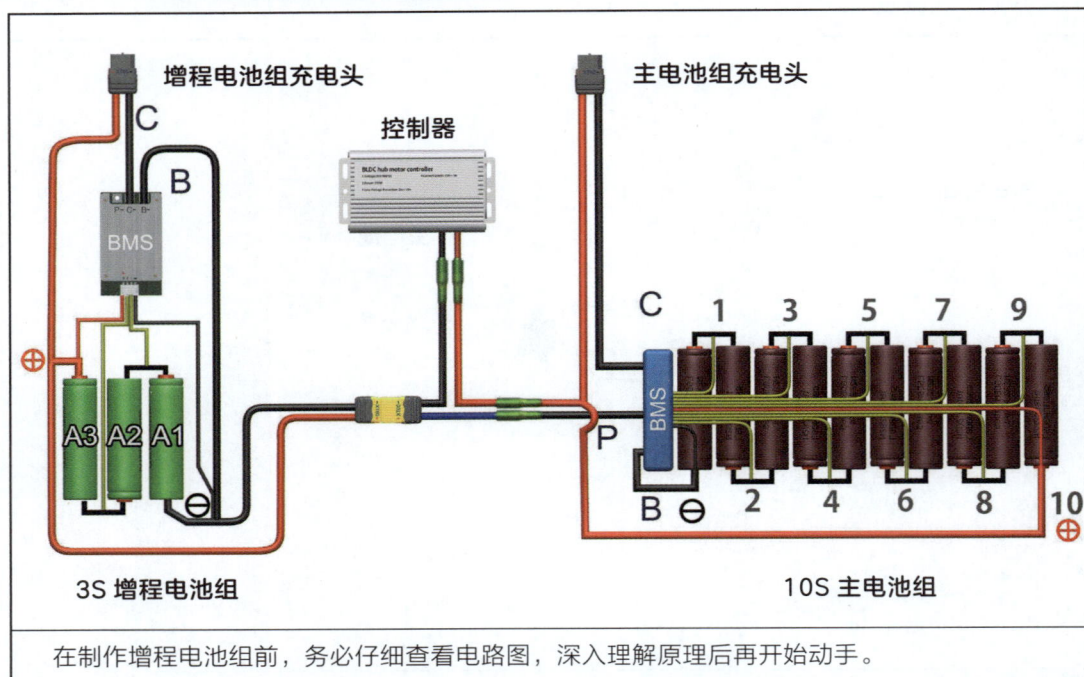

增程电池组充电头　　　　　　　　　主电池组充电头

控制器

BMS

C

B

A3 A2 A1

3S 增程电池组

C

P

B

BMS

1　3　5　7　9

2　4　6　8　10

10S 主电池组

在制作增程电池组前，务必仔细查看电路图，深入理解原理后再开始动手。

3.7.3 > 确定增程电池组串联数量

2S5P	**36V 专用控制器建议搭配最多 2S 增程电池组。** 电池容量增加 20%。 注意：控制器可能同时兼容 24V 和 36V。
3S5P	**36V/48V 双用控制器可以搭配最多 3S 增程电池组。** 电池容量增加 30%。 也可以将 36V 电池组扩容至 48V 使用。对于允许进行电压设置的控制器，直接将其额定电压设置更改为 48V 即可。

3.7.4 ▶ 电池组容量

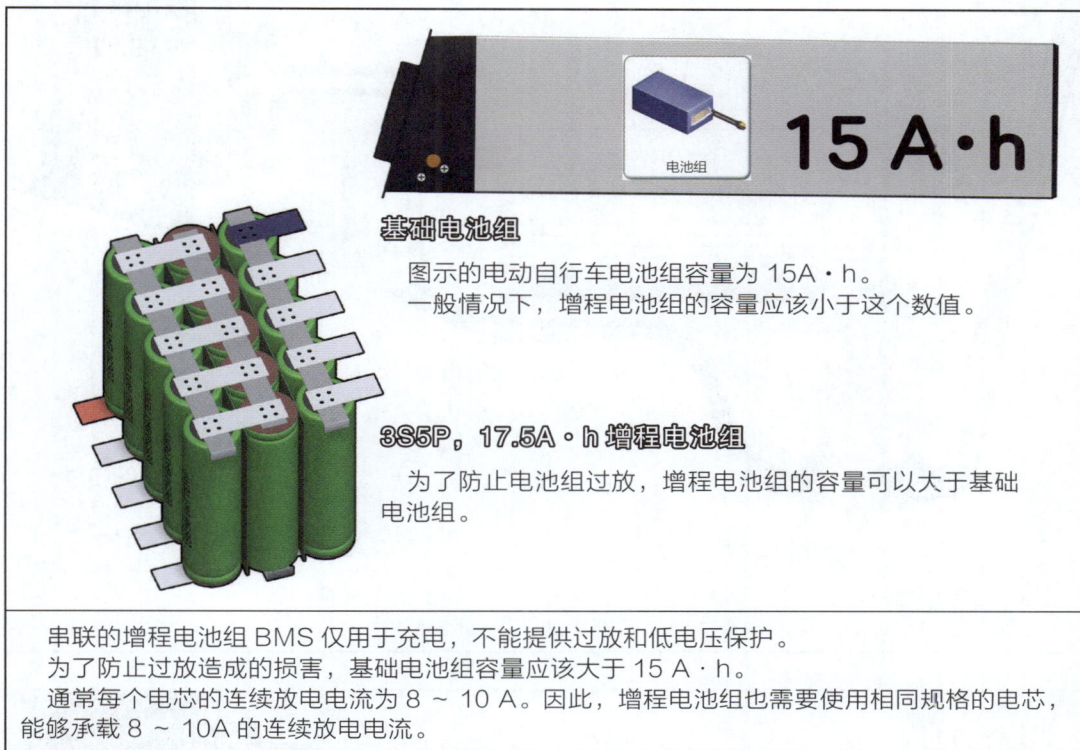

基础电池组

图示的电动自行车电池组容量为 15A·h。
一般情况下，增程电池组的容量应该小于这个数值。

3S5P，17.5A·h 增程电池组

为了防止电池组过放，增程电池组的容量可以大于基础
电池组。

串联的增程电池组 BMS 仅用于充电，不能提供过放和低电压保护。
为了防止过放造成的损害，基础电池组容量应该大于 15 A·h。
通常每个电芯的连续放电电流为 8 ~ 10 A。因此，增程电池组也需要使用相同规格的电芯，
能够承载 8 ~ 10A 的连续放电电流。

3.7.5 ▶ 电动自行车中增程电池组安装示例

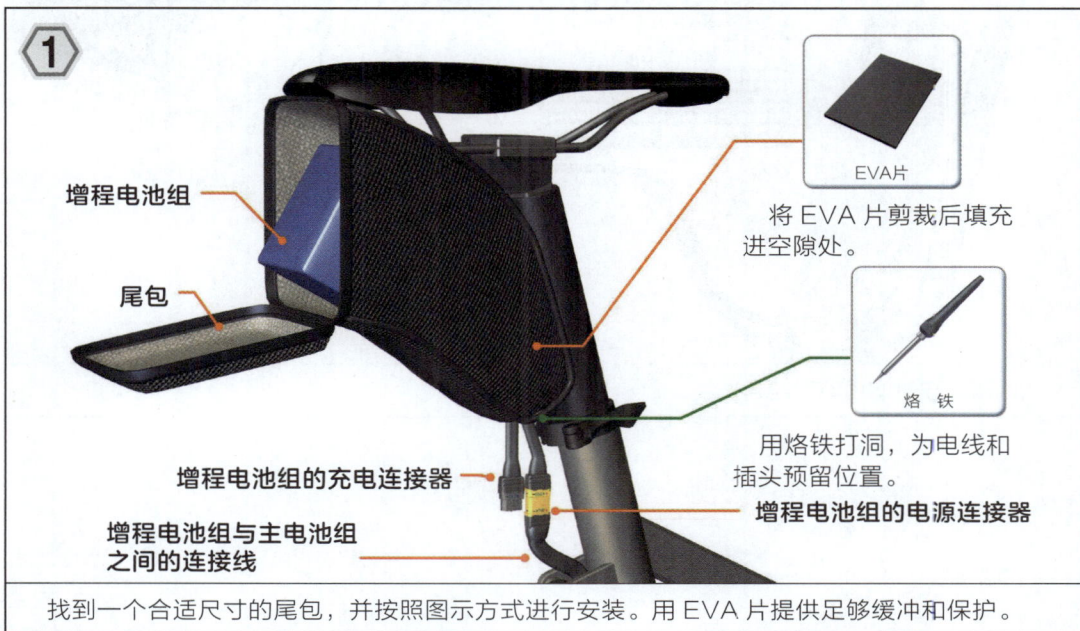

①

增程电池组

尾包

增程电池组的充电连接器

**增程电池组与主电池组
之间的连接线**

EVA片

将 EVA 片剪裁后填充
进空隙处。

烙铁

用烙铁打洞，为电线和
插头预留位置。

增程电池组的电源连接器

找到一个合适尺寸的尾包，并按照图示方式进行安装。用 EVA 片提供足够缓冲和保护。

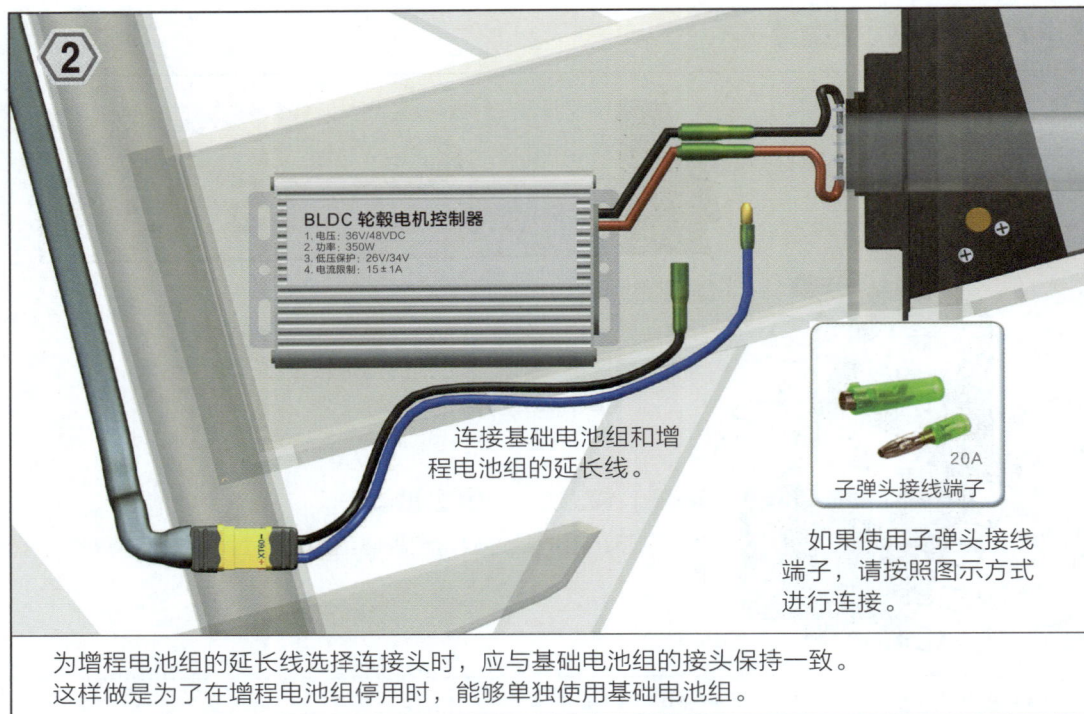

连接基础电池组和增
程电池组的延长线。

20A
子弹头接线端子

如果使用子弹头接线
端子，请按照图示方式
进行连接。

为增程电池组的延长线选择连接头时，应与基础电池组的接头保持一致。
这样做是为了在增程电池组停用时，能够单独使用基础电池组。

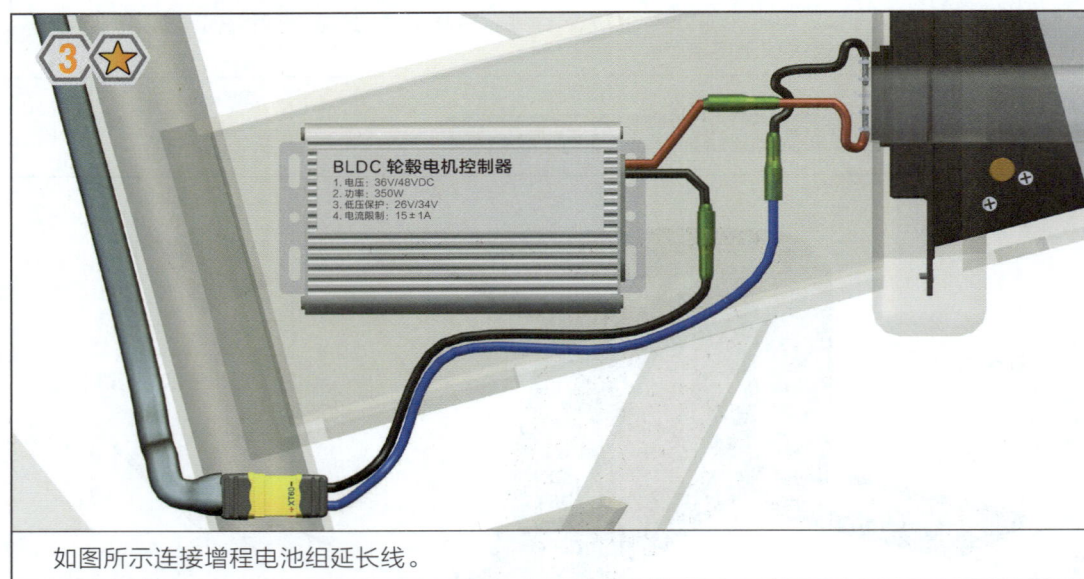

如图所示连接增程电池组延长线。

专栏：仅使用基础电池组进行驱动。

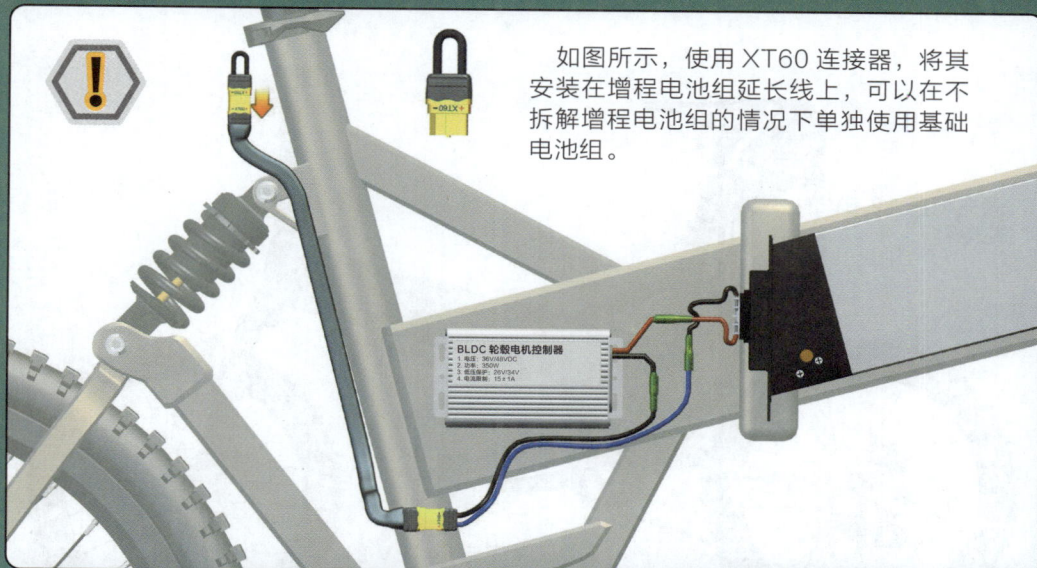

如图所示，使用 XT60 连接器，将其安装在增程电池组延长线上，可以在不拆解增程电池组的情况下单独使用基础电池组。

BLDC 轮毂电机控制器

根据实际情况，可以自由选择使用基础电池组或增程电池组。

专栏：增程电池组充电指南。

Charger
10.8V 2A

拆下增程电池组的放电连接器，使用充电连接器对增程电池组单独进行充电。

123

专栏：增程电池组充电指南。

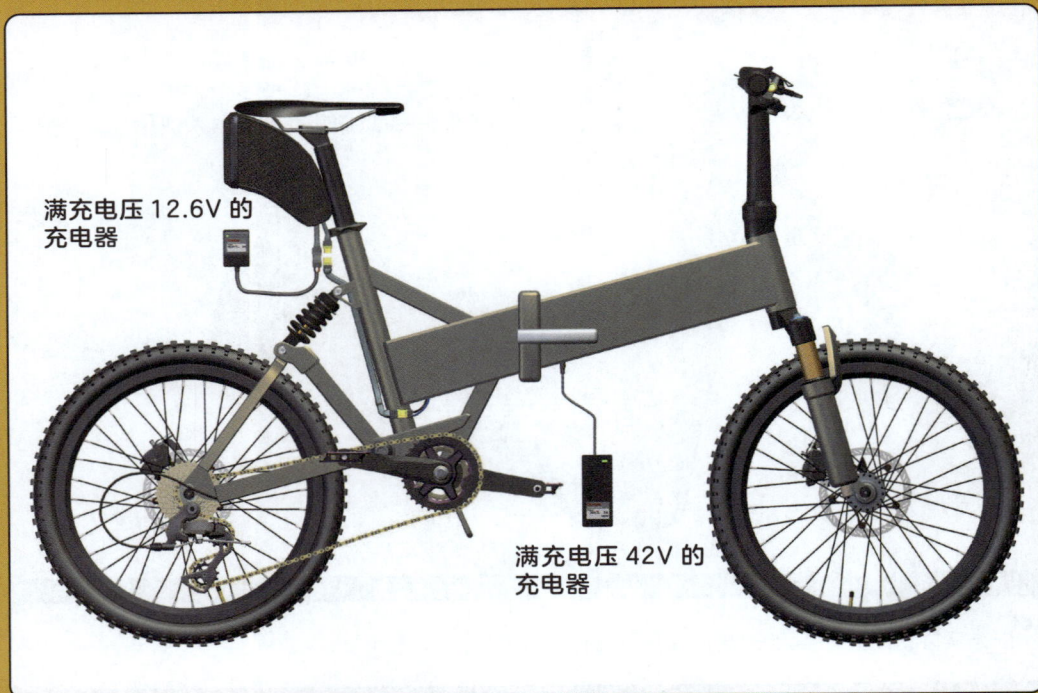

满充电压 12.6V 的
充电器

满充电压 42V 的
充电器

拆下增程电池组的放电连接器并同时充电。

对于同一个电池组，建议使用相同的充电设备进行充电。
对于 10.8V 电池组，使用满充电压为 12.6V 的锂离子充电器（12.6V, 2A）。
对于 36V 电池组，使用满充电压为 42V 的锂离子充电器（42V, 2A）。

3.8 各种电线的最大电流

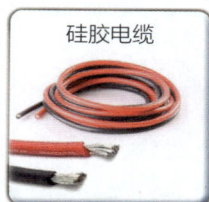

硅胶电缆

PVC彩色电线

硅胶电缆			
AWG（美国线规）	直径（in①）	直径（mm）	最大电流（A）
6	0.162		230
8	0.128	3.75	190
9			
10	0.102	3.03	140
11	0.0907	2.59	120
12	0.0808	2.48	100
13	0.0720	2.06	88
14	0.0641	1.78	55.5
15	0.0571	1.68	45
16	0.0508	1.53	35
17	0.0453	1.33	30
18	0.0403	1.19	22
19			
20	0.0320	0.92	13.0
21			
22	0.0256	0.78	8.7
23			
24	0.0201	0.61	5.0
26	0.0159	0.46	3.5
28	0.0126	0.30	1.25

PVC 彩色电线			
AWG（美国线规）	直径（in）	直径（mm）	最大电流（A）
8	0.128	3.26	62
9	0.114	2.91	55
10	0.102	2.59	46
11	0.0907	2.30	38
12	0.0808	2.05	33
13	0.0720	1.83	28
14	0.0641	1.63	24
15	0.0571	1.45	19
16	0.0508	1.29	18
17	0.0453	1.15	16
18	0.0403	1.02	10
19	0.0359	0.912	5.5
20	0.0320	0.812	4.5
21	0.0258	0.723	3.8
22	0.0253	0.644	3.0
23	0.0226	0.573	2.2
24	0.0201	0.511	0.588

这是在电力传输中经常使用的一种电线类型。
非常适合将大电流电池连接到电机。
尽管很粗，但弯曲非常灵活。
能承载的最大电流是同等尺寸 PVC 电线的 2 ～ 4 倍，甚至更高，耐热温度高达 180℃，并且非常耐极端气候和腐蚀。但成本非常高。

成本极低。
家庭日常生活和汽车中常用的电线类型。
韧性和耐用性非常好。
耐热温度为 70℃ 。

① 英寸，1in = 2.54cm。

第4章 充电器的选择与安全使用

4.1 选择充电器

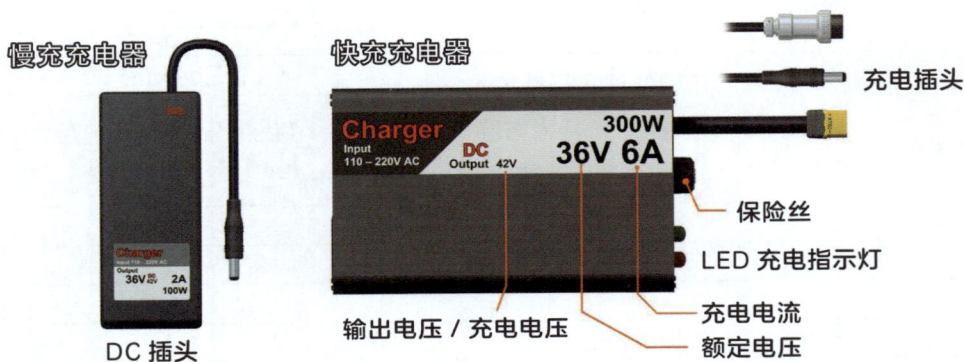

慢充充电器

快充充电器

充电插头

Charger
Input
110 – 220V AC
DC Output 42V
300W
36V 6A

保险丝

LED 充电指示灯

充电电流

额定电压

输出电压 / 充电电压

DC 插头

三元锂离子充电器和磷酸铁锂充电器有不同的充电电压。
检查额定电压和满充电压后方可购买或使用。

保险丝

36V 锂离子电池组
满充电压 42V ÷ 4.2V = 10 节串联

48V 锂离子电池组
满充电压 54.6V ÷ 4.2V = 13 节串联

许多大功率充电器为了安全起见都安装了保险丝。在保险丝的金属壳部分，刻有允许容量。如果更换保险丝后仍出现熔断，那么充电器出现故障的可能性很大。

48V 电池组 13S4P 锂离子（54.6V）   **36V 电池组 10S4P 锂离子（42V）**

即使每组并联电芯数量
增加，满充电压仍然保持
不变。

N

N

4 并   13 串   4 并   10 串

满充电压 3.6V 的磷酸铁锂电池组满充电压计算方法
磷酸铁锂电池组的串联数量 × 3.6V（电池并联满充电压）= 电池组的满充电压

满充电压 4.2V 的锂离子电池组满充电压计算方法
锂离子电池组的串联数量 × 4.2V（电池并联满充电压）= 电池组的满充电压

4.1.1　慢充与快充连接器

充电电流越高，充电速度越快。
使用快速充电器时，应确定电池组的 BMS 能持续承受的最大充电电流。
为了预防火灾，快充的充电电流不应超过电池的 1C 充电倍率。
（例如：10A·h 电池，1C 充电倍率对应 10A 的充电电流）
直流连接器的充电电流应小于 4A。
为了避免因接头过热而引起火灾，充电电流超过 4A 的快速充电器应使用允许电流更大的连接器，如 XT60 连接器。

4.1.2　计算充电时间

锂电池

充满
100 分钟

10A·h　　　　　　　6A

10A·h（电池）÷ 2A（充电电流）= 5h，5h × 60 = **300min**
10A·h（电池）÷ 6A（充电电流）≈ 1.67h，1.67h × 60 = **100.2min**
10A·h（电池）÷ 10A（充电电流）= 1h，1h × 60 = **60min**（1C 充电倍率）

充电器

根据电池容量（A·h）进行慢充的标准。

示例：10A·h 电池组 × 0.2 = 2A
慢充电，一般是指充电电流低于 0.2C 充电倍率，可以延长电池使用寿命。

4.1.3　计算充电时的最大电流

  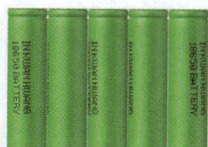 

锂电池

BMS 最大连续充电电流 10A，
BMS 最大充电电流 10A

电芯允许的最大连续**充电电流** 1.8A

✕　　**5P**　　**=**　　**9A**

1. 检查 BMS 的最大充电电流。
2. 如果使用超出最大充电电流的快速充电器，可能会引起电池损伤或着火。
电芯的最大连续充电电流 × 并联电芯数量 = 可用于快速充电的最大电流。
BMS 支持高达 10A 的充电电流，但电池组只允许 9A，所以要选用充电电流小于 9A 的充电器。

4.2 充电连接器的类型

4.2.1 ▶ DC 连接器

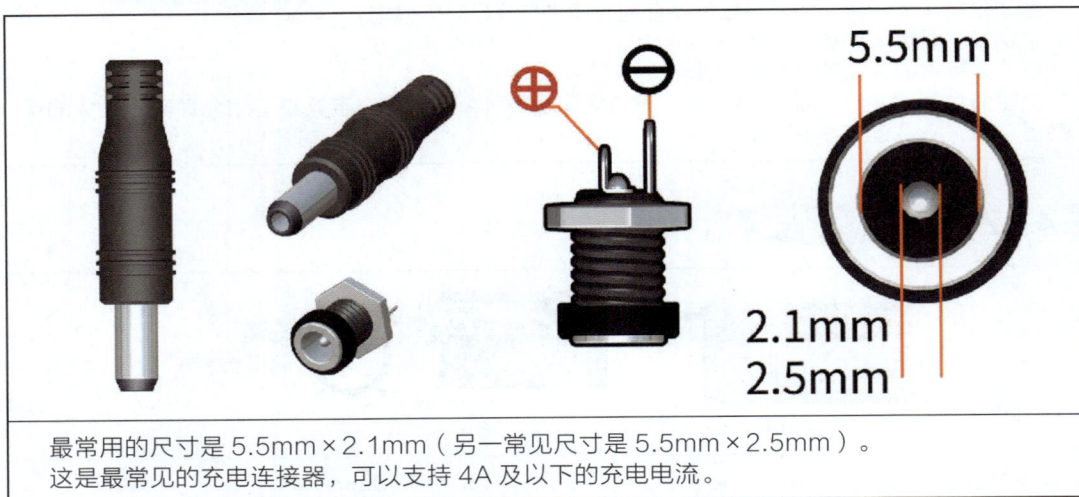

5.5mm

⊕ ⊖

2.1mm
2.5mm

最常用的尺寸是 5.5mm×2.1mm（另一常见尺寸是 5.5mm×2.5mm）。
这是最常见的充电连接器，可以支持 4A 及以下的充电电流。

4.2.2 ▶ XLR 连接器

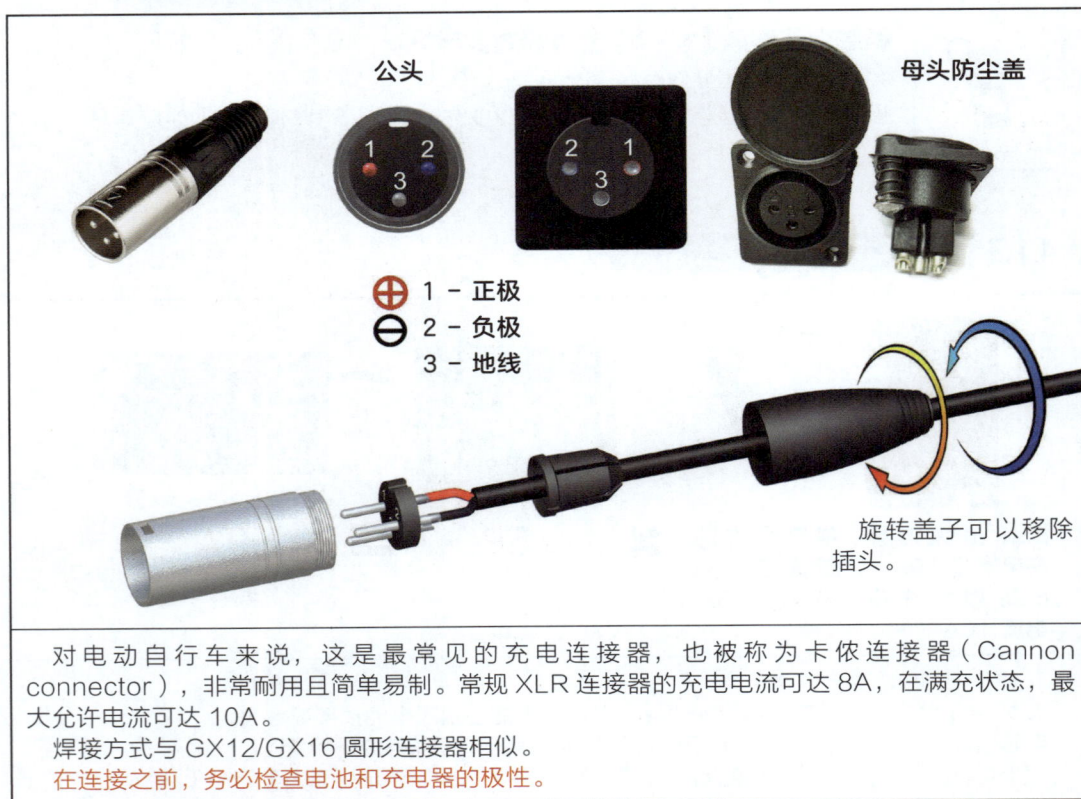

公头　　　　　　　　　　　　　　　　母头防尘盖

⊕ 1 – 正极
⊖ 2 – 负极
　 3 – 地线

旋转盖子可以移除插头。

对电动自行车来说，这是最常见的充电连接器，也被称为卡侬连接器（Cannon connector），非常耐用且简单易制。常规 XLR 连接器的充电电流可达 8A，在满充状态，最大允许电流可达 10A。
焊接方式与 GX12/GX16 圆形连接器相似。
在连接之前，务必检查电池和充电器的极性。

4.2.3 ▶ GX12/GX16 3 针圆形连接器

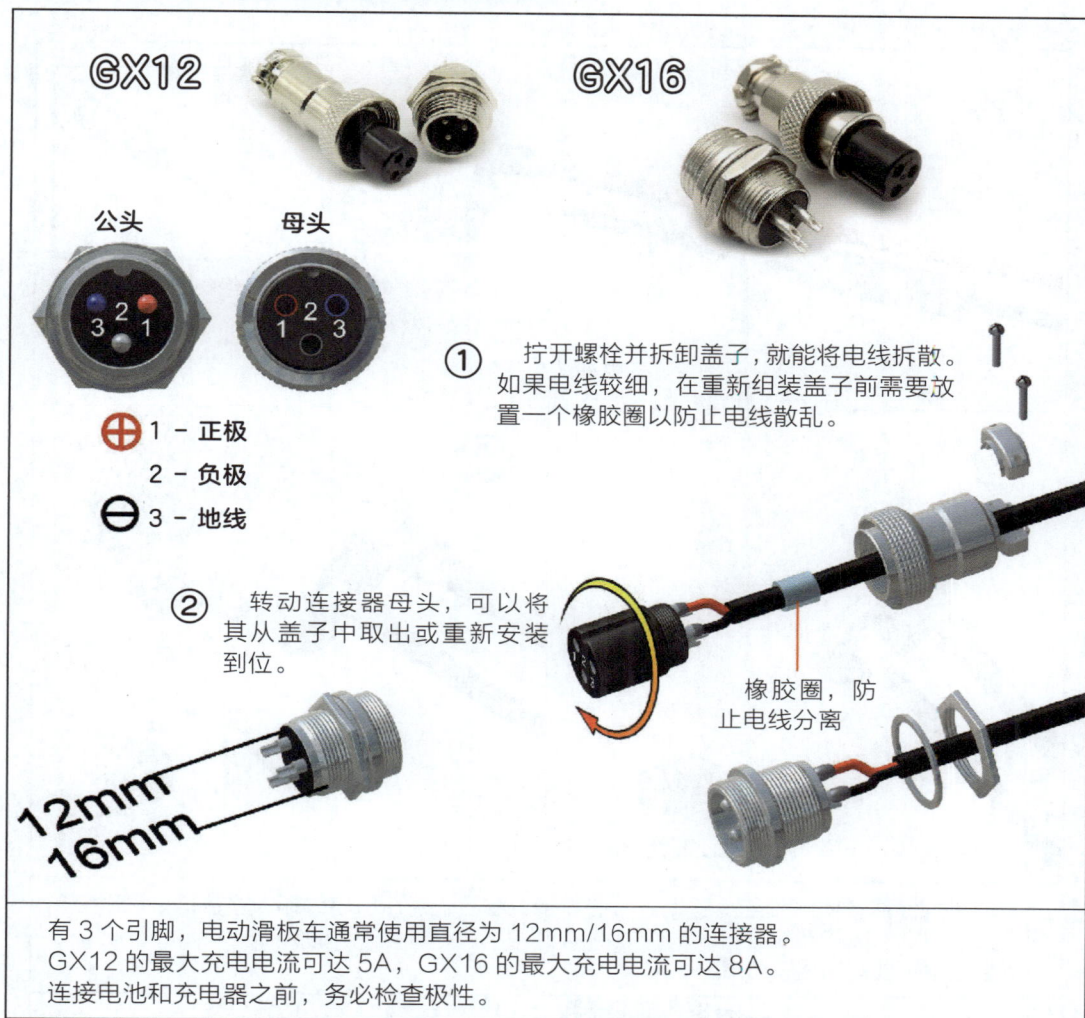

GX12　　　　GX16

公头　　　　母头

⊕ 1 - 正极
　 2 - 负极
⊖ 3 - 地线

① 拧开螺栓并拆卸盖子，就能将电线拆散。如果电线较细，在重新组装盖子前需要放置一个橡胶圈以防止电线散乱。

② 转动连接器母头，可以将其从盖子中取出或重新安装到位。

橡胶圈，防止电线分离

12mm
16mm

有 3 个引脚，电动滑板车通常使用直径为 12mm/16mm 的连接器。
GX12 的最大充电电流可达 5A，GX16 的最大充电电流可达 8A。
连接电池和充电器之前，务必检查极性。

4.2.4 ▶ RCA 插头

8mm

10.5mm

4.2.5 GX 航空连接器和其他连接器

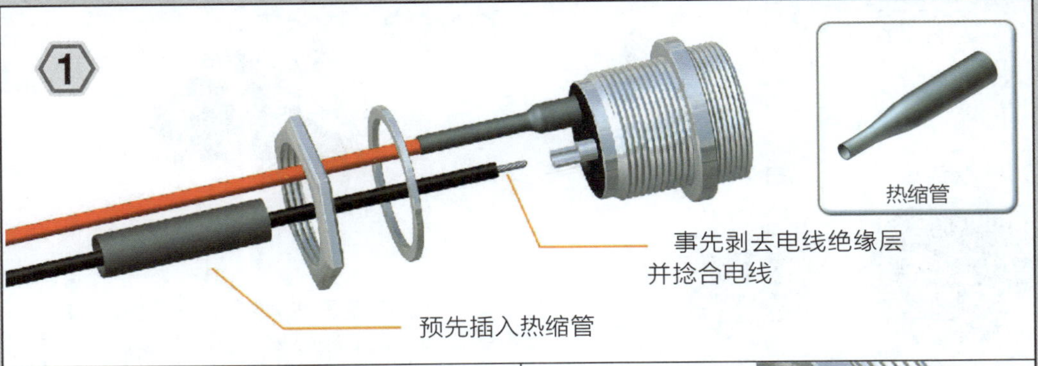
1
热缩管
事先剥去电线绝缘层
并捻合电线
预先插入热缩管

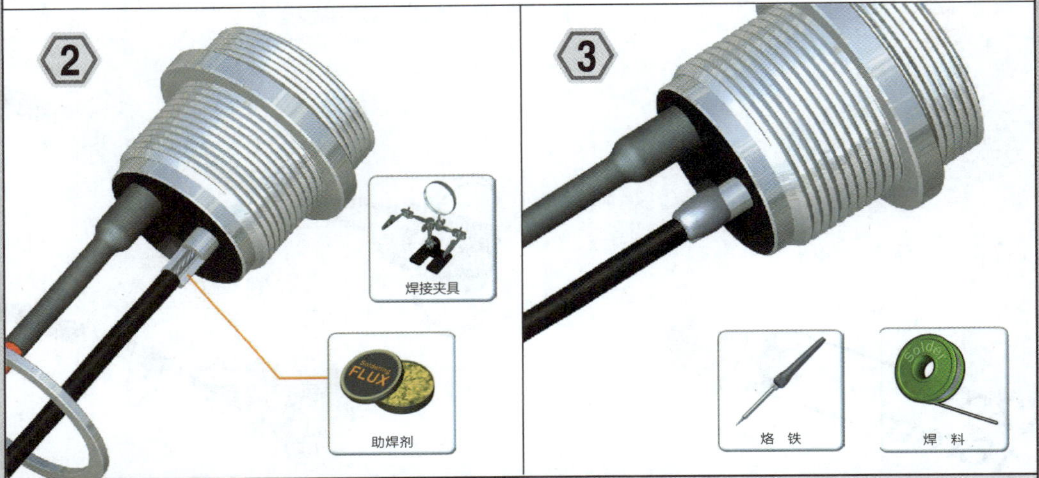
2
焊接夹具
FLUX
助焊剂
3
烙 铁
solder
焊 料

将助焊剂涂抹在电线和连接器上，可使焊接更容易，然后将电线插入连接器（可以使用焊接夹具固定电线和连接器）。

焊接过程需要用到烙铁和焊料。

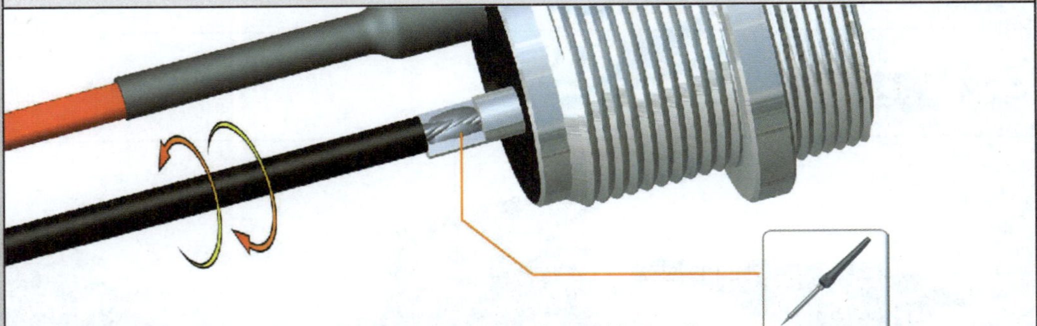
烙 铁

加热烙铁时，轻轻扭转电线，帮助焊料均匀渗入连接器，从而完成焊接。

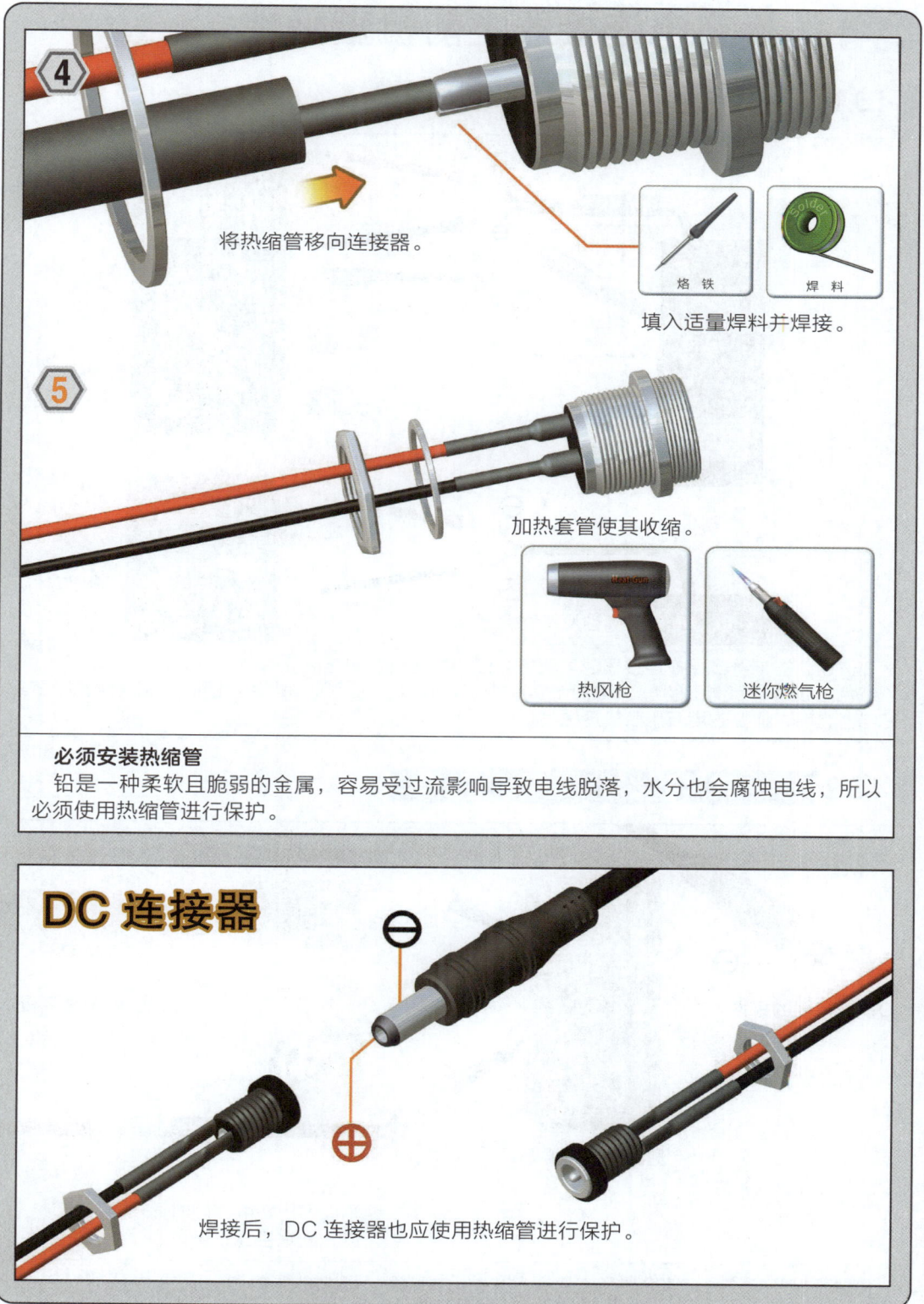

④ 将热缩管移向连接器。

烙 铁　　焊 料

填入适量焊料并焊接。

⑤ 加热套管使其收缩。

热风枪　　迷你燃气枪

必须安装热缩管
铅是一种柔软且脆弱的金属，容易受过流影响导致电线脱落，水分也会腐蚀电线，所以必须使用热缩管进行保护。

DC 连接器

焊接后，DC 连接器也应使用热缩管进行保护。

4.3 更换充电连接器之前检查极性

4.3.1 更换充电器之前，检查充电器极性

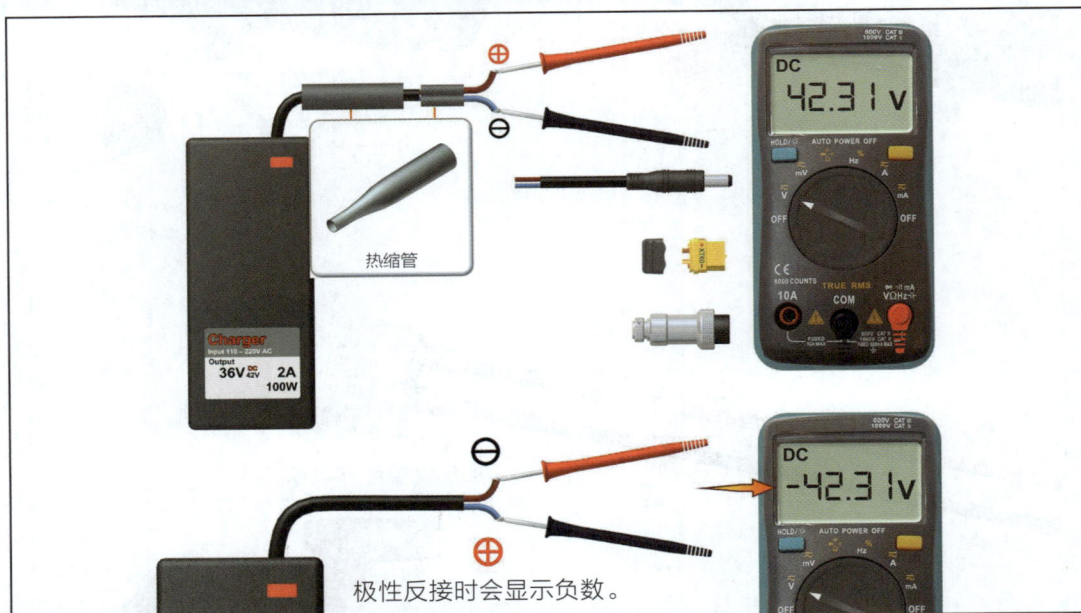

热缩管

DC

42.31 v

DC

-42.31 v

极性反接时会显示负数。

在安装新充电器或更换连接器时，请务必仔细检查电线和连接器的极性。

红色电线通常用作正极 (+)。然而，某些制造商可能会采用反向极性。因此，在更换连接器或充电器之前，建议先用万用表检查极性。

4.3.2 更换连接器之前，确保极性正确

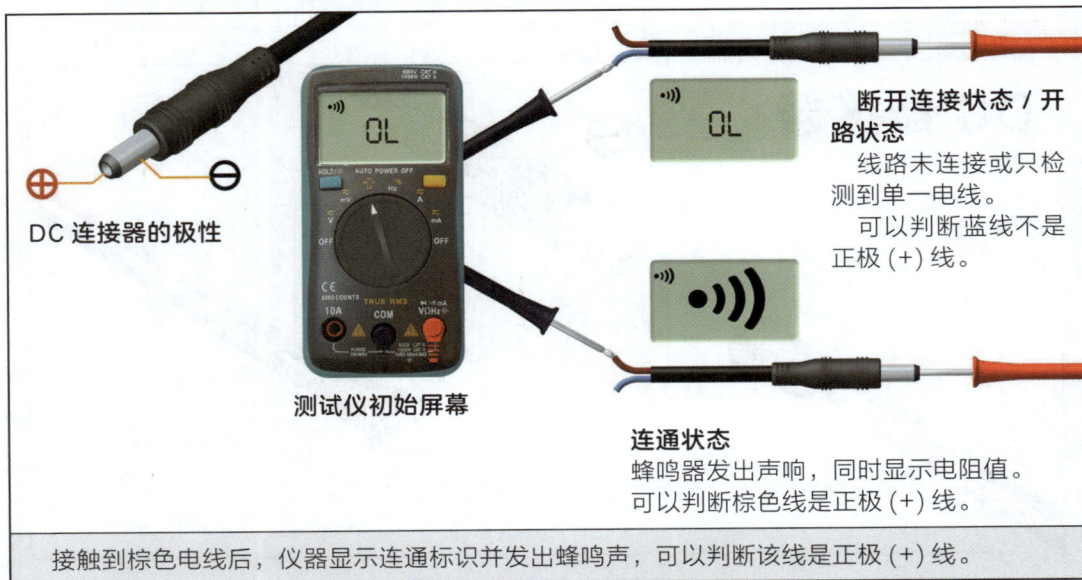

DC 连接器的极性

测试仪初始屏幕

断开连接状态 / 开路状态

线路未连接或只检测到单一电线。

可以判断蓝线不是正极 (+) 线。

连通状态

蜂鸣器发出声响，同时显示电阻值。

可以判断棕色线是正极 (+) 线。

接触到棕色电线后，仪器显示连通标识并发出蜂鸣声，可以判断该线是正极 (+) 线。

4.4 XT 连接器和充放二合一连接器

XT 连接器在充电和放电场景中都有广泛使用。尤其常用作放电连接器。

XT60 连接器通常用于 36 ~ 48V 的设备。XT 后面的数字表示支持的峰值电流（A）。

由于缺少锁定机制，当电线被拉动时会立即断开连接，从而确保在发生事故时电线不会卡在电机上。

XT30

电流：允许持续电流值 30A。
建议在电压低于 36V 时使用。
建议在电流低于 20A 时使用。
尺寸：高 5.2mm × 长 13.7mm × 宽 10.2mm。

硅胶电缆

推荐搭配 24V 电动机
推荐搭配 AWG16/35.0A 硅胶电缆

XT60

XT60 标准版
电流：允许持续电流值 60A。
该类连接器在 36 ~ 48V 设备中广泛使用。
尺 寸： 高 8.0mm × 长 15.3mm× 宽 17.2 mm。

T60 加外壳盖版
不需要单独使用热缩管，因为已经安装了外壳盖。
尺寸： 高 9.2mm × 长 16.4mm × 宽 17.2 mm。

XT60 安装支架
在外壳或面板上打一个孔，即可安装 XT60。

六角扳手

螺丝刀

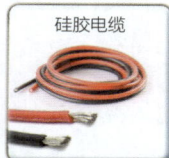

硅胶电缆

推荐搭配 36 ~ 48V 电动机
推 荐 搭 配 AWG13/65.0A
或 AWG14/55.0A 硅胶电缆

XT90

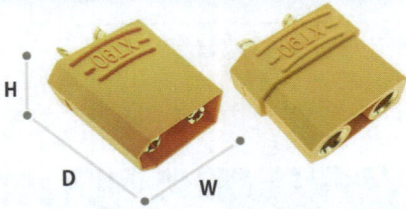

XT90 标准版

电流：允许持续电流值 90A。

该类连接器在 48V 及以上的设备中广泛使用。

尺　寸：　高 9.9mm × 长 25.2mm × 宽 20.6mm。

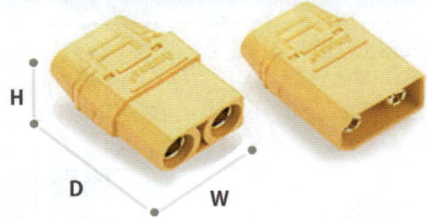

XT90 加外壳盖版

不需要单独使用热缩管，因为已经安装了外壳盖。

尺　寸：　高 9.9mm × 长 30.7mm × 宽 20.6mm。

防火花 XT90 连接器

在连接控制器和电池时，高电压可能引发火花，必须避免这类情况。

电压越高，火花越大。

如果在连接电池时出现明显火花，请选用防火花连接器。

硅胶电缆

推荐搭配 48V 以上电动机

推荐搭配 AWG10/100A 或 AWG11/88.4A **硅胶电缆**

XT150

电流：允许持续电流值 150A。

当用于 3000 ~ 5000W 以上的轮毂电机时，该连接器通常用于连接电池或电机控制器。

尺寸：高 10.0mm × 长 30.0mm × 宽 10.0mm。

硅胶电缆

推荐搭配 72V 以上电动机

推荐搭配 AWG8/200A 或 AWG10/140.6A **硅胶电缆**

注意

在选择连接器和布线时，至少预留 20% 的峰值电流余量（A）。

当连接器在不确定其最大允许电流的情况下长时间连续放电（如电机驱动），可能导致插头处的热焊现象（连接处容易发热）。

此外，如果使用的电线未达到适当 AWG 厚度，焊接区域可能因发热而脱落、失效，甚至被腐蚀成粉末状。

其他充放电连接器

安德森连接器
电流：允许持续电流值 45A。
用于 48V 或更高电压的大功率控制器。
可作为 1000W 中驱电机的相位连接器，或作为充放电连接器。此外，它也是高尔夫球车中常用的组件之一。

安德森连接器　　彩色安德森连接器

35mm　　55mm　　70mm

安德森连接器
根据尺寸的不同，允许的峰值电流分为 50A、175A 和 350A。
连接器中心有一个螺孔和六角螺母固定孔，配合专用支架即可安装在墙壁或框架上。

带壳连接器
有 3 针和 2 针两种类型。
已通过认证，并在中国的电动滑板车(摩托车 / 电动车)中广泛应用。
设计与家用交流电源插座相同，请谨慎使用。
如果还有其他带保护外壳的型号，建议替换成 XLR 连接器。

Dean T 型插头
尽管不能用于充电，但在一些控制器和电池中，制造商会将其作为放电连接器，连接电池和控制器。
它比子弹头接线端子更坚固，也更难拆卸，很难出现松动的情况。它能承受高达 60A 的电流。

4.5 使用新充电器之前，检查电压

对于 36V 充电器，检测到的电压在 42.0 ～ 42.6V 属于正常范围（测量误差：±0.2V）。
许多低端产品在测量电压时显示超出满充电压 0.6V 以上。如出现该情况，应立即停止充电。
如果电压低于 42.0V，充电器无法将电池充到满电状态，且电池组中的串联模块无法完全均衡。

在依赖 BMS（电池管理系统）断电功能来终止充电的低端产品中，经常会出现电压浮动超过
0.6V 的现象。BMS 的均衡功能通过加热电阻来消耗过剩电力，从而实现电压调整。当满充电
压大幅超过正常范围时，BMS 会对串联的所有模块进行电压均衡，导致 BMS 过热。

当电池串联模块电压达到 4.25V 时，BMS 会停止充电。如果它处于不达到相应电压就一直
充电的状态，那么终止充电的功能将无效。并且由于 BMS 均衡功能过热，很容易引发火灾或
导致设备发生故障。

由于低端充电器缺少恒压段截止电流的功能，会持续对已经充满电的电池进行过电压充电，
从而导致电池发热并缩短其使用寿命。

大多数充电过程中发生火灾都是由于充电器选用不当。如果充电器的电压浮动超出 0.6V 且
没有电压调节功能应该果断丢弃（尤其是额定电压小于 72V 的充电器）。

禁止使用具有不同充电电压的充电器对同一个电池组进行充电，因为这样有可能引发火灾。
建议在充电器和电池之间连接功率计，以便实时监控电池状态。

4.6 4.2V 锂离子圆柱形 / 软包电池的充电和存储电压

串联电芯 的数量	3.6V 额定电压	4.2V 满充电压
1	3.6V	4.2V
2	7.2V	8.4V
3	10.8V	12.6V
4	14.4V（12V）露营和移动电源	16.8V
5	18V	21V
6	21.6V	25.2V
7	25.2V	29.4V
8	28.8V	33.6V
9	32.4V	37.8V
10	36V	42V
11	39.6V	46.2V
12	43.2V	50.4V
13	46.8V（48 V）	54.6V
14	50.4V	58.8V
15	54V	63V
16	57.6V	67.2V
17	61.2V	71.4V
18	64.8V	75.6V
19	68.4V	79.8V
20	72V	84V
21	75.6V	88.2V
22	79.2V	92.4V
23	82.8V	96.6V
24	86.4V	100.8V
25	90V	105V
26	93.6V	109.2V
27	97.2V	113.4V
28	100.8V	117.6V
29	104.4V	121.8V
30	108V	126V
100	360V	420V

4.7 功率计

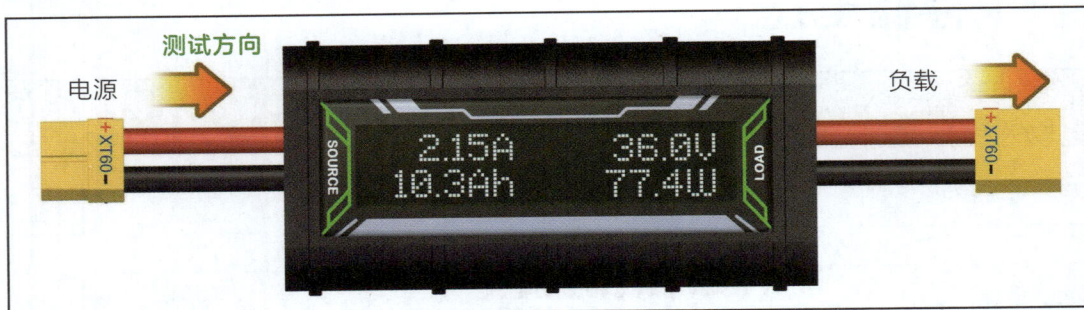

測試方向

电源　　　　　　　　　　　　　　　　　　　　　　负载

```
2.15A          36.0V
10.3Ah         77.4W
```

4.7.1 功率计的规格和测试项

工作电压 4.6 ~ 60V
可测量电流值 0 ~ 180A　　　　精度 0.01A
可测量电压值 0 ~ 60V　　　　　精度 0.01V
可测量功率值 0 ~ 10800W　　　精度 0.1W
可累计测量的容量值 0 ~ 99A · h　　精度 0.001A · h
可累计测量的能量值 0 ~ 9999.9W · h　精度 0.1W · h
LCD 显示屏　　　　　　　　　　16：9
尺寸 85mm×42mm×25mm
质量 82g

在购买和使用功率计之前，请检查支持的电压和电流范围。
功率计的主要用途是连接在电池和电机之间，测量最大功率和电流。
将功率计连接在充电器和电池之间，可以实时监控充电器的电压和充电电流。
功率计的两侧都预设有 XT60 连接器。
XT60 连接器可兼容充放电两用功能，以适配不同的应用场景。
功率计的负载侧配有 XT60 公头，电源侧配有 XT60 母头。

	测试项说明
A	显示实时电流值
V	显示实时电压值
W	显示实时功率
A · h	使用期间累积记录的容量
W · h	使用期间累积记录的能量
Ap	瞬时最大电流
Wp	瞬时最大功率
Vm	使用期间的最大电压

功率计
这是一种简易设备，能以多种方式计算功率消耗（W）。
如果你驾驶电动助力车，建议配置一个功率计。
尽管产品型号各不相同，但功率计的数据显示方式是一样的。
根据经验：随着电压增大，低成本型号的功率计误差会增大。

功率计

4.7.2 公母适配器

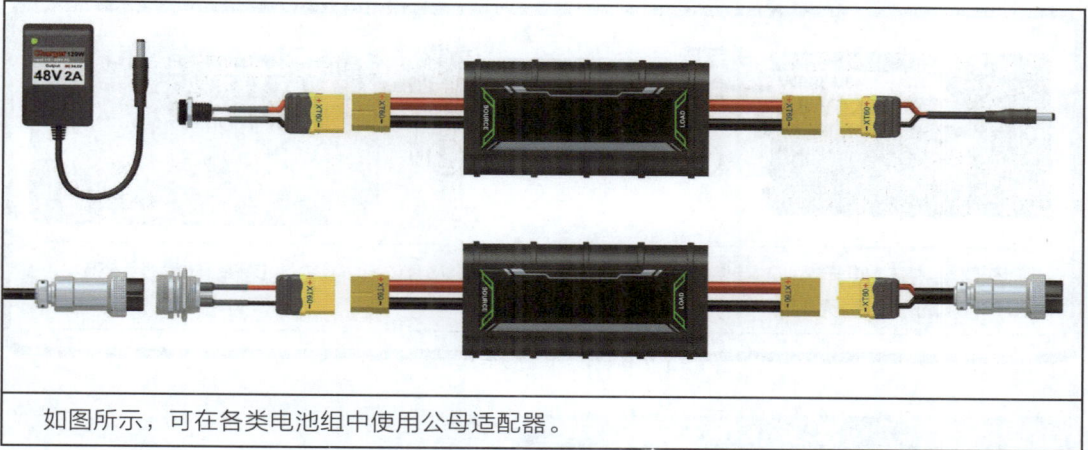

如图所示，可在各类电池组中使用公母适配器。

4.7.3 电池放电时如何防止功率计初始化

当移除电源或负载连接器时，低端功率计的电源会关闭且数据会被重置。

高端型号的功率计即使不使用独立的
外部电源也不会清除历史数据。

可以将功率计接入外部电源，也可以用类似手机充电
线的 USB 充电线来连接外部电源。

接入外部电源即
可显示测量信息。

4.6 ~ 60V

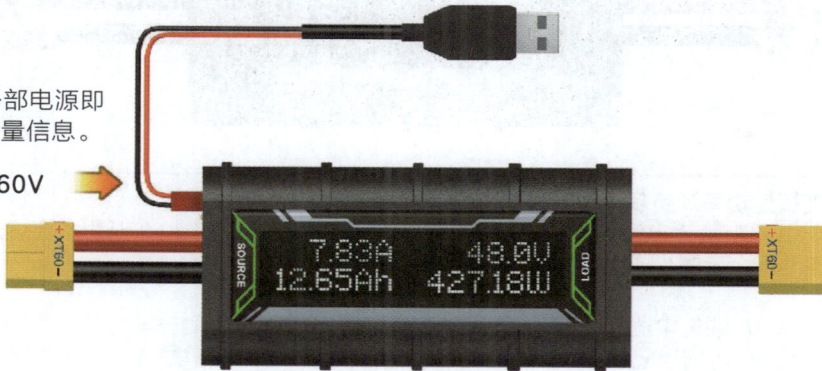

4.7.4 如何使用功率计

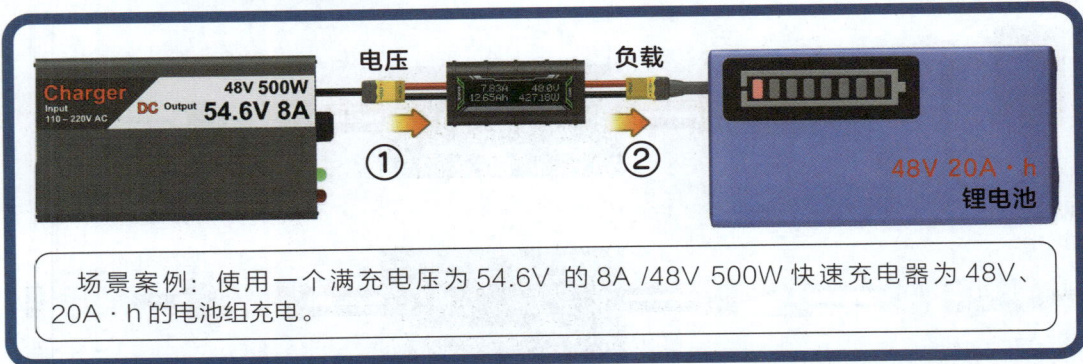

场景案例：使用一个满充电压为 54.6V 的 8A /48V 500W 快速充电器为 48V、20A·h 的电池组充电。

连接功率计和充电器后，检查充电器的电压

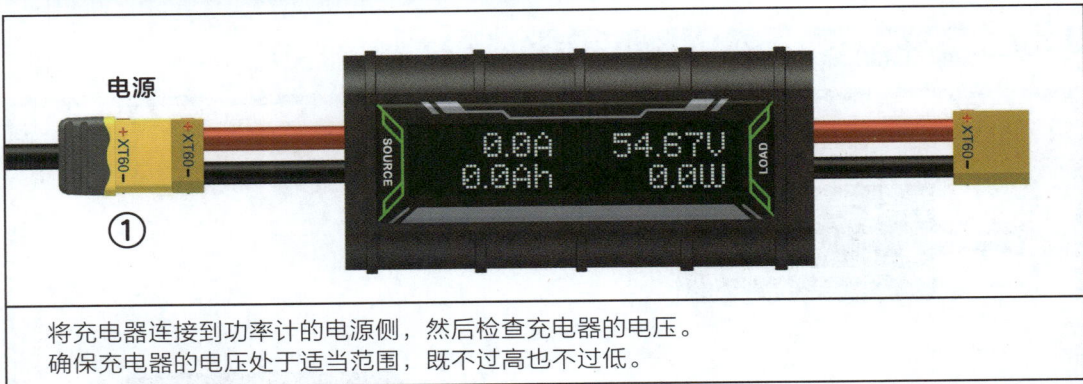

将充电器连接到功率计的电源侧，然后检查充电器的电压。
确保充电器的电压处于适当范围，既不过高也不过低。

连接功率计和充电器后，检查电池的充电电流和充电功率

当电池连接到功率计负载侧时，开始充电。
由于充电器具有截止电流控制功能，接近满充电压时，充电电流和充电功率会逐渐下降，因此建议在电池剩余容量少于 70% 时进行电流和功率检查。

这里使用 8.0A 的充电器，如果功率计显示误差在 ±0.4A 内，则充电器的功率输出属于正常范围。准确地说，对于一个 500W 的充电器，输出 427 W 的功率是合理的（为了避免故障，电子产品在设计时会留有 20% 的功率余量）。

充电完成后，检查电池的容量和能量

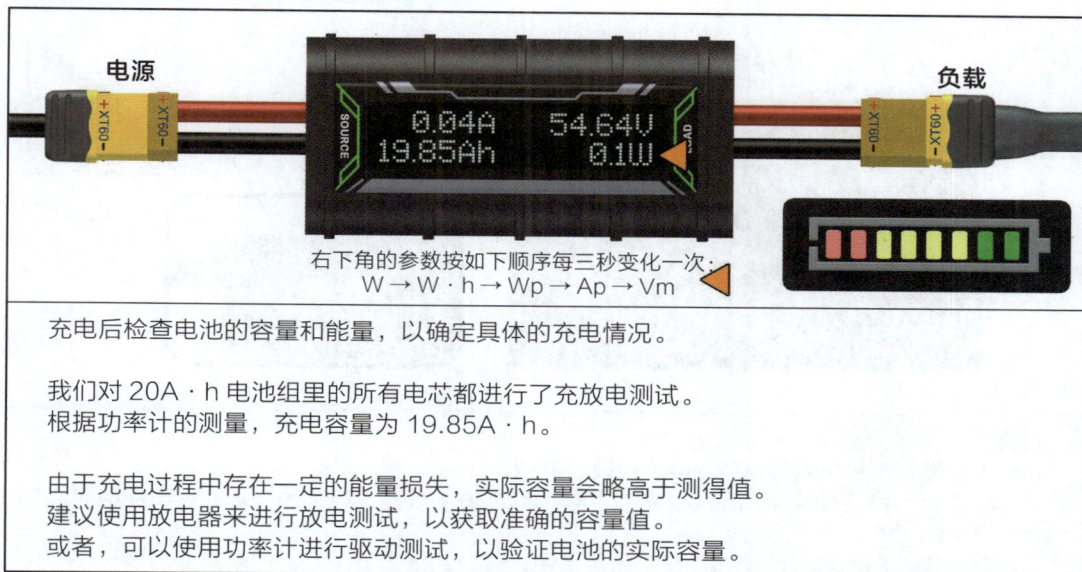

电源 负载

SOURCE 0.04A 54.64V
19.85Ah 0.1W

右下角的参数按如下顺序每三秒变化一次：
W → W·h → Wp → Ap → Vm

充电后检查电池的容量和能量，以确定具体的充电情况。

我们对 20A·h 电池组里的所有电芯都进行了充放电测试。
根据功率计的测量，充电容量为 19.85A·h。

由于充电过程中存在一定的能量损失，实际容量会略高于测得值。
建议使用放电器来进行放电测试，以获取准确的容量值。
或者，可以使用功率计进行驱动测试，以验证电池的实际容量。

4.8 调节高端快充器的电压、电流

调节电压和电流的主要目的

调节电压和电流的主要目的
1. 如果你的充电器是便携式或长期使用的，电压和电流可能会随时间的推移偏离初始设置，需调节后重新使用。
2. 如果现有充电器的满充电压是 54.6V（额定电压 48V, 13 组串联）。可以调节充电电压和充电电流，使其适配 58.8V（额定电压 50.4V, 14 组串联）的电池组。
高端充电器通常允许在出厂设置下进行调整（幅度为 ±1 组串联模块或 ±3 组串联模块，一般不能 -3S，会有风险）。
旋转电压调节螺丝和电流调节螺丝即可实现调整，注意不要超过充电器的最大功率限制。

打开充电器的外壳

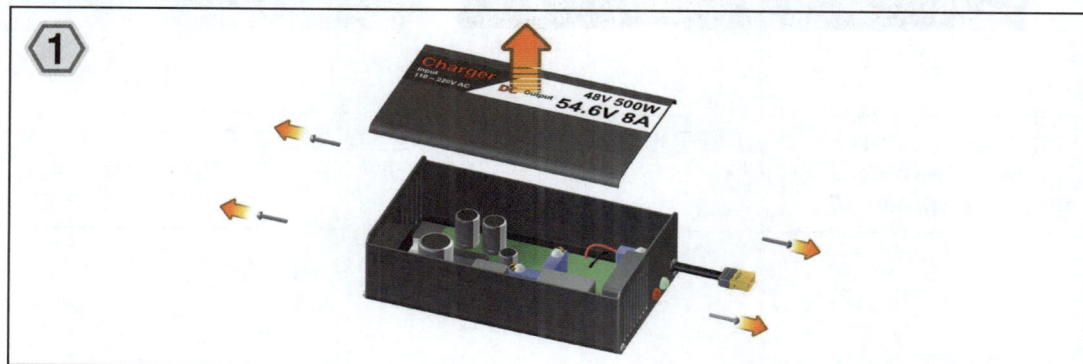

①

Charger
Input
110 - 220V AC
DC Output
48V 500W
54.6V 8A

移除电位器表面的覆盖物

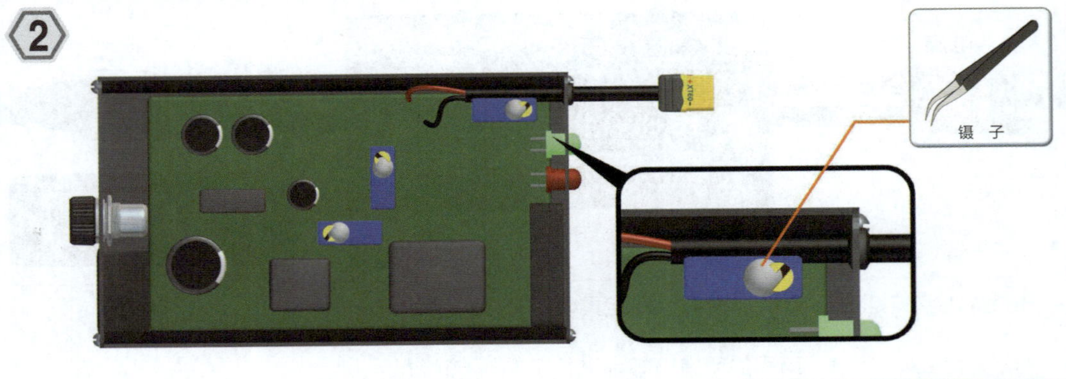

镜子

打开外壳，你会看到 2 ~ 4 个电位器。

每个电位器各自负责调节电压、电流或截止电流。

不同制造商可能会使用不同型号、数量和排列方式的电位器。电位器外观类似于被硅胶或其他材料覆盖的螺丝。

为了防止因振动而导致电位器旋转，通常会用硅胶或热熔胶枪固定。此时需要用镜子小心移除覆盖物。

如果是用热熔胶枪固定的，在移除前要先用热风枪加热，以避免损坏部件。

标记电位器的初始位置

记号笔

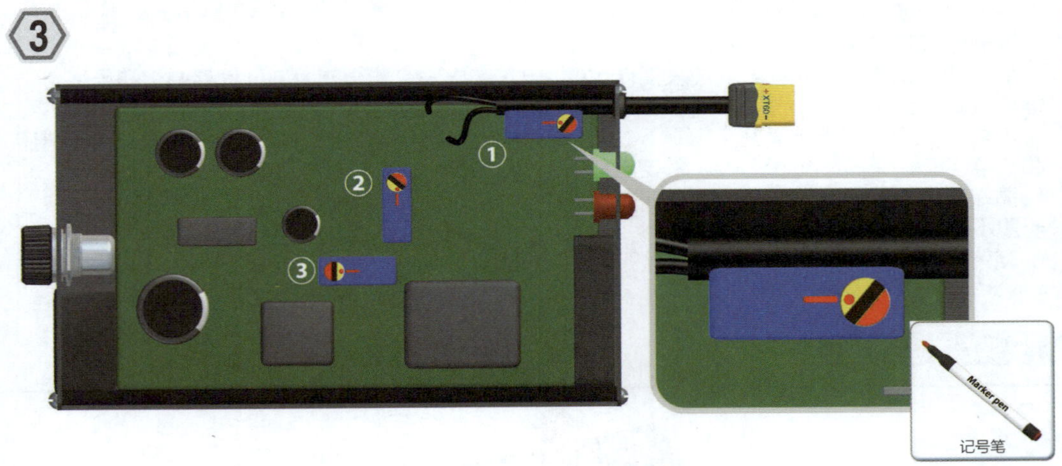

由于面板上缺少标记，建议用记号笔在上图所示位置标记电位器的初始位置。

在测试过程中可能遇到功能不明的电位器，如果在稍微转动螺丝后功率计上数值没有变化，应该将其旋回初始位置。

找到调节电压的电位器

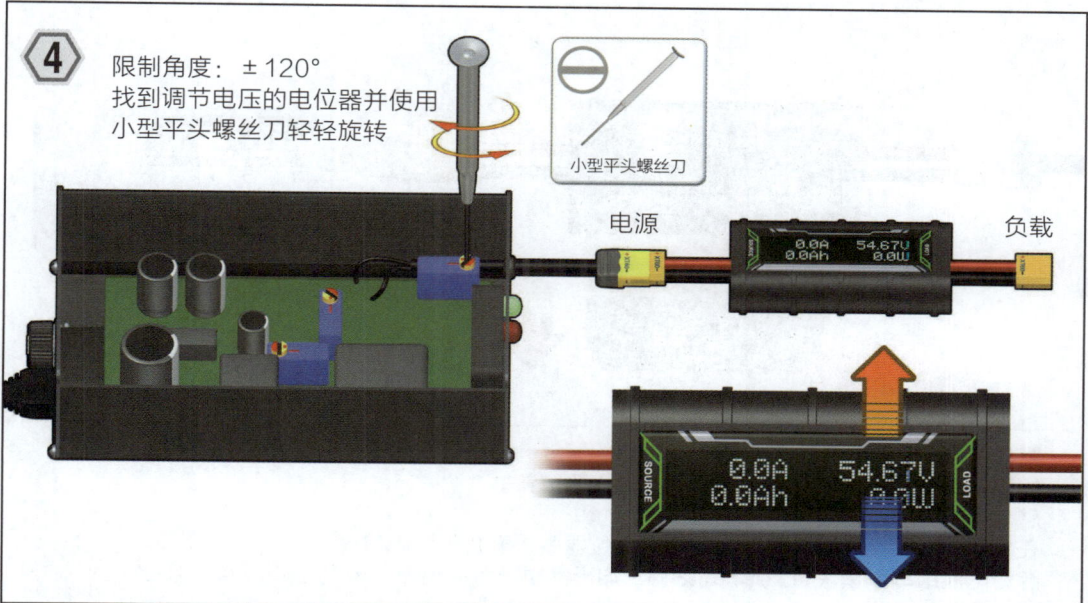

④ 限制角度：±120°
找到调节电压的电位器并使用
小型平头螺丝刀轻轻旋转

小型平头螺丝刀

电源　　　　　　　　　　　　　　　　　负载

0.0A　54.67V
0.0Ah　0.0W

SOURCE　0.0A　54.67V
0.0Ah　0.0W　LOAD

首先，需要找到调节电压的电位器。

将功率计连接到充电器上并开启电源。

在查找过程中，在 ±120° 的范围内小幅度转动电位器螺丝，并观察功率计数值变化。如果没有变化，将其旋回到初始位置。

找到调节电压的电位器后，可以自由旋转螺丝，调整至所需的满充电压值。

找到调节电流的电位器（只能在充电时进行查找）

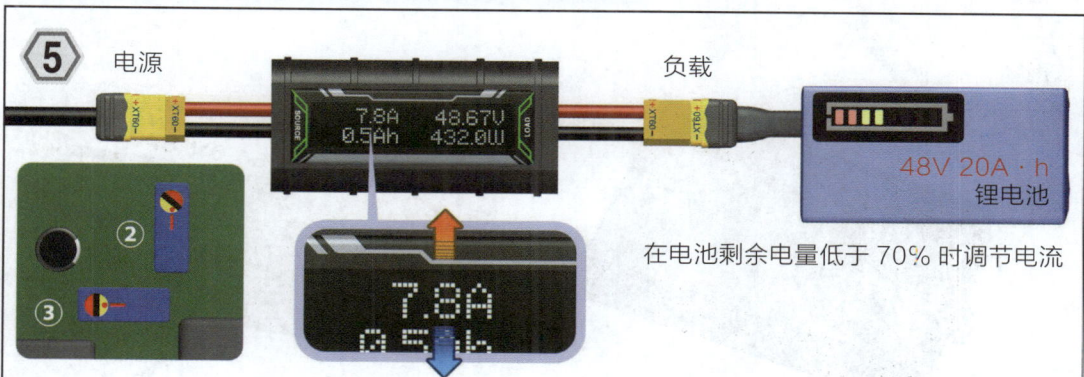

⑤ 电源　　　　　　　　　　　　　　　　　负载

SOURCE　7.8A　48.67V
0.5Ah　432.0W　LOAD

② ③

7.8A
0.5Ah

48V 20A·h
锂电池

在电池剩余电量低于 70% 时调节电流

然后，找到调节电流的电位器。

在电池剩余电量低于 70% 时开始充电，转动其他电位器，直至找到用于调节电流的电位器，然后自由旋转螺丝，调整至所需的电流值。

截止电流

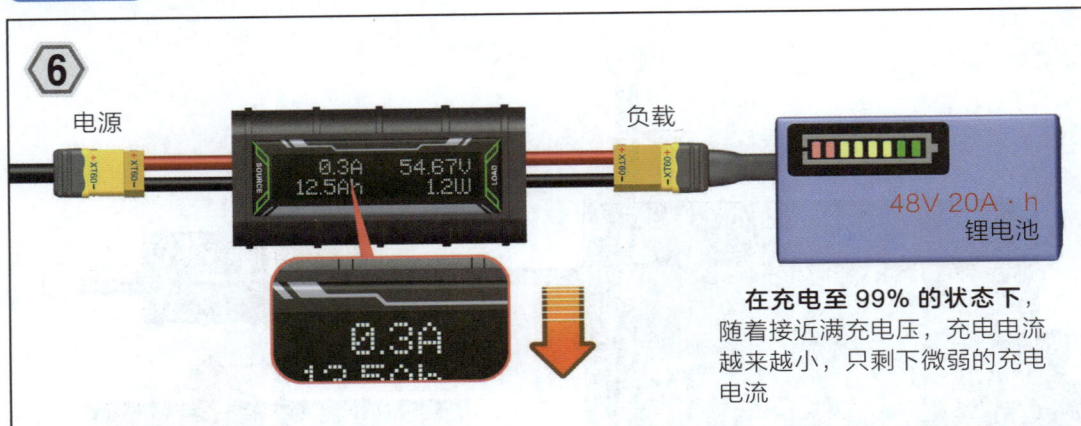

电源　　　　　　　　　　　　负载

0.3A　54.67V
12.5Ah　1.2W

0.3A

48V 20A·h
锂电池

在充电至 99% 的状态下，
随着接近满充电压，充电电流
越来越小，只剩下微弱的充电
电流

默认情况下，截止电流不影响出厂设置。
如果调整了电位器请将其旋回到标记的初始位置。
越接近满充电压，则充电电流越小。
在找到电压和电流电位器后，剩下的电位器就是截止电流电位器。
随着电池组串联模块数量增加，BMS 均衡需要更大的电流，但电压调整范围相对较小，通常不会改变出厂设置。
对于 48V 锂电池组，截止电流通常在充电电压 54.0 ～ 54.6V 时生效。
为了确保电池均衡，允许流过微小的电流，范围在 0.1 ～ 0.5A（100 ～ 500mA）。

单位换算：1A = 1000mA。

预防电位器自转和外壳重装

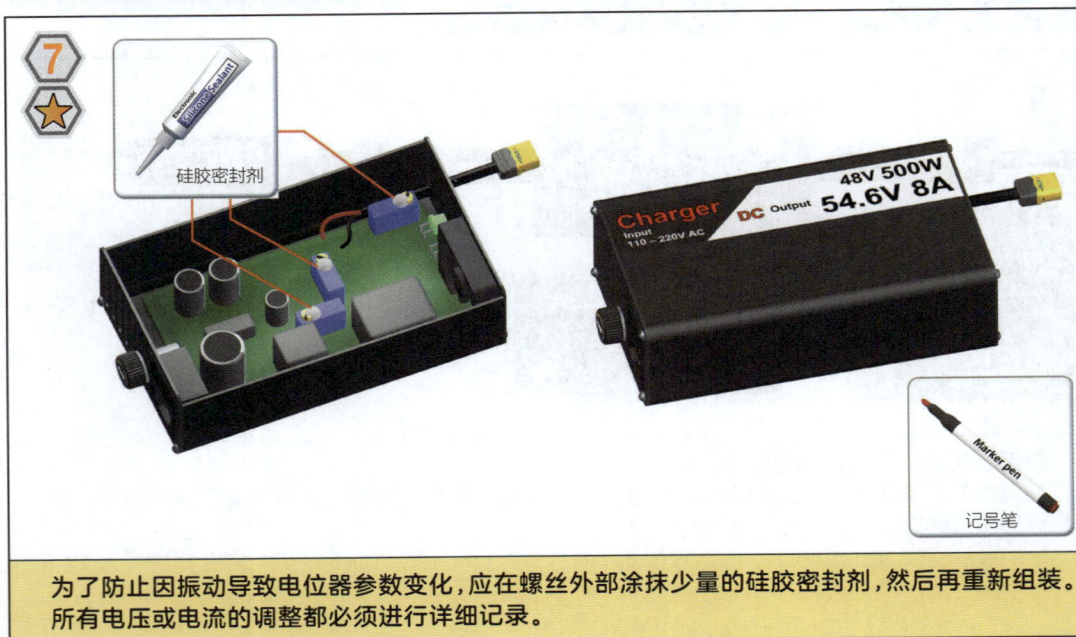

硅胶密封剂

Charger
Input
110 - 220V AC
DC Output
48V 500W
54.6V 8A

Marker pen
记号笔

为了防止因振动导致电位器参数变化，应在螺丝外部涂抹少量的硅胶密封剂，然后再重新组装。
所有电压或电流的调整都必须进行详细记录。

慢充有助于延长电池寿命

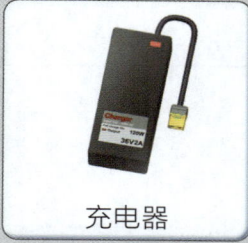

充电器

慢充电流的电流值应为电池组容量的 20%，即
电池组容量（A·h）× 20%

示例：10 × 20% = 2，慢充电流取 2A。
用低于电池容量 20% 的电流值进行慢充电，有助于延长电池寿命。

仅在不得已时采用快充

如何检测可适配快速充电器的最大充电电流。

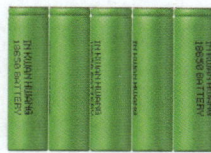

锂电池

电池管理系统（BMS）最大连续充电电流 10A

电芯允许的最大连续**充电**电流 1.8A

✖

5P

＝

9A

1. 检查 BMS 的最大充电电流。
2. 如果使用超出最大充电电流的快速充电器，可能会引起电池损伤或着火。
电芯的最大连续充电电流 × 并联电芯数量 = 可用于快速充电的最大电流。
BMS 支持高达 10A 的充电电流，但电池组只允许 9A，所以要选用充电电流小于 9A 的充电器。

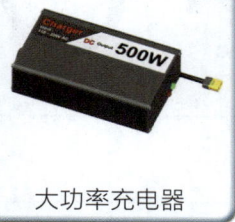

大功率充电器

快速充电会导致电池过热。充电电流越大，电池寿命越短。
仅在必要时采用快充。

4.9 安全充电

使用定时器来设置充电时间

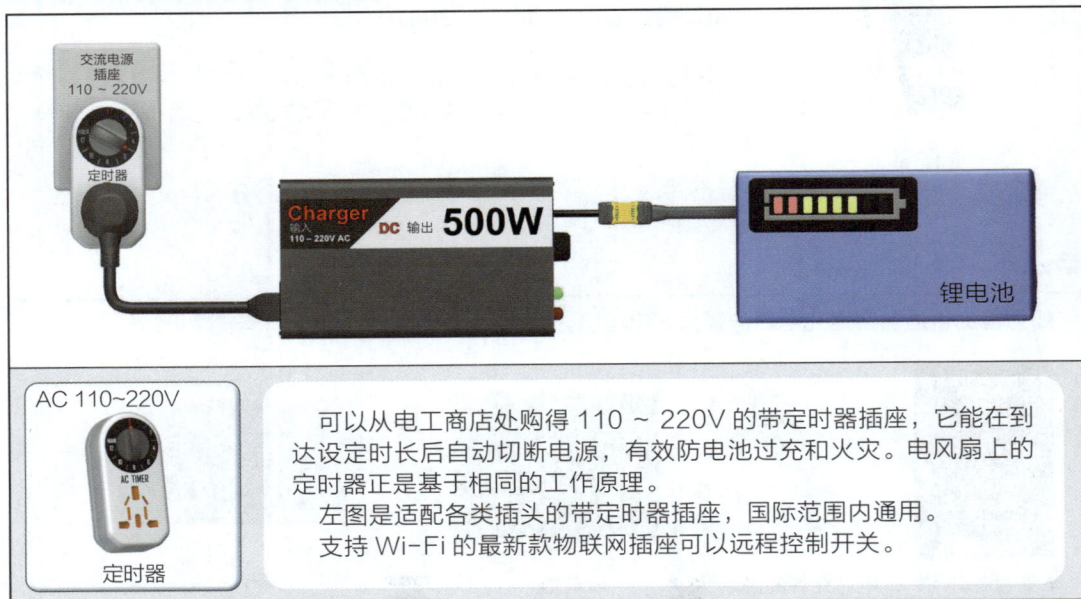

锂电池

AC 110~220V

定时器

可以从电工商店处购得 110 ~ 220V 的带定时器插座，它能在到达设定时长后自动切断电源，有效防电池过充和火灾。电风扇上的定时器正是基于相同的工作原理。

左图是适配各类插头的带定时器插座，国际范围内通用。

支持 Wi-Fi 的最新款物联网插座可以远程控制开关。

使用充电器时，务必接入功率计并检查充电状态

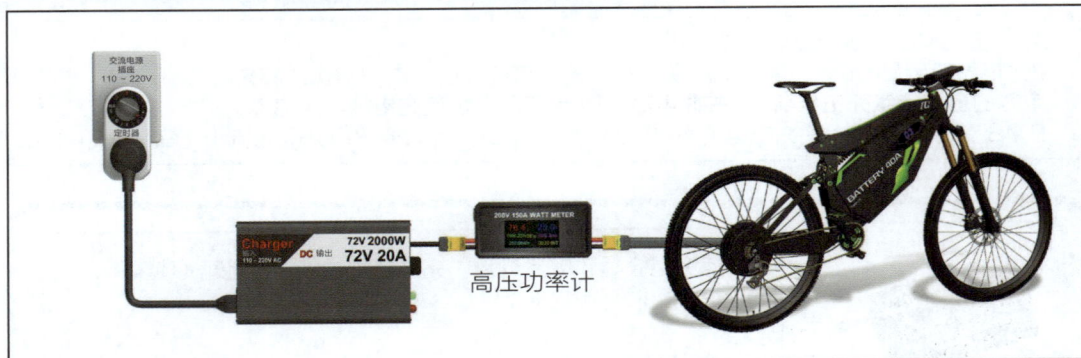

高压功率计

在密封的铁箱里充电

在充电时，把电池密封在铁箱中。

尽管这种做法看起来过于谨慎，但这是防止发生重大火灾的最可靠方式。

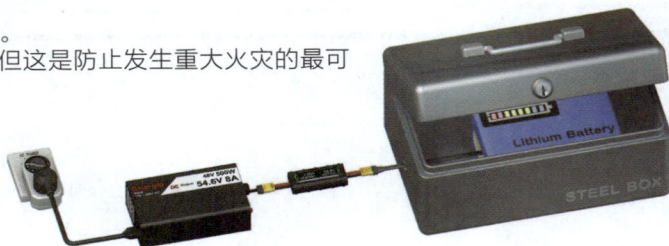

4.9.1 　如何应对充电过程中起火或电池组起火

灭火器

　　二氧化碳灭火器和干粉灭火器只能起到暂时灭火的效果，因为电池火灾通常是由内在的化学反应引起的。

　　切断房间（供电房）的电源并用水管持续喷水是扑灭火灾最有效的方法。

　　由于电池组内的剩余电芯仍存在引发火灾的风险，在火灾扑灭后，剩余电池应该妥善处理并报废。

二氧化碳
灭火器

干粉 / 泡沫
灭火器

水基
灭火器

4.9.2 　长期存储的电池和电池组

长期储存电压

一般
（满电存储）

最佳
（半电存储）

不推荐
（空电存储）

锂电池　　　　锂电池　　　　锂电池

电池老化
将电池连接充电器并保持满充状态 12 小时以上，对电池有害。
薄膜损伤
不要让电池长期处于空电存储状态，这是导致电池寿命缩短的主要原因之一。
如果超过 2 周不使用电池，应充电至 70% ~ 80%，并在此电量状态下存储。

存储温度

锂电池

10~25℃

最好将电池在室温环境（大约 25℃）保存。
储存在阴凉干燥处，避免阳光直射。
推荐将电池存放在恒温储藏箱中（10 ~ 25℃）。
理想存储温度是 25℃，且必须隔绝湿气。

长期存储方案

钢制盒

最好将电池存放在一个由纯钢制成的带锁盒子里，以防止发生火灾。

4.9.3 ▶ 冬天存储电池的基础知识和技巧

锂电池

锂电池满充电压 4.0V × 10（串联数量）= 40V，则最佳储存电压为 36V。
锂电池满充电压 4.0V × 13（串联数量）= 52V，则最佳储存电压为 48V。

电池组内置的电池管理系统（BMS）会消耗少量电量。
在冬季，即使不使用电池，也请至少每月充电一次以避免深度自放电。

建议将电池存储在室温环境。
由于冬季早晚温差大，电池可能因结霜而积聚水分，这对电池的存储非常不利。

电池是由化学物质组成的。在春、夏、秋三季，化学反应在室温下容易进行，有利于维持稳定的电能输出。而冬季，电池的输出功率通常会降低。
电池加热器可以为极寒气候中的电动车提供帮助。

即使不使用，电池的质量状态也会随时间而老化。
因此，建议不要购买已使用超过两年的二手电池。

对于不经常使用的电池，偶尔运行时应确保电池充满电。
延长电池寿命的最佳方法是将其充电至 4.15V。尤其是对于那些每天都使用的电池。
电池组会消耗少量电能来运行 BMS，可能导致电芯之间的均衡失效。

如果每周使用电池不超过三次，最好将其充至满电后再充一次电，以保持电池组内的电芯均衡。

对于长时间不使用且深度自放电的电池必须进行监控。建议使用带定时器的插座定期为其充电，并在充电结束后再多充一个小时，这有助于保持电芯均衡。

每周为带报警器的电池充电一次。
即使没有报警器，电池的待机功耗也很高。

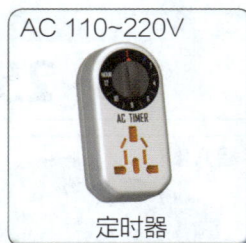

AC 110~220V

定时器

4.9.4　锂电池的生命周期

使用频率增加时可能发生的变化

负极材料：化学成分或结构可能发生变化，内阻可能会增加。这些变化通常在充放电过程中发生并累积，表现为活性物质损失或结晶化。

正极材料：与负极材料类似，在充放电过程中正极材料也可能发生化学变化。正极材料中活性物质损失或结晶会增加内阻。

隔膜：隔膜的作用是分离正极和负极，但在充放电过程中可能会出现老化、孔洞或杂质沉积等问题。这些变化会降低离子导电率并增加内阻。

内阻增加的影响

内阻指的是电流流动时的阻力，高内阻会导致以下问题：

容量降低：电池储存和释放能量的能力降低。
功率降低：电池能够提供的最大功率降低。
发热严重：充放电过程中高内阻会产生更多热量，影响电池的安全性。在温度超过 40℃ 的环境中使用时会显著影响电池寿命（与 10℃ 环境相比，使用寿命可能减少 50%）。
寿命缩短：内阻增加导致电池性能下降，从而导致使用寿命缩短。

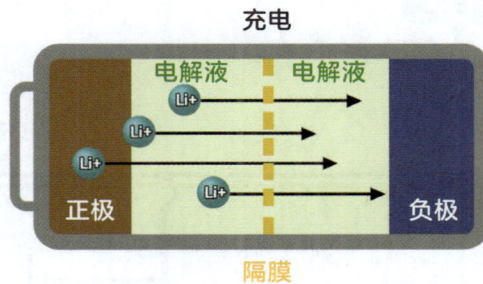

充电: 锂离子从正极经过电解液和隔膜抵达负极。

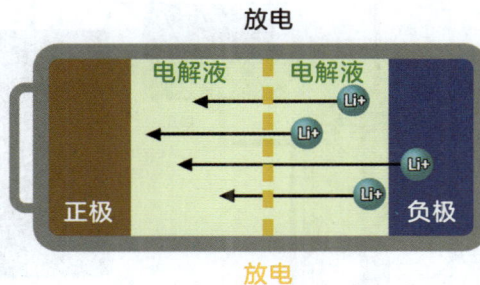

放电: 锂离子从负极经过电解液和隔膜抵达正极。

高温充放电后电极结构的差异和老化现象
（来源：韩国基础科学研究所（IBS）韩国大学研究组）

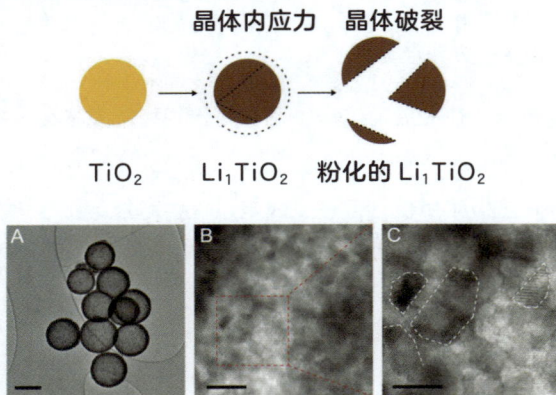

晶体内应力　晶体破裂

TiO_2　　Li_1TiO_2　　粉化的 Li_1TiO_2

4.10 电池组接线示例

4.10.1 ▷ 座椅后置电池组

电池指示器

直流充电连接器

NC
开关
CO
CO

P　C

B

尾灯

⊕

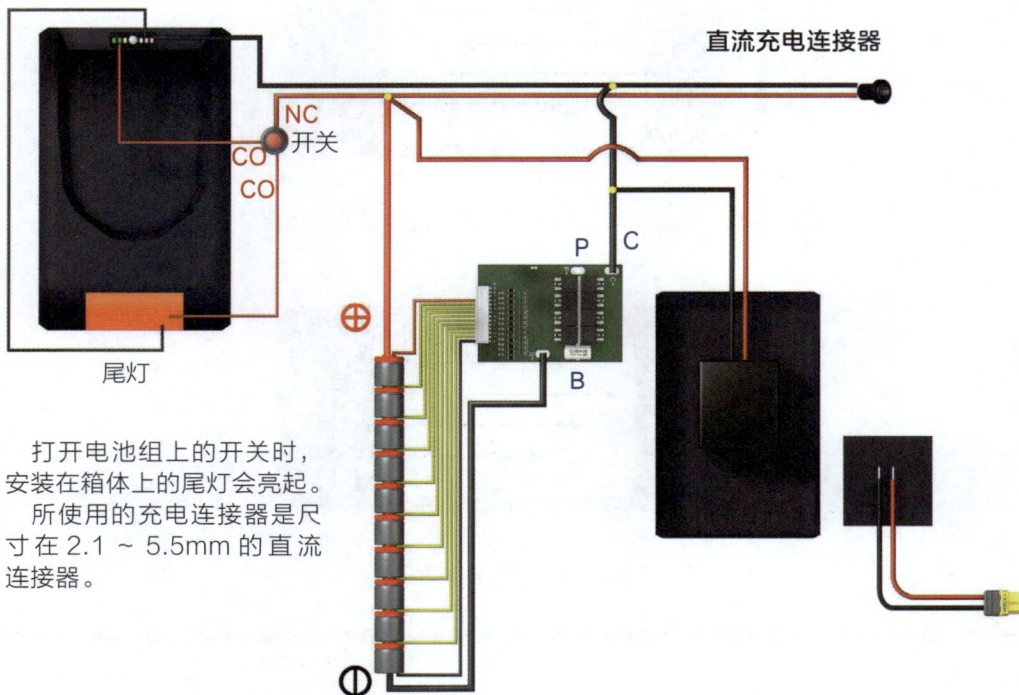

　　打开电池组上的开关时，
安装在箱体上的尾灯会亮起。
　　所使用的充电连接器是尺
寸在 2.1 ~ 5.5mm 的直流
连接器。

4.10.2　带 USB 电源输出的电动自行车电池组

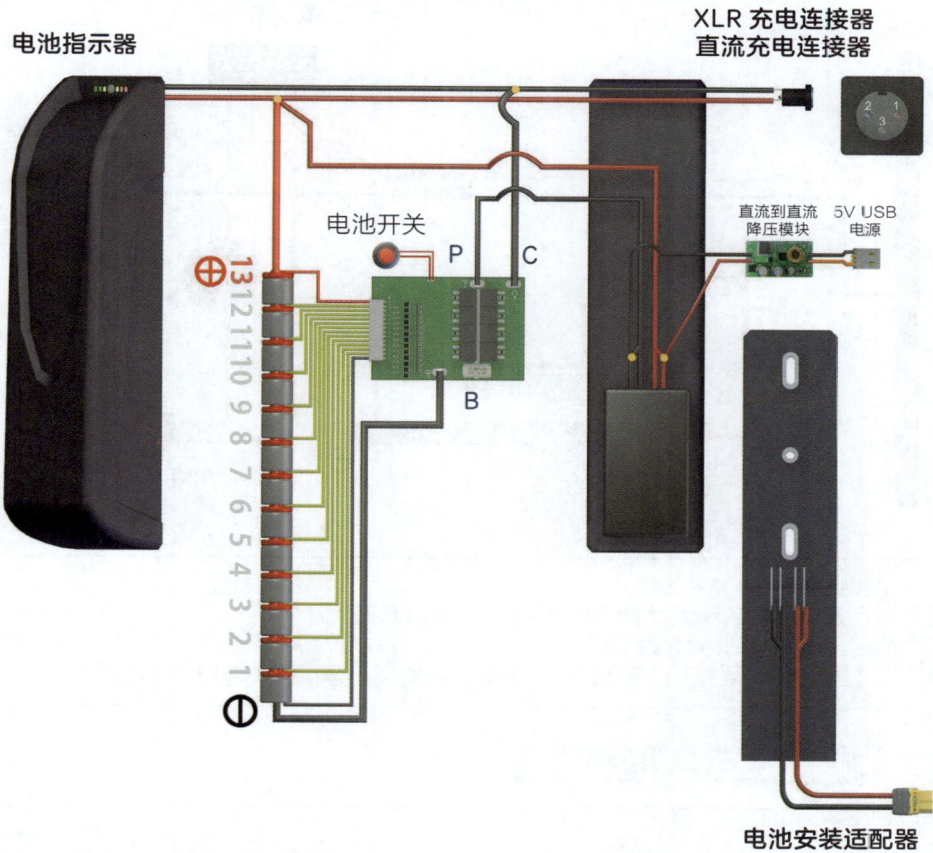

电池指示器

XLR 充电连接器
直流充电连接器

电池开关

P　C

B

直流到直流
降压模块　5V USB
电源

电池安装适配器

　　这是一个由 13 组模块串联组成的 48V 电池组，配备了 BMS，BMS 负责对电池组进行放电和充电管理，并将放电和充电连接器分开。BMS 还具有开关功能。此外，BMS 还集成了降压模块，使电池组可为 USB 设备供电。

　　使用的充电连接器是一个 3 针的 XLR Cannon 连接器。

4.10.3 ▶ 机架式电池组

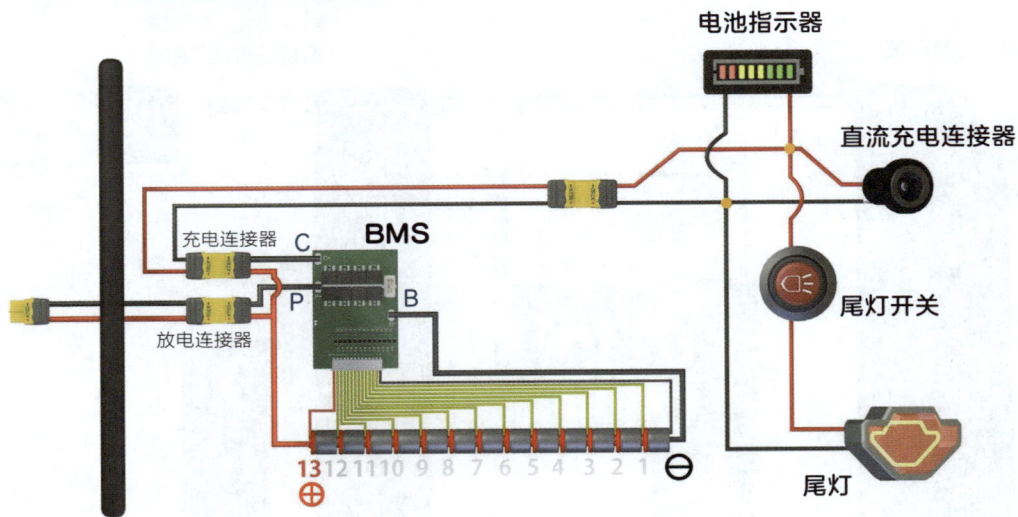

这是一个大容量的 48V 电池组。
配备了可区分充电和放电连接器的 BMS（电池管理系统）。
按下电池组上的开关时尾灯会亮起。
如果 BMS 上配有点火端子，可通过开关连接，并将尾灯连接到电池组的输出线上。

4.10.4 ▶ 机架集成电池组钥匙盒

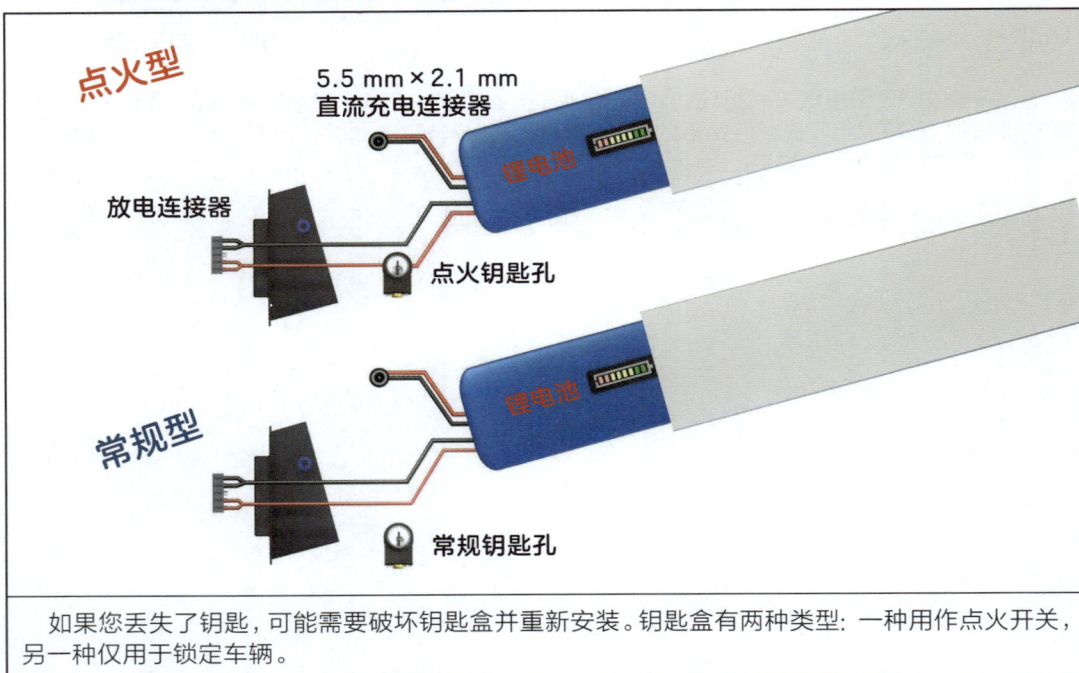

如果您丢失了钥匙，可能需要破坏钥匙盒并重新安装。钥匙盒有两种类型：一种用作点火开关，另一种仅用于锁定车辆。

4.10.5　并联电池组

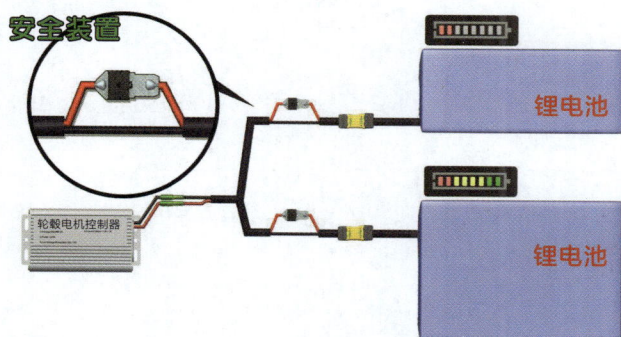

安全装置

轮毂电机控制器

锂电池

锂电池

4.10.6　安全装置：二极管

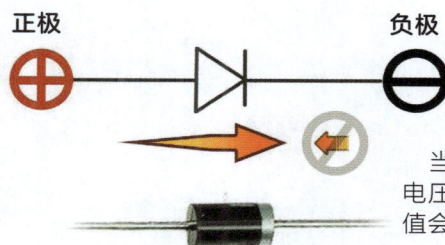

150EBU04

400V
150A 二极管

正极

负极

当电流经过时，由于电压屏障的存在，电压值会下降 0.5 ~ 0.7V。

二极管 150EBU04

　　这种二极管只允许电流单向流动，防止电流逆流，且具有良好的性价比。作为一种安全装置，即使电池两侧电压差允许电流反向流动，也能禁止反向电流。使用这种二极管可以有效保持电池（MBR60100CT 肖特基二极管表现尤为出色）。

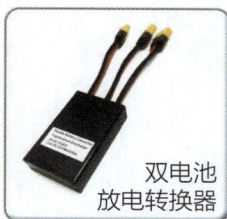

双电池
放电转换器

双电池放电转换器（DBDC）

　　这是一种结合肖特基二极管和 MOSFET 并联电池组的设备。

　　这个设备允许两个电池并联放电，而且在使用时不需要点焊，因此非常便捷。